Diplomacia Cultural
e o Cinema Brasileiro

Conselho Editorial

Alessandra Teixeira Primo – UFRGS

Álvaro Nunes Larangeira – UFES

André Lemos – UFBA

André Parente – UFRJ

Carla Rodrigues – UFRJ

Cíntia Sanmartin Fernandes – UERJ

Cristiane Finger – PUCRS

Cristiane Freitas Gutfreind – PUCRS

Erick Felinto – UERJ

Francisco Rüdiger – UFRGS

Giovana Scareli – UFSJ

Jaqueline Moll – UFRGS

João Freire Filho – UFRJ

Juremir Machado da Silva – PUCRS

Luiz Mauricio Azevedo – USP

Maria Immacolata Vassallo de Lopes – USP

Maura Penna – UFPB

Micael Herschmann – UFRJ

Michel Maffesoli – Paris V

Moisés de Lemos Martins – Universidade do Minho

Muniz Sodré – UFRJ

Philippe Joron – Montpellier III

Renato Janine Ribeiro – USP

Rose de Melo Rocha – ESPM

Simone Mainieri Paulon – UFRGS

Vicente Molina Neto – UFRGS

Diplomacia Cultural e o Cinema Brasileiro

Manuela Fetter Nicoletti

Editora Sulina

Copyright © Manuela Fetter Nicoletti, 2022

Capa: Patrícia Heuser
Projeto de capa: as ilustrações da capa deste livro tomaram mapas topográficos e sísmicos como base para representar os traços sutis da diplomacia cultural e seus impactos subjetivos. Sobreposto, também enxergamos, nesta estética cartográfica, o rolo de cinema enquanto marco identitário e impressão digital que compartilhamos com o mundo.
Projeto gráfico e editoração: Niura Fernanda
Revisão: Simone Ceré
Editor: Luis Antonio Paim Gomes

Dados Internacionais de Catalogação na Publicação (CIP)
Bibliotecária Responsável: Denise Mari de Andrade Souza – CRB 10/960

N643d	Nicoletti, Manuela Fetter
	Diplomacia cultural e o cinema brasileiro / Manuela Fetter Nicoletti. -- Porto Alegre: Sulina, 2022.
	248 p.; 16x23 cm.
	ISBN: 978-65-5759-087-4
	1. História do Cinema. 2. Cinema – Relações Internacionais. 3. Cinema –Brasil - Diplomacia Cultural. I. Título.

CDU: 791.43
CDD: 791.409

Todos os direitos desta edição reservados à
EDITORA MERIDIONAL LTDA.

Rua Leopoldo Bier, 644, 4º andar – Santana
CEP: 90620-100 – Porto Alegre/RS
Fone: (51) 3110.9801
www.editorasulina.com.br
e-mail: sulina@editorasulina.com.br

Outubro/2022
IMPRESSO NO BRASIL/PRINTED IN BRAZIL

Agradecimentos

Sou grata e dedico este livro a todos os meus.

meus avós;
meus pais;
meus irmãos;
meus amigos;
meus professores;
e ao meu amor.

Por acreditarem nas cenas, fluxos e planos de uma cartografia subentendida nas profundezas da cultura e do cinema.
Por acreditarem em mim.
Por serem espectadores ativos de todas as programações que lhes apresentei nas janelas que abri em minha vida.

Sumário

Introdução 9

1 Perspectivas teóricas e escolhas práticas 19
2 A circulação internacional do cinema brasileiro 33
   2.1 O sistema de valores da cadeia
        produtiva cinematográfica...40
   2.2 Notas sobre a circulação
        internacional cinematográfica....................................54
   2.3 A experiência de circulação do cinema brasileiro 65
3 A diplomacia cultural no cinema brasileiro....................................89
   3.1 Diplomacia cultural: uma introdução 90
        3.1.1 Conceitos de diplomacia cultural.............................99
        3.1.2 Práticas e agentes de diplomacia cultural 109
   3.2 A experiência brasileira de diplomacia cultural 117
   3.3 A diplomacia cultural na distribuição do cinema
        brasileiro no exterior 129
4 A diplomacia cultural e a circulação internacional do cinema
   brasileiro: interseções, cenários e perspectivas 145
   4.1 Uma cronologia da experiência brasileira ante a
        pandemia de Covid-19..147
   4.2 O desmonte das políticas públicas da cultura
        no governo Bolsonaro...152

4.3 Transformações tecnológicas e a circulação
cinematográfica 167

    4.3.1 Transições sistêmicas e transposições
tecnológicas de significados no espaço
dos festivais de cinema 172

5 Ordenação do novo sistema de agentes e valores
de diplomacia cultural e a internacionalização
cinematográfica brasileira 187

Considerações finais 201

Glossário 213

Referências e obras cinematográficas citadas 217

Referências bibliográficas 227

Introdução

Diante do contexto internacional interdependente, é possível identificarmos uma esfera imaginária multicultural e complexa, onde a relação entre os países se torna cada vez mais simbólica e subjetiva. Nesse ambiente, ressurge um movimento instituinte às orgânicas noções e aos entendimentos sobre as identidades nacionais, através de políticas e práticas culturais fundamentais. Nuclearmente envolto nessa complexidade, evidencia-se presente a expressões cinematográficas como uma potente manifestação capaz de integrar um mosaico de essências culturais em um só elemento representativo – o que nos permite observar o cinema como um possível alicerce para a história e para a nossa própria transposição cultural como sociedade. Isto é, uma ferramenta capaz de refletir e acompanhar os comportamentos e as orientações de uma expressão coletiva.

Os estudos de Relações Internacionais e suas interpretações dos movimentos globais representam um campo profícuo de reflexão e uma abertura de perspectiva para os estudos de Comunicação. Principalmente no que diz respeito às manifestações culturais, capazes de integrar um mosaico de identidades em elementos representativos de troca. Observar a cultura e como ela é trocada como produto, ou seja, como ela se insere na circulação de informações e conteúdos no sistema internacional, é também compreender nossas próprias transposições culturais enquanto sociedade, de forma orgânica e coletiva. Reconhecer as nuances da reflexão sobre a dinâmica subjetiva da complexa interdependência das nações em nível internacional e estratégico significa percorrer as tramas do que se propõe como diplomacia cultural.

A escolha e decisão de dedicar-me à busca de pontos de intersecção entre esses dois campos de estudo surgiram como resultado de uma combinação de experiências observacionais e empíricas, a partir das minhas graduações, e de meus primeiros contatos com as teorias das Relações Internacionais, aliadas à prática dos estudos de Administração de Empresas. Nessa primeira ponte de reflexão, foi possível compreender como funciona o mercado de bens culturais, de conteúdo e expressão e sua circulação internacional, levantar as principais dinâmicas da política e da economia entre os países e, assim, modelar as relações e fluxos de informação e conhecimento.

Desde então, para conectar as áreas de Relações Internacionais e Administração de Empresas, consequentemente, me direcionei para o campo dos estudos da Comunicação e aderi à reflexão sobre a minha esfera empírica profissional, que já investia na abertura de uma empresa para a circulação de cinema independente estrangeiro no Brasil. Através da experiência de trabalho no campo da distribuição, a nomeação e o conceito de diplomacia cultural tornaram-se evidentes na prática. Principalmente no campo dos festivais internacionais de cinema, eventos que, segundo os teóricos da diplomacia cultural, representam espaços de alteridade internacional. Ou seja, um espaço-tempo neutro, em que os países escolhem os bens e produtos culturais que melhor representam suas identidades nacionais e os exibem à luz do cinema. Então expõem, intercambiam e comercializam suas culturas, intrínsecas e depositadas em narrativas, perspectivas e histórias, apresentadas por meio de obras cinematográficas.

Ao visitar e percorrer esses espaços de trabalho, principalmente em eventos de mercado que acontecem paralelos aos festivais de cinema, houve a percepção de uma ação específica de diversas agências, empresas e instituições representativas de nações, idiomas e países, que foi interpretada por mim como manifestações e ações de diplomacia cultural. Assim, a partir dessa primeira intuição observacional, decidi dedicar a pesquisa de mestrado a compreender os impactos e intersecções, da diplomacia cultural na circulação cinematográfica do cinema nacional. Esse movimento nos leva aos estudos da Comunicação, mais especificamente ao Programa de Pós-Graduação em Comunicação Social da Faculdade de Comunicação, Artes e Design (Famecos) da Pontifícia Universidade Católica do Rio

Grande do Sul (PUCRS), na área de concentração Práticas e Culturas da Comunicação, propondo o trabalho na linha de pesquisa Cultura e Tecnologias de Imagens e Imaginários.

Assim, para esta pesquisa, inverte-se a ótica de observação. É dizer, se durante minha atuação profissional a dinâmica se estabelecia do estrangeiro ao nacional, buscando filmes no exterior e desenvolvendo caminhos para eles no mercado interno, neste estudo a ideia é observar a plataforma sistemática brasileira disponível aos filmes nacionais para que circulem no mercado externo. Contudo, essa observação adota como plano de fundo e contextualização panorâmica a esfera temporal que Gilles Lipovetsky (2004) descreve como hipermodernidade.

Viver os tempos hipermodernos significa que indivíduo e sociedade têm o presente como centro, buscando conciliar o tempo passado das tradições, aproveitando de suas memórias e conhecimentos transmitidos à geração atual, mas olhando com preocupação para o futuro e para as consequências dos possíveis cenários que se desenham hoje. São tentados a compor a um só tempo as condições do passado e do futuro. Condições essas que são facilitadas pelo avanço cada vez maior dos meios de comunicação e da conectividade, com os fatos sendo vividos ou testemunhados no tempo presente, mas com seus possíveis desdobramentos futuros sendo antecipados, e suas influências diante das condições anteriores ao acontecimento sendo rastreadas. Essa conectividade tende a aumentar, proporcionada tanto pelas redes sociais quanto pelo conjunto das tecnologias da informação. Esse aspecto da hipermodernidade causa no indivíduo um sentimento de urgência para compreender rapidamente o que está acontecendo ao seu redor, e gera também um sentimento de preocupação: o indivíduo cada vez mais percebe a responsabilidade de suas ações no presente que está sendo construído (Lipovetsky; Serroy, 2011).

É sob essa perspectiva conceitual que se expõem as reflexões deste livro, pois, somado à aceleração proposta por Lipovetsky, ainda se presencia um momento atípico enquanto sociedade perante uma pandemia global. Pode-se dizer que enfrentamos uma crise do sistema multilateral e interconectado em que vivemos até o ano de

2020. A pandemia provocada pelo vírus SARS-CoV-2, o novo coronavírus, evidenciou frestas de reflexão em absolutamente todos os feixes de iluminação e pensamento da nossa sociedade. O próprio conhecimento científico foi desafiado e posto em xeque, isto sem mencionar a crise da verdade que o atual contexto de dúvidas, negacionismo e deslegitimação política provoca em ritmos nacionalistas. Os impactos da pandemia em cada país evidenciaram paradoxos de ideologia política já latentes anteriormente, porém, agora, os conceitos são levados aos extremos e estão mostrando-se nocivos ao bem-estar coletivo.

A exponencialização do vírus está vigente e apresenta-se ainda progressiva, mesmo com os avanços no desenvolvimento de vacinas e estudos sobre as dimensões e impactos globais das variadas crises que despertou. Desde o final de 2019, dezembro quando tudo começou, até este mesmo mês de 2021, registraram-se mais de 260 milhões de casos confirmados e mais de 5 milhões de mortes no mundo por conta da doença. Só no Brasil são mais de 613 mil mortes e 22 milhões de casos confirmados. Felizmente, o número de óbitos está em queda, tendo em vista que já é possível observar um avanço no processo de vacinação: atualmente 53,8% da população mundial recebeu pelo menos uma dose da vacina, 7,81 bilhões de doses foram administradas globalmente e 28,33 milhões são aplicadas em uma média diária. Até o momento, pouco mais de 150 milhões de brasileiros receberam a primeira dose, segundo o Ministério da Saúde. Desses, 100 milhões receberam a segunda dose da vacina e estão totalmente imunizados. O Brasil está em 68º lugar no ranking global de aplicação de doses da vacina contra Covid-19 e, dentre os países que compõem o G20, grupo das 20 maiores economias do mundo, o país aparece em 12º (Our World in Data, 2021).

Diante desses números, durante o período de um ano, a sociedade se reorganizou e algumas lógicas de mercado foram estruturalmente impactadas, como os setores culturais e de economia criativa, por exemplo, que estão entre os mais prejudicados pela pandemia da Covid-19. Com a necessidade de isolamento social, atividades em museus, casas de espetáculos, teatros, cinemas e outros segmentos foram suspensas, o que impactou diretamente projetos em andamento, a manutenção de postos de trabalhos e a garantia da renda para profissionais que atuam nesta área. As estimativas de participação do setor cultural na economia brasileira, antes da pandemia, variavam de 1,2% a 2,67% do PIB, e o conjunto de ocupados no setor cultural representava, em 2019, 5,8% do total de ocupados, ou seja, em torno de 5,5 milhões de pessoas. A Secretaria de Cultura e Economia Criativa de São Paulo (SEC-SP), em parceria com o Sebrae e a Fundação Getúlio Vargas (FGV), elaborou o estudo: Pesquisa de Conjuntura do Setor de Economia Criativa – Efeitos da Crise da Covid-19 e constatou que, para o ano de 2021, a previsão foi de um movimento total de R$ 181,9 bilhões, e, nesse sentido, o setor registrou uma perda de aproximadamente R$ 69,2 bilhões.

Não obstante, em resposta rápida à crise, bens e serviços culturais migraram suas presenças para o espaço virtual de consumo digital, alguns com maior facilidade de adaptação, como é o caso da música por *streaming* e *lives*, outros com sagaz autenticidade e inovação, na proposta de frequentar peças de teatro e exposições de arte pela janela da tela.

Especificamente no que tange ao cinema, no Brasil representa uma indústria que alcançou uma taxa de crescimento de 7% ao ano, entre 2013 e 2019, movimentando mais de R$ 20 bilhões anuais, equivalentes a 1,67%[1] do PIB nacional. Nesse sentido, por mais que as adaptações e os novos modelos de consumo on-line já estivessem estruturados pré-pandemia, em plataformas de assinatura e acervos audiovisuais, para o fluxo das estreias e premiações, nenhum caminho virtual havia sido traçado até o momento. Com as salas de cinema fechadas e os festivais suspensos, a cadeia de valor cinematográfica estava paralisada.

Para além do setor de exibição, no segmento da produção audiovisual os impactos não são menores e afetam de maneira ainda mais extensiva não só empresas como os trabalhadores. Segundo a

---

[1] Disponível em: http://rio2c.meioemensagem.com.br/noticias2019/2019/04/25/a-forca-e-conomica-do audiovisual/. Acesso em: 21 jan. 2022.

Associação Nacional dos Especialistas em Políticas Públicas e Gestão Governamental (Anesp), só em São Paulo, no ano de 2019, o segmento movimentou mais de R$ 500 milhões e gerou mais de 25 mil postos de trabalho. Com a suspensão das filmagens, estima-se que, por mês, mais de R$ 40 milhões deixarão de circular na cidade[2].

E é exatamente nesse cenário de paralisação que nasce a presente pesquisa. Diante de uma nova esfera de fluxos para a indústria audiovisual, posicionando o cinema como parte dessa indústria, surge a ideia de estabelecer interseções, entre as áreas de estudo da Comunicação e das Relações Internacionais, permeando tangências ao universo institucional, mercadológico e tecnológico do sistema de valor cinematográfico. Dessa forma, interessa investigar acerca da concepção teórica de "diplomacia cultural", termo advindo das Relações Internacionais, que se acredita contemplar de alguma forma a experiência profissional da pesquisadora no mercado cinematográfico. Portanto, estabelece-se como objetivo principal uma ampliação da discussão acerca das vias de circulação do cinema brasileiro enquanto política cultural, sob as diversas interpretações e noções práticas do termo "diplomacia cultural".

Isso porque se entende que a extensão do mercado cinematográfico para a esfera hiperconectada global é inevitável, o que reforça a possibilidade de investigar se o desempenho de uma diplomacia cultural auxilia na criação de meios e canais legítimos de cooperação internacional. Logo, houve a opção por iniciar os estudos deste tema, no âmbito comunicacional, especificamente através da linha do programa dedicada às Culturas e Tecnologias das Imagens e dos Imaginários, para, na sequência da carreira acadêmica, lograr introduzir da mesma forma esta discussão no campo das Relações Internacionais enquanto extensão da pesquisa.

Sobre a organização do presente estudo, cabe registrar que, inicialmente, havia a intenção de elaborar um corpus que seria uma lista de filmes brasileiros, cujas trajetórias de circulação no exterior

---

[2] Disponível em: http://anesp.org.br/todas-as-noticias/2020/5/22/poltica-audiovisual-em--tempos-de-covid-19-arte-e-indstria-em-confinamento. Acesso em: 21 jan. 2022.

pudessem ser observadas sob as lentes da diplomacia cultural. Entretanto, ao longo do desenvolvimento da pesquisa, percebeu-se pertinente redirecionar a lente de observação para uma análise descritiva acerca do ambiente institucional do cinema nacional e da diplomacia cultural brasileira, tendo em vista que ambos sofrem fortes incidências perante a pandemia global, o desmonte de políticas públicas do atual governo brasileiro e, ainda, no que se refere as alterações sistêmicas que a expansão exponencial da tecnologia provoca sobre esses ambientes.

Sendo assim, a presente pesquisa passou a buscar compreender indicadores essenciais acerca da cadeia de valor e estrutura formal do mercado cinematográfico na condição de indústria criativa e, nesta etapa, observar os principais processos produtivos, tecnológicos e institucionais que configuram sua circulação. Para, então, a partir da compreensão dos fundamentos entre as dinâmicas de distribuição, circulação e internacionalização, identificar as estruturas e sistemas em processos e agentes articulados periodicamente ao longo da história brasileira.

Em seguida, sob essa mesma dinâmica, adentra-se o repertório teórico sobre diplomacia cultural, em notas e reflexões acerca do tema no mundo e no ambiente nacional, dialogando sobre as diversas noções e aplicações do termo acadêmica e politicamente. Sendo assim, busca-se evidenciar as nuances de diplomacia cultural na prática enquanto agentes e estruturas, transcorrendo pontualmente pela experiência brasileira nesse sentido, já enfocando, inclusive, algumas mobilizações específicas da atividade cinematográfica.

Ao final, por incidência e urgência de presente, promove-se uma análise do cenário atual (2019-2021), sob a ótica da diplomacia e circulação direcionada ao cinema, mas, acima de tudo, considerando a conjuntura de crise que se enfrenta na indústria cinematográfica de modo geral. Para esse tópico da pesquisa, considera-se, enquanto impacto, a conjuntura e as consequências da pandemia do novo coronavírus, aqui observadas no período de 2019 a 2021. Incluímos ainda o desmonte do sistema de políticas públicas de desenvolvimento de cultura promovido pelo governo federal brasileiro eleito para o período de 2019 a 2022 e visto sob o mesmo recorte temporal. Acrescentamos também algumas reflexões acerca das transformações tecnológicas em ritmo de aceleração, e suas possíveis influências disruptivas à cadeia de valor tradicional do mercado cinematográfico.

Nesse cenário, também houve atenção especial com as dinâmicas relacionadas aos festivais de cinema internacionais, pois, no que se refere à intersecção entre diplomacia cultural e circulação cinematográfica, o ambiente dos festivais representa seu mais genuíno e relevante ponto de conexão. Os festivais de cinema são eventos que desenvolvem e planificam um espaço de alteridade internacional, de espelhamento das identidades nacionais e de trocas simbólicas e subjetivas entre nações. São também ambientes das dinâmicas do mercado cinematográfico que sofreram profundas alterações estruturais diante da conjuntura contemporânea. Por tais razões, observou-se inclusive como se deu essa adaptação e quais foram as principais transferências e transformações no sistema de valores e poderes da circulação cinematográfica, procurando identificar de que forma a diplomacia cultural se insere nessas novas dinâmicas.

Para tal, organizo os capítulos deste livro da seguinte forma, primeiro discutimos sobre o repertório teórico utilizado como base para as compreensões das esferas principais referentes à circulação cinematográfica brasileira no exterior e depois das concepções sobre diplomacia cultural no Brasil. Em seguida, elucida-se acerca dos principais procedimentos metodológicos que foram utilizados para a organização e observação dos dados. Então, faz-se a uma descrição sobre a circulação internacional do cinema brasileiro, elencando os principais marcos acerca da experiência de circulação do cinema nacional, interna e externamente. em seguida, vem o capítulo de intersecção intitulado "A diplomacia cultural no cinema brasileiro", no qual abordamos notas teóricas sobre as concepções de diplomacia cultural no Brasil, suas práticas mais notórias, a experiência brasileira e, por fim, a diplomacia cultural aplicada ao cinema. O capítulo final, "Análise do cenário atual de diplomacia cultural à circulação internacional do cinema brasileiro", apresenta observações em cronologia, sobre a experiência do Brasil ante a pandemia do Covid-19, as estruturas federais do governo no período de 2019-2022 e as possíveis transições sistêmicas e transposições tecnológicas no espaço cinematográfico internacional.

Diante dessa estrutura, busquei uma visualização cartográfica, acerca da edificação histórica das plataformas para circulação do cinema brasileiro no exterior, em movimentos caracterizados ou impulsionados pela diplomacia cultural até 2018. E também diagnosticar como a situação encontrava-se no período estabelecido, pontuar suas eventuais rupturas e quebras, e, nesse sentido, visualizar possíveis caminhos ou perspectivas para esta intersecção de atividades e esta rede de influências no porvir.

Diante das evidências de cenários de adaptações e transições inéditas para o mercado audiovisual, e ao somar-se os avanços tecnológicos e a aceleração das relações globais, é imprescindível pensar e debater sobre a gestão responsável dos nossos recursos culturais, através do cinema e da sua circulação. Este estudo, portanto, tem também o propósito de organizar informações, conceitos e teorias referentes aos nossos intercâmbios culturais, buscando entender, sob a ótica estratégica, se existe influência de diplomacia cultural na otimização da nossa expressão no meio internacional, através de alicerces e iniciativas de autonomia nacional.

1 | Perspectivas teóricas e escolhas práticas

As primeiras buscas para compreender a relevância literária do presente trabalho iniciaram-se através de uma pesquisa nas plataformas Capes/Sucupira e Google Acadêmico sobre o atual estado da arte referente a trabalhos sobre o cinema nacional inseridos no contexto da diplomacia e internacionalização. De maneira geral, a intersecção do cinema em assuntos que dizem respeito à identidade nacional e pela perspectiva prática de política externa desdobra em assuntos e temáticas que envolvem diversas áreas de estudo. Pode-se dizer que, no campo das Ciências Sociais, os conteúdos encontrados a respeito do tema observam o cinema enquanto produtor de discursos e como meio de compreensão sobre as permanências e mudanças presentes no mosaico social em que vivemos. Já no ambiente de pesquisa dos estudos de cinema e audiovisual, a maior parte dos textos encontrados abordam o cinema enquanto produto simbólico, investigando narrativa e linguagem em análises fílmicas. No que tange ao cinema posicionado nos estudos setoriais e mercadológicos, os assuntos tendem a se concentrar no complexo das identidades e das estruturas de valor da indústria. Por fim, no que se refere ao conhecimento científico disponível nas áreas de Direito e Relações Internacionais, o cinema é inserido na maioria dos casos sob a ótica estratégica do Estado, em conexões e concepções políticas e periódicas.

Para obter noções mais específicas, foram pesquisadas as palavras *cinema* e *diplomacia cultural* nas bases de dados e o cenário apresentou-se escasso, porém passível de interpretação. Na plataforma da Capes, dos 182 resultados, 100 são artigos acadêmicos publicados em periódicos, 73 configuram-se como resenhas, sem nenhuma relação com a intersecção temática que foi procurada, e 9 foram computados em livros, que também pouco se relacionam com nosso objeto. Em busca avançada na mesma plataforma, nenhum desses resultados propõe as palavras-chaves pesquisadas como objeto de pesquisa integrado. Diante desses números, a questão do idioma dos materiais chamou a atenção, pois, do total mapeado, 74 são materiais em inglês, 46 escritos em espanhol e apenas 28 estão elaborados em português.

Ao final, do material disponível por pesquisadores brasileiros, apenas um aborda o tema da diplomacia cultural enquanto termo acadêmico, considerando que nenhum deles apresenta especificamente a questão do cinema em diálogo. O único mencionado, de autoria de Maria Susana Arrosa Soares, é um artigo publicado em 2008 na *Revista Brasileira de Política*, vol. 51, do Centro de Estudos Globais da Universidade de Brasília, intitulado "A Diplomacia Cultural no Mercosul". Esse texto se propõe a apresentar como as questões culturais do bloco não são utilizadas como instrumentos para a construção de vínculos de confiança e de cooperação entre seus povos. Os resultados da autora revelam dados sobre a atuação diplomática brasileira em relação à cultura, analisando informações da Reunião dos Ministros da Cultura do Mercosul. Com isso, a contribuição da pesquisadora dialoga muito bem com a pesquisa pretendida neste trabalho, além de servir como relevante banco de dados e bibliografia.

Ainda a respeito do encontrado via Capes, somente no resultado dos estudos elaborados em espanhol foi possível identificar o termo aplicado justamente na indústria do cinema. O trabalho é de autoria do pesquisador e professor belga Antonios Vlassis, responsável pelos estudos de Relações Internacionais da Universidade de Liège, publicado em 2016 no periódico *Cuadernos de Información y Comunicación*, organizado pela Universidade Complutense de Madrid. O texto leva o título "Organizaciones regionales y diversidade cultural: la diplomacia de la Unión Europea com el Mercosur entra la sombra de Hollywood y la acción intergubernamental"[3] e propõe um duplo

---

[3] Organizações regionais e diversidade cultural: a diplomacia da União Europeia com o Mercosul entre a sombra de Hollywood e a ação intergovernamental.

objetivo: de um lado, analisar a política específica da União Europeia de promover as normas da Convenção sobre a Diversidade de Expressões Culturais no Mercosul e, de outro, mensurar o impacto do modelo de política cultural da União Europeia no desenvolvimento da cooperação audiovisual com o Mercosul.

Se o texto de Soares é construído sob a ótica das políticas internas e nos apresenta dados e informações sobre as práticas e políticas culturais em curso no ambiente do Mercosul, o texto de Vlassis o complementa, pois nos fornece a visão externa, introduzindo a perspectiva dos planos e programas culturais de referência, revelando em números suas interações com o mercado e calculando seus impactos para o ambiente cinematográfico. Como evidência circunstancial, nota-se a presença dos blocos econômicos na discussão sobre diplomacia cultural, o que nos leva a acrescentar mais uma camada de observação ao presente trabalho. Afinal, pensar nos Estados e suas culturas, agrupados em programas regionais, adiciona uma malha de interatividade que amplia a análise para um volume maior de dados.

Na sequência do diagnóstico de estado da arte e no que se refere às buscas na plataforma Google Acadêmico, os resultados mostraram-se ainda mais assertivos, pois foi possível encontrar trabalhos contemporâneos sobre a ponte teórica e as propostas práticas pretendidas neste desenvolvimento. Ao todo, foram selecionados dois artigos, duas dissertações e um trabalho de conclusão de curso, que se mostraram efetivos em contribuição. Isso pois, neste caso, todos os trabalhos encontrados sobre o tema da diplomacia cultural, expostos no cenário atual, abordam o cinema e o trazem para análise central das discussões pesquisadas.

O primeiro texto, de Aline Burni Pereira Gomes, doutoranda em Ciência Política pela Universidade Federal de Minas Gerais (UFMG), é um artigo de 2015, publicado na *Revista de Estudos Políticos*, vol. 6, intitulado "Percepções, imagens e diplomacia cultural: algumas considerações sobre o caso brasileiro". O trabalho busca identificar as principais características da diplomacia brasileira e como esta é empreendida pelo governo em políticas culturais no início do século XXI. Nesse processo, a autora elenca as principais vertentes de diplomacia brasileira e fornece dados e reflexões sobre as coproduções audiovisuais e seus desdobramentos. Já o segundo, "A diplomacia cultural brasileira no século XX", das pesquisadoras Juliette Dumont, do Instituto de Altos Estudos da América Latina, e Anaïs Fléchet, professora de história na Universidade de Versailles Saint-Quentin-Yvelines e diretora adjunta do Centro de História Cultural das Sociedades Contemporâneas, foi publicado em 2014, pela *Revista Brasileira de História*, vol. 34. Neste artigo, as autoras apresentam uma historiografia da diplomacia cultural no Brasil, analisando a gênese da diplomacia cultural brasileira através de suas instituições, meios de atuação, objetivos e países aliados. Como resultado, as pesquisadoras validam o mercado cinematográfico como o meio mais desenvolvido, e efetivamente ativo, de exportação e alteridade cultural no país.

No que se refere a trabalhos de dissertação, os resultados se mostram mais escassos. Foi possível reparar que o assunto em questão ainda é pouco explorado para além dos artigos em periódicos, contudo a pesquisa *Caminhos trilhados, horizontes possíveis: um olhar sobre a diplomacia cultural do estado brasileiro no período de 2003 a 2010*, de Bruno do Vale Novais, da Universidade Federal da Bahia (UFBA) em 2013, nos oferece um panorama inicial rico em informações sobre as principais interações entre o Ministério das Relações Exteriores (MRE) e o Ministério da Cultura (MinC). Nesse sentido, o trabalho serve como alicerce para a presente pesquisa, tornando-se uma importante fonte de consulta temporal e documental.

Da mesma maneira, o trabalho de Maja Španjević, da Universidade de Lisboa, *Diplomacia cultural: formas e possibilidade no terceiro setor*, publicado em 2014, expõe as principais instituições intermediárias de diplomacia cultural e suas interconectividades entre o governo e o mercado. Em ambos os casos, os pesquisadores apresentam as relações advindas do ambiente cinematográfico como fator-chave para o desenvolvimento de qualquer exercício de diplomacia cultural.

Além de encontrar nesses trabalhos uma base sólida para a pesquisa, pôde-se diagnosticar com muita nitidez a pertinência da discussão que se propõe, especialmente pelo cruzamento entre os dois campos de estudo, pela conexão dos pontos abordados diante dos eixos já pesquisados e pelo intuito de entender as melhores estratégias para a circulação cinematográfica por vias diplomáticas.

Paralelamente a essa reflexão, encontram-se escritos de autores contemporâneos em livros, como Edgard Telles Ribeiro (*Diplomacia cultural: seu papel na política externa brasileira*, 2011), sendo este texto o principal aporte teórico para a pesquisa. Edgard Telles Ribeiro é pioneiro no Brasil por publicar a primeira edição de seu livro a respeito da diplomacia cultural em 1991. Tendo em vista que os estudos nacionais sobre o tema são recentes, Ribeiro o conceitualizou como fruto da sua tese, no Curso de Altos Estudos do Instituto Rio Branco, enquanto qualificação para a carreira diplomática. O livro fornece todo o repertório acerca do assunto nas instâncias acadêmicas mais elevadas, contrapondo as diferentes definições do termo na teoria e na prática. Dessa forma, o próprio autor introduz outros intelectuais relevantes para esse estudo, como Marcel Merle (*Forces et Enjeux dans les Relations Internacionales*[4], 1985), um dos primeiros a firmar o tema no mundo, e, na sequência, J. M. Mitchel (*International Cultural Relations*[5], 1986), cujos livros não foram distribuídos no Brasil.

Em complementaridade, traz-se Milton Cummings (*Cultural Diplomacy Research Series*, 2009) e W. B. Gudykunst (*Theorizing About Intercultural Communication*[6], 2005). Ambos os autores discorrem sobre as diversas interpretações e interlocuções sobre diplomacia cultural e as correlacionam com a cadeia produtiva cinematográfica.

A fim de formular e solidificar o enfoque da pesquisa nas estruturas do mercado audiovisual, elenca-se como vertente teórica transversal o trabalho já mencionado de João Guilherme Barone em seu livro *Cenários tecnológicos e institucionais do cinema brasileiro na década de 90*, publicado em 2009. Assim como a dissertação de Hadija Chalupe da Silva, da Universidade Federal Fluminense, A *distribuição do filme nacional: considerações acerca de cinco filmes lançados em*

---

[4] Pontos fortes e problemas nas relações internacionais.
[5] Relações Culturais Internacionais.
[6] Teorizando sobre Comunicação Intercultural.

2005, posteriormente publicado em formato de livro como *O filme nas telas em* 2010, que conceitua diferentes modelos de circulação cinematográfica e traz a definição de cinema de exportação, que explora a internacionalização do cinema nacional.

Também é importante ressaltar que, para algumas concepções iniciais sobre a conjuntura do mercado cinematográfico, partimos da observação de que o cinema é, desde sua gênese, uma linguagem cultural em intercâmbio. É possível refletir sobre isso diante de dois pontos: o primeiro sob o ponto de vista da linguagem cinematográfica, e o segundo – que mais no interessa neste caso – no que tange à cultura e como o cinema se relaciona com o meio, articulando duas dinâmicas originalmente distintas, a arte e a indústria.

Diante dessa cisão, a partir dos elementos mais subjetivos e semiológicos do cinema, inicia-se com Christian Metz (1980) ao entender a linguagem cinematográfica como uma compreensão primordial à nossa discussão. O autor parte do pressuposto de que o cinema é uma linguagem, pois possui suas regras e convenções. Para Metz, a linguagem do cinema é denotativa, sendo que a conotação vem junto com a denotação, porém a denotação de uma imagem é notável, ao mesmo tempo que o espectador percebe a atitude do cineasta com relação a ela. Metz afirma que a imagem cinematográfica possui um nível natural de expressividade, fazendo com que o cinema seja um veículo mais de expressão do que de comunicação.

Nesse sentido, Metz aponta que todo significado possível no cinema é supervisionado por um código que dá sentido a ele. Isto é, um código é a relação lógica que possibilita que uma mensagem seja compreendida, portanto os códigos possuem uma existência real para além dos filmes. Códigos são as regras que possibilitam a mensagem de um filme, sendo o oposto dos materiais de expressão, pois são as formas lógicas impressas em algum material a fim de gerar mensagens e significados (Metz, 1980, p. 46).

Sob essa visão, para além dos mecanismos lógicos que os idealizadores de uma obra fílmica utilizam para fazer com que seu material se comunique com o espectador, existem inúmeros códigos culturais variáveis que não dependem do cinema para existirem, mas que são transferidos ao vivo para o mesmo. Pela interpretação de Costa (2003), essa combinação codificada nos permite ver o cinema como "um dispositivo de representação com seus mecanismos e sua organização dos espaços e dos papéis" (Costa, 2003, p. 26). E é sob algo próximo dessa noção de dispositivo que Metz aborda a indústria cinematográfica, enquanto instituição cinematográfica.

Aqui então é importante ressaltar a própria divisão do autor no que se refere à diferenciação entre cinema e filme, em sua obra *Linguagem e Cinema* (1980), na qual apresenta e estabelece as fronteiras entre o fato fílmico e o fato cinematográfico.

> Essa distinção entre fato cinematográfico e fato fílmico tem o grande mérito de propor com o filme um objeto mais limitado, menos incontrolável, consistindo, principalmente, em contraste com o resto, de um discurso significante localizável – face ao cinema que, assim definido, constitui um complexo mais vasto dentro do qual, entretanto, três aspectos predominam mais fortemente: aspecto tecnológico, aspecto econômico, aspecto sociológico (Metz, 1980, p. 11).

A partir da evidência desses aspectos, a presente pesquisa se afasta do fato fílmico, produto, filme e seus elementos simbólicos, voltando-se ao fato cinematográfico para pensar em cinema como o conjunto de fatores ligados aos processos de realização dessas obras enquanto cadeia instituinte de valores. Para Metz, a instituição cinematográfica diz respeito, antes de mais nada, à economia e a ideologia. Não obstante, perpassa o subjetivo, ao representar o desejo, o imaginário e o simbólico coletivo, insistindo nos jogos de identificação e nos complexos mecanismos que regulam o funcionamento da nossa psique social.

Nesse invólucro, tudo que se refere ao mercado cinematográfico abre margem para abordagens distintas sobre as estruturas que o compõem. A percepção dos fatos de Metz permite fixar a ideia de filme enquanto "discurso significante" (1980, p. 12) e navegar nas conexões de cinema, como todas as ações além do filme. Desde a sua infraestrutura econômica, legislação nacional e sociologia dos meios de tomada de decisão até a influência do filme em relação ao público e sua função em mecanismos econômicos simbólicos internacionalmente (Metz, 1980). Sendo assim, esta pesquisa também incorpora o entendimento de Costa (2003) e considera o fato cinematográfico pela lente observacional:

> Mas se considerarmos o cinema como um todo, saímos do campo das definições e entramos no da observação. E observaremos então que o cinema é aquilo que se decide que ele seja, numa sociedade, num determinado período histórico, num certo estágio de seu desenvolvimento, numa determinada conjuntura político-cultural ou num determinado grupo social (Costa, 2003, p. 29).

Esse apontamento para o cinema regula o ângulo a uma observação cronológica da história de circulação do cinema brasileiro – fruto da sociedade brasileira –, transpassando momentos cruciais para o cinema nacional no exterior, até chegar ao momento presente, quando a indústria se mostra em um estágio particularmente instável e transitório de desenvolvimento do mercado, à mercê de uma reorganização de enfrentamento de uma pandemia, diante de uma conjuntura política desinstitucionalizante, e ofertada para espectadores estrangeiros em plataformas digitais, nem sempre legitimadas ou regulamentadas. Essa soma de fatores do recorte presente é o principal pilar de reflexão para este estudo.

Em vista disso, buscamos outras preconcepções acerca do fato cinematográfico antes de adentrarmos no caso específico do cinema nacional. Percebe-se que é consenso, na literatura especializada, que os filmes, produto-chave de uma indústria de entretenimento de massa, não são simples atividade comercial, tão pouco pura expressão artística; eles são tanto arte quanto indústria, tanto mercadoria quanto bem cultural (Rosenfeld, 2002).

> Só uma parcela do entretenimento é arte, mas toda arte é – para aqueles que a amam – entretenimento e

prazer. É através da superfície do entretenimento que a arte nos conduz imperceptivelmente aos mistérios mais profundos da vida. O fato, portanto, de que o cinema é uma indústria do entretenimento não exclui a produção de arte (Rosenfeld, 2002, p. 42).

Como lógica de estudo para esta obra, entende-se como dinâmica da pesquisa uma composição de técnicas e vertentes teóricas que se combinam ao longo do desenvolvimento em ordem alternada. Nesse sentido, volta-se o olhar para o cinema, dentro da indústria audiovisual contemporânea e conectada, optando por uma investigação qualitativa de caráter exploratório, com uma abordagem multimetodológica, utilizando como técnicas de obtenção de dados a observação empírica, o levantamento bibliográfico e a análise documental. Para então, mediante os resultados obtidos ao longo do desenvolvimento exploratório, aplicar o olhar cartográfico, para estruturar os dados em formatação subjetiva em movimento e, então, combiná-los com a uma intervenção empírica, enquanto pesquisadora e profissional do campo das Relações Internacionais.

Esse enfoque de combinações metodológicas divide-se basicamente entre duas etapas e abordagens: a primeira com critérios objetivos de cunho cronológico de registro; a segunda, subjetiva e analítica, nos proporciona um entendimento sobre a intersecção dos temas no contexto atual. A decisão por este tema e por esta abordagem foi baseada em experiência empírica profissional, uma vez que se insere a pesquisadora na ponte estratégica cinema-relações internacionais e, por isso, torna-se possível levantar dados e informações através do empirismo ligado às próprias articulações e à observação *in loco* das rotinas e problemáticas do assunto. Para Maldonado (2006), o empirismo "[...] compreende o conhecimento adquirido pela prática, o conhecimento sensível baseado na experiência, o conhecimento factual que foi experimentado e não tem necessariamente uma observação controlada" (Maldonado, 2006, p. 278).

Nesse sentido, o autor afirma ainda que é o objeto/problema concreto da pesquisa que demandará as técnicas necessárias para investigá-lo, portanto considera-se esta abordagem como núcleo motriz da pesquisa e novas metodologias poderão ser incluídas, adaptadas ou reformuladas ao longo do trabalho.

> As técnicas de pesquisa empírica não são definidas a priori, antes de conceber e reconhecer um problema; elas vão estruturando-se na concepção, no planejamento, na formulação, na caminhada, no aprofundamento; nos desafios operativos e conceituais que aparecem na pesquisa (Maldonado, 2006, p. 287).

Sabe-se, portanto, que o planejamento de uma pesquisa depende tanto do problema a ser investigado, da situação espaçotemporal em que se encontra, quanto da natureza e nível de conhecimento do investigador (Köche, 1997, p. 122). Seguindo esse critério, pode-se definir, por base, que estamos diante de um tipo de pesquisa exploratória. Pois, segundo Gil (2002), o caráter exploratório tem como objetivo proporcionar maior familiaridade com o problema, com vista a torná-lo mais explícito ou a construir hipóteses. A grande maioria dessas pesquisas envolve: levantamento bibliográfico, entrevistas com pessoas que tiveram experiências práticas com o problema pesquisado e análise de exemplos que estimulem a compreensão.

Ainda, compreende-se que este tipo de pesquisa possui grande utilização, principalmente nas Ciências Sociais, pois não se trabalha somente com a relação entre as variáveis presentes no cenário em foco, mas também com o levantamento de novas possibilidades de análise e, assim, suas caracterizações quantitativas ou qualitativas (Köche, 1997, p. 126). Portanto, visualiza-se o presente trabalho como uma pesquisa exploratória, principalmente por ter como objetivo fundamental descrever ou caracterizar a natureza das variáveis que se busca conhecer. Nesse caso, os aspectos de troca e de cooperação cinematográfica em nível internacional e de que forma eles podem afetar ou impulsionar as práticas e políticas culturais no Brasil.

Pela escolha do tipo de pesquisa exploratória, identifica-se inclusive a vertente da pesquisa como qualitativa, considerando, portanto, Minayo (2001) em sua afirmação sobre a pesquisa qualitativa trabalhar com o universo de significados, motivos, aspirações, crenças, valores e atitudes, o que corresponde a um espaço mais profundo das relações, dos processos e dos fenômenos, que não podem ser reduzidos à operacionalização de variáveis. No caso de uma pesquisa exploratória no formato de livro, compreende-se ser necessário uma análise subjetiva e investigativa, pretendendo-se utilizar a vertente qualitativa para isso.

Sabe-se que, como ponto de partida, a proposta é coletar informações e dados acerca do mercado cinematográfico, no que tange ao cinema nacional enquanto obra cultural na sua dinâmica de circulação nos mercados externos. Nessa lógica, busca-se compreender o cenário de trocas e caminhos entre os sistemas de apoio à internacionalização cinematográfica ao longo da história, enquanto coleta de dados primários via pesquisa documental e bibliográfica.

Como primeira fase, portanto, partimos do pressuposto de Lakatos e Marconi (2001) de que toda pesquisa implica o levantamento de dados de variadas fontes, quaisquer que sejam os métodos ou técnicas empregadas, sendo a coleta de dados a fase da pesquisa realizada com o intuito de recolher informações prévias sobre o campo de interesse. Assim, configuram-se como fonte complementar de coleta as técnicas bibliográfica e documental, cumprindo a função de reunir e agrupar estrategicamente conceitos, dados e informações legítimos que abordem o tema central da pesquisa.

Primeiramente, busca-se estabelecer o que é a indústria cinematográfica, sua estruturação, suas peculiaridades, dinâmicas e o conjunto de realidades no qual está inserida, bem como contextualizá-la tanto em seu âmbito nacional quanto internacional. Para criar essa concepção inicial, será empregada a técnica de pesquisa bibliográfica, com o intuito de coletar informações que fortaleçam as argumentações observacionais. De acordo com Lakatos e Marconi (2001), pesquisar bibliograficamente consiste em diagnosticar informações em materiais já publicados, constituído principalmente em imprensa escrita, jornais e revistas, meios audiovisuais, material cartográfico, publicações e conteúdos teórico-acadêmicos (Lakatos; Marconi, 2001, p. 185).

A metodologia de pesquisa documental, apesar de semelhante à bibliográfica, busca informações e dados em materiais diversos, que não receberam especificamente o tratamento analítico. Segundo Severino (2011), não se limita apenas a material impresso, mas a todo objeto que dá suporte material a uma informação. Nessa condição, transforma-se em fonte durável de informação sobre os fenômenos pesquisados. Desse modo, contratos, editais, documentos sobre a circulação cinematográfica enquanto objeto de análise contribuirão para a pesquisa. Demais dados disponibilizados pelos relatórios dos diversos entes do setor, sejam eles públicos ou não (Ancine, Apex, MRE e MinC, por exemplo), também servirão de subsídio para a análise e para o mapeamento da circulação das produções nacionais do mercado internacional.

De maneira geral, o trabalho aborda teorias sobre o método de pesquisa observacional, que se estendem para além da prática enquanto técnica de coleta de dados. Compreende-se a pesquisa observacional como uma vertente de expansão da metodologia de pesquisa na maior parte dos casos. Com isso, o objetivo metodológico volta-se a construir, via observação, um mapeamento de dados que já existem e estruturá-los em formato ferramental. Isto é, inserindo o olhar acerca do fenômeno cinematográfico brasileiro no exterior, em postura ativa de pesquisador em campo, ajustando a ótica para transpor questões empíricas em possíveis lógicas estruturais.

Para a adoção de tal posicionamento, encontra-se fundamento nos conceitos de Laville e Dionne (1999) sobre o verdadeiro olhar do pesquisador, partindo da observação como técnica de pesquisa autônoma – ao invés de uma contemplação passiva –, não sendo esta também um simples olhar atento, mas sim, essencialmente, um olhar ativo, sustentado por uma questão e por premissas, cujo papel essencial é compor um núcleo ao trabalho. Ainda assim, segundo Lakatos e Marconi (2001), considera-se promover uma observação direta intensiva, com o intuito de servir como auxílio ao pesquisador para identificar e obter provas a respeito de fenômenos dos quais, todavia, não se possuem evidências a respeito, mas que orientam o comportamento de seus agentes.

Dessa forma, elabora-se um planejamento de observação, que, segundo Danna e Matos (2006), consiste em um composto de decisões em relação ao que será observado, com base em três conjuntos de informações: a identificação geral do ambiente/mercado ou fenômeno, a identificação das condições em que a pesquisa ocorre e o registro de comportamentos e circunstâncias ambientais como técnicas de amostragem e registro de dados.

Seguindo as considerações de Danna e Matos (2006), o planejamento de observação parte do objeto a ser observado, sendo necessário especificar: o que será observado, onde a observação ocorrerá, a frequência das observações, o tempo de observação e como serão registrados os dados. No caso do presente estudo se observam os sistemas de agentes e de instituições dos dois primeiros capítulos referentes à circulação e diplomacia, para, então, delimitar o tempo (entre 2019 e 2021), exclusivamente para o contexto brasileiro, levando em consideração o cenário pandêmico, o retrocesso político vigente e o rápido avanço tecnológico.

Neste tema, leva-se em consideração ainda a visão de Gil (2002) sobre a observação apresentar como principal vantagem, em relação a outras técnicas, que os fatos são percebidos diretamente, sem qualquer intermediação. Desse modo, a subjetividade, que permeia todo o processo de investigação, tende a ser reduzida. Portanto, espera-se estender o método observacional como base para toda a concepção da atual pesquisa, elencando possíveis premissas de aproximação entre o tema em foco e suas respectivas teorias e o meio estudado e suas respectivas tramas de concepção.

Por fim, como muitos fatores que estão sendo investigados referem-se às novas dinâmicas do mercado cinematográfico contemporâneo, causadas pelo advento e popularização das tecnologias digitais e de conectividade, e por esse fenômeno tratar de algo relativamente novo, é necessário dar um passo além da abordagem teórica obtida através de pesquisa bibliográfica e documental.

Para Kastrup (2012), trazer para a pesquisa como "material" significativo a experiência do pesquisador no ato de pesquisar aponta para uma "nova ordem" na produção de conhecimento cientificamente válido. Para esta vertente, o que é vivido pelo pesquisador, enquanto ele pesquisa, mobiliza e viabiliza o acesso à transversalidade e ao plano comum. A autora explica que a aprendizagem para uma atitude cartográfica em pesquisa passa, fundamentalmente, pelo cultivo do olhar e da atenção aos processos em curso. Refere-se, portanto, a uma atenção e a um olhar concentrado, mas, ao mesmo tempo, flutuantes e abertos, em um movimento nômade, que só se detém o tempo suficiente e necessário ao que emerge para, logo em seguida, colocar-se novamente em curso pelo chamamento dos acontecimentos em movimento (Kastrup, 2012).

Em meio a esse fluxo, desenvolve-se como finalização do processo descritivo um olhar cartográfico do ambiente diplomático cultural brasileiro, que evidencie onde e como o cinema nacional está exposto e interage. Esta se trata de uma primeira investigação abordando o impacto da diplomacia cultural, especificamente no mercado cinematográfico nacional e, portanto, partirá de um olhar mais abrangente, para, ao final, condensar, em análises e suas consequentes ponderações sobre o tema, entendimentos e informações de caráter mais objetivo e ferramental aos meios em que o livro se posiciona.

2 | A CIRCULAÇÃO INTERNACIONAL DO CINEMA BRASILEIRO

Neste capítulo tem-se como objeto de observação genealógica a circulação do cinema brasileiro e, para tal, inicia-se percebendo o funcionamento do seu sistema de valores ontológicos e fundamentais. É dizer, como este mercado se organiza, de que forma se dinamiza a circulação do produto cinematográfico no território brasileiro e no mundo. Estruturadas as bases da cadeia produtiva do cinema, passa-se a descrever notas sobre a circulação internacional do cinema, para então, adentrar na experiência brasileira de internacionalização do cinema nacional.

Em vias de desenhar as principais estruturas constituintes do sistema de trocas e fluxos cinematográficos, observa-se o cinema como produto cultural, partindo do entendimento de que um filme, quando exibido ao mercado, apresenta-se como um potente propagador de concepções sobre grupos étnicos e nações. Sua cadeia de valor[7] se apresenta e se posiciona, impreterivelmente, como uma potencial via ativa socializadora e legitimadora de concepções coletivas. Em termos estruturais, observa-se essa cadeia audiovisual global e sua tridimensionalidade nos eixos de atuação fundamentais: produção, distribuição e exibição. O processo de produção corresponde à realização na prática de um filme como resultado. No que se refere à distribuição, consiste objetivamente no processo de licenciamento da obra, a comercialização que irá

---

[7] Cadeia de valor é o conjunto de atividades desempenhadas por uma organização desde as relações com os fornecedores e ciclos de produção e de venda até à fase da distribuição final (Porter, 1985 p. 84).

viabilizar sua circulação, capilarização e consequente viabilização nas diversas trajetórias de exposição. Por fim, identifica-se como exibição a etapa em que o filme encontra o ambiente de visualização e apresentação ao público final, o que consiste na concretização do ato de consumo de uma obra audiovisual.

Visualizar sistematicamente a indústria audiovisual como um complexo organizado de relações que possibilitam a produção e a circulação de uma obra cinematográfica, nos fornece as ferramentas necessárias para encontrar os fluxos e pontes que fazem com que este campo seja tão determinante para a intercomunicação cultural de um país. Nesse sentido, utilizamos os enunciados de Barone (2005) em *Comunicação e indústria audiovisual: cenários tecnológicos e institucionais do cinema brasileiro na década de 1990.*

Sua observação oferece uma estrutura de visão sistêmica, conforme exposto na Figura 1, que nos permite compreender e visualizar os fenômenos do *espaço* audiovisual no formato de um retângulo, visto como o campo em que opera a *indústria* audiovisual, que se representa em triangulações. Por fim, evidenciam-se seus núcleos constitutivos, compostos por agentes e estruturas, que atuam organicamente e formam os campos de atividades do *meio* audiovisual. Ajustando as dinâmicas que são objetos de observação no presente estudo, chegamos às dinâmicas que serão seu foco, partindo do triângulo central de produção-distribuição-exibição, mas também observando as angulações adjacentes, mais especificamente a que se refere à tecnologia-instituição-mercado.

Figura 1 – A Triangulação do Meio Audiovisual

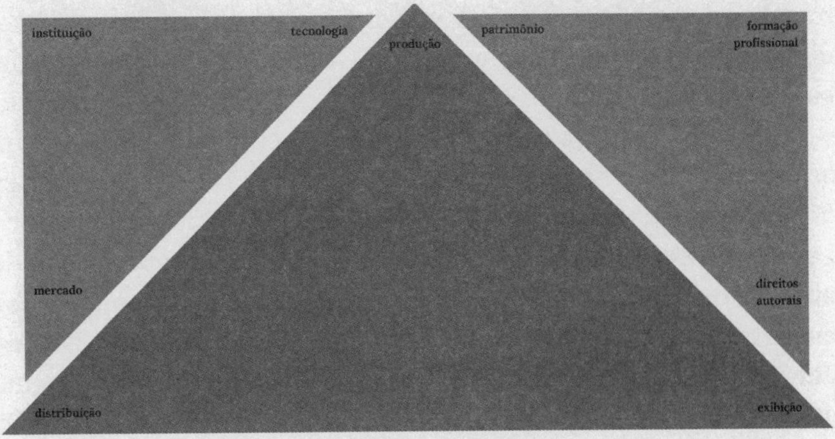

Fonte: Barone (2005).

Diante do diagrama, é possível posicionarmos o tema da circulação internacional dentro do ângulo da distribuição, em que buscamos compreender todos os processos e possibilidades de caminhos para a carreira de um filme e, assim, evidenciar os agentes e os facilitadores envolvidos nesta etapa do sistema. Com isso, também inserimos a pesquisa na triangulação de instituição-tecnologia-mercado, analisando as características tecnológicas da mídia cinematográfica, suas barreiras e oportunidades de circulação. Dessa forma, temos a intenção de mapear as instituições que interferem e atuam neste mercado de complexas interações.

Isso pois, de maneira geral, no caso brasileiro, exibir um filme no exterior ainda é um caminho pouco explorado, mesmo considerando as remanescentes políticas públicas e leis de incentivos como a Lei do Audiovisual e a Lei Rouanet. Essa situação tende a se complexificar ainda mais, pois até 2018 as oportunidades de um produto cultural percorrer o caminho da exportação eram ainda maiores do que podemos prever para os próximos anos. Desde o início do Governo Federal eleito em 2018, iniciamos um processo de desinstitucionalização da área cultural do Estado, a começar pela extinção do Ministério da Cultura (MinC), transferência de suas atribuições e competências para um novo Ministério da Cidadania e, mais tarde, remanejado ao Ministério do Turismo. Esse ato normativo culminou também na transferência da Agência Nacional do Cinema (Ancine) para a pasta do Turismo.

Contudo, isso não significa que a representatividade da cultura brasileira no formato de produções cinematográficas perde força no exterior. De acordo com a Associação de Filmes da América Latina (MPAA)[8], o Brasil em 2016 subiu no ranking de circulação de obras não americanas no mercado internacional, posicionando-se em décimo lugar, arrecadando mais de US$ 700 milhões no mesmo ano pelo desempenho de suas produções no exterior. Nesse mesmo ano, foi identificado pelo Anuário Estatístico do Cinema Brasileiro que, dos 142 títulos lançados, 13 deles foram coproduções internacionais, sendo quase o dobro das coproduções do ano anterior (Ancine, 2016, p. 14).

No ano seguinte, de acordo com o Anuário Estatístico do Cinema Brasileiro divulgado pela Ancine, a cinematografia brasileira continuou mostrando números positivos. Houve aumento nos títulos lançados, passando de 142 para 160, a maior marca de produções nacionais até aquele ano (Ancine, 2017, p. 10). Além disso, o Brasil subiu uma posição no ranking de produções não americanas, alcançando o nono lugar, nosso melhor posicionamento no mercado cinematográfico desde então (Ancine, 2017, p. 11).

---

[8] A Motion Picture Association Latin America está no Brasil (MPA-Brasil) desde os anos 1940, e seus associados incluem: Walt Disney; Paramount; Netflix Studios, LLC; Sony Pictures; Universal e Warner Bros. A missão da MPA-Brasil é promover e estimular a criação e inovação na indústria audiovisual, priorizando a valorização e o incentivo do processo criativo como um vetor que permita que conteúdo audiovisual de qualidade e entretenimento sejam levados a todos os públicos. A MPA-Brasil, além de representar os interesses dos estúdios associados, monitora o cenário político e econômico em relação à indústria audiovisual.

Tabela 1 – Coproduções internacionais do Brasil
com outros países lançadas em salas de exibição (2010-2019)

País Coprodutor	2010	2011	2012	2013	2014	2015	2016	2017	2018	2019	Total Geral
Portugal	1	4	1	1	3	2	1	4	1	3	21
Argentina	2	1	-	3	2	1	3	4	5	7	28
França	1	1	1	2	1	-	2	2	2	2	14
Estados Unidos	1	2	1	3	-	-	-	1	-	-	8
Alemanha	-	-	-	-	2	-	-	3	1	1	7
Espanha	-	2	1	1	1	-	-	1	2	-	8
Outros	4	5	5	10	5	4	7	7	11	9	67
TOTAL	**9**	15	9	20	14	7	13	22	22	22	153

Fonte: Ancine (2019).

Decidimos observar também dados referentes às coproduções realizadas no Brasil no mesmo período, sendo possível observar, na Tabela 1, um aumento em 2016 e igualmente no ano seguinte, porém, desde então, o número de coproduções se mantém estável, registrando 22 obras em 2019.

Os dados de coprodução são importantes, pois representam uma oportunidade de lançamento e distribuição do filme no exterior. Uma coprodução, segundo a Ancine, consiste na união de um ou mais países para a produção de um filme. Essa cooperação entre países pode ocorrer de forma bilateral, multilateral, minoritária ou majoritária, sendo fundamental a divisão de territórios e direitos sobre a distribuição da obra, acordando qual das empresas disfrutará dos direitos de explorar comercialmente o filme no âmbito internacional (Ancine, 2020).

Ainda segundo a Ancine, o Brasil mantém acordos bilaterais de coprodução cinematográfica com doze países: Argentina, Alemanha, Canadá, Chile, Espanha, França, Índia, Israel, Itália, Portugal, Reino Unido e Venezuela. Existem ainda os seguintes acordos multilaterais: 1) Convênio de integração cinematográfica ibero-americana; 2) Acordo de criação do mercado comum cinematográfico latino-americano e; 3) Acordo latino-americano de coprodução cinematográfica. Essas dinâmicas estão amparadas em regência e fomento em parceria com o Ministério das Relações Exteriores e com o Instituto Itamaraty.

Tal reflexão sobre a questão de como são feitos os filmes em regime de coprodução internacional torna-se importante também em noções qualitativas para compreendermos o impacto subjetivo que este fluxo promove. No acordo latino-americano de coprodução cinematográfica (1998), por exemplo, está explícito o objetivo de divulgação da cultura das nações envolvidas. Os países signatários, membros do convênio de integração cinematográfica ibero-americana, devem estar "conscientes de que a atividade cinematográfica deve contribuir para o desenvolvimento cultural da região e para sua identidade", como expressa oficialmente o acordo[9]. Embora pareça evidente a intenção desses acordos, torna-se necessário refletir, inclusive, sobre a esfera e a composição da representatividade do cinema nacional, produzido em colaboração ou não, no âmbito dos festivais de cinema internacionais.

Ao adentrarmos no tema dos eventos internacionais de cinema, ajusta-se a vista para dialogarmos sob a premissa do cinema enquanto ativo central aos intercâmbios culturais, contrastando os enunciados de Melo (2002). O autor expõe o cinema como um espaço conceitual em que as identidades são construídas, reconstruídas e traduzidas permanentemente, com a influência dos contextos determinados pelas condições sociais, culturais, geográficas, espaciais, materiais e linguísticas. É nesse mesmo raciocínio, inclusive, que o autor denomina os festivais de cinema como espaços de diálogo intercultural recíproco e afirma que as iniciativas de coprodução cinematográficas, por exemplo, são evidências práticas da diplomacia cultural cumprindo seu propósito de cooperação identitária interdependente (Melo, 2002).

A partir dessas afirmações, chegamos ao primeiro ponto de conexão entre o mercado cinematográfico e a diplomacia cultural, considerando que o relacionamento entre filmes e diplomacia vem

---

[9] Decreto nº 2.761, de 27 de agosto de 1998. Disponível em: https://www.gov.br/ancine/pt-br/arquivos/acordo-latino-americano-co-producao.pdf.

sendo explorado mercadológica e politicamente desde sua origem, porém somente a partir do início do século XXI a ponte teórica se expande na academia, mediante pesquisas que argumentam que os filmes contribuem para a reprodução dos discursos ideológicos da mais subjetiva filigrana do imaginário coletivo (Mckay, 2013). Consequentemente, a confluência desses campos de estudo tangencia teorias da comunicação intercultural, especialmente Hecht, Collier e Ribeau (1993), que mencionam o cinema como principal ferramenta de tradução identitária de uma nação.

Hecht, Collier e Ribeau argumentam que a identidade é o processo comunicativo que deve ser estudado no contexto de intercâmbio de mensagens. Segundo os autores, as identidades são criadas na interação com os outros, ou seja, são negociadas em conjunto. Sobre as identidades coletivas, novamente, aparece o conceito dos festivais de cinema como o núcleo de desenvolvimento mútuo e orgânico das identidades culturais dos países que deles participam com suas obras em exibição. Seguindo o raciocínio dos autores, é nos ambientes de encontro dos produtos audiovisuais, principalmente os filmes independentes, isto é, os projetos desenvolvidos mediante subsídios governamentais, que as identidades culturais se espelham em alteridade e, assim, existem e naturalmente impulsionam-se (Hecht; Collier; Ribeau, 1993, p. 79).

Ao pensarmos nos festivais de cinema como primeira janela de circulação de um filme, também os evidenciamos como espaço de alteridade internacional e, assim, surgem os primeiros questionamentos a serem investigados no presente estudo. Serão os festivais de cinema o ambiente onde agentes interlocutores, atuando enquanto diplomatas culturais, apresentam em alteridade suas identidades nacionais via exposição de obras fílmicas? E se trabalharmos sob essa hipótese, como e através de que interlocução o Brasil se comunica neste invólucro global?

2.1 O sistema de valores da cadeia produtiva cinematográfica

No caso específico desta pesquisa, entende-se a indústria cinematográfica como produto sob a interpretação econômica, entretanto, apesar de ela ser sistematicamente análoga a uma fábrica, sua matéria-prima é a expressão e, quando transposta à esfera coletiva, se transforma, então, em identidade nacional. Nesse sentido, o cinema, em sua forma mercantilizada, envolve e desenvolve um sistema complexo de transações financeiras e simbólicas, impulsionadas por uma série de fatores intrínsecos e inerentes à sociedade, para, enfim, gerar definições e percepções de lucros e receitas.

De maneira geral, o produto final dessa cadeia de valor é um bem cultural, relativamente homogêneo quanto a sua forma de produção, contudo extremamente heterogêneo em sua esfera qualitativa de expressão e representação. Outra característica importante de realçar é a relação estreita entre as obras, enquanto produtos finais, e as suas condições de produção. Isso pois cada filme consiste consequentemente em uma empresa temporária de inúmeras associações de profissionais, por demanda e por projeto. Processo esse que envolve um alto risco, grandes custos e apostas de investimentos (Howkins, 2013).

Na triangulação, exposta por Barone (2009), dos eixos centrais de produção, distribuição e exibição, a estrutura básica para o funcionamento da cadeia de filmes ocorre, em termos gerais, da seguinte maneira: estúdios com atuação global e/ou produtores independentes produzem filmes que, por sua vez, são distribuídos para exibição em salas de cinema pelas empresas distribuidoras. A exibição no cinema é, na maior parte dos casos, o primeiro canal de distribuição de um film, que, a seguir, é destinado para locação ou compra em meios físicos (DVD e Blu-Ray), em plataformas de pay-per-view (PPV), video-on-demand (VoD), entre outros, chegando ao final da exibição, que ocorre na TV por assinatura e/ou na TV aberta (Gualda, 2020).

Por essas três etapas, o processo cinematográfico é visto na sua integralidade, desenvolvendo uma cadeia de valor que parte da concepção e materialização de uma obra. Passa pela circulação e disseminação desse produto em diversos meios e, então, teoricamente, finaliza seu ciclo via um consumo organizado para o público espectador (Barone, 2009).

O início de tudo é a produção, ela representa a abertura de um processo de criação e elaboração de um produto audiovisual. E é composta por um conjunto de atividades em escala industrial, exercida pelos seus agentes, denominados produtores. O processo produtivo obedece a uma linha de produção que se desdobra sistematicamente em três etapas. A pré-produção, onde se criam as ferramentas de orientação da obra a ser realizada, como roteiros, cronogramas, planejamentos de trabalho e planos de captação para os recursos financeiros do projeto. Em seguida, na fase central de produção, concentram-se as atividades de execução e desenvolvimento do projeto, como alocações de recursos, contratações técnicas e artísticas, preparações de cenários e figurinos, captação das imagens e armazenamento dos registros do filme. Na fase final do processo, a pós-produção, as atividades de montagem e edição entram em cena, assim como qualquer processo de refinamento dos recursos obtidos até então, e, por fim, a obtenção de um corte final para chamar de filme.

Neste primeiro vetor do triângulo central de Barone (2009), a figura do produtor é considerada a *autoridade máxima* da cadeia de valor. Cabe a este agente coordenar todas as etapas do processo e ser a principal ponte conectora com a próxima atividade do setor, a distribuição. Contudo, são diversos os agentes que atuam neste ponto de intersecção; a partir da obra materializada, o produtor busca alianças estratégicas com empresas distribuidoras ou agentes de distribuição, para planejar a circulação da mesma e suas possibilidades de exposição ao mercado. Nessa ponte, também se evidencia o espaço dos festivais de cinema como ambientes potencializadores de encontros e colaborações entre produtores e distribuidores.

Vale ressaltar que a produção de um filme geralmente fica sob responsabilidade de uma empresa ou empresas – no caso de coproduções. Essas produtoras enfrentam enormes dificuldades, como acesso a fontes de financiamento, fluxo de produção longo, circuito exibidor limitado e em relação à captação de recursos, já que os custos de investimento são significativamente elevados. Além disso, no caso de produção de bem cultural (aqui em questão a obra fílmica), "em razão do ineditismo, não há qualquer garantia de mercado. Nesse quadro, ainda que se registre alguma sofisticação na base tecnológica, o nível de produção conquistado pelo setor nacional pode ser visto como fragmentado e semiartesanal" (Carvalho, 2011, p. 23).

A etapa de distribuição diz respeito à comercialização final de uma obra cinematográfica, que também é realizada por empresas distribuidoras. Estas geralmente fazem acordos com os exibidores, pois o objetivo principal da etapa de distribuição é fazer com que o filme seja exibido nas salas de cinema mundialmente. No entanto, as vias de contato com o público têm evoluído e se transformado ao longo dos últimos anos e as empresas de distribuição buscam progredir simultaneamente. Em consequência das novas tecnologias, esse avanço contribui para que um filme possa gerar receita por meio de múltiplas formas de distribuição – simultâneas ou consecutivas – da versão feita para exibição nas salas de cinema (Motion Picture Capital, 2014).

Seu principal agente caracteriza-se na figura do distribuidor, um indivíduo ou organização que representará o filme em festivais e mercados ao redor do mundo e que irá vendê-lo para as grandes cadeias de exibição, canais de televisão e *streaming*, companhias aéreas e outros tipos de acervos (BBC UK, 2014). Com foco em circulação, a distribuição rentabiliza o produto cinematográfico e, por esse motivo, trata-se do conglomerado do setor com maior concentração de capital. A principal operação econômica proveniente dessa dinâmica configura-se na aquisição dos direitos do filme e na consequente liberdade de explorar a obra comercialmente, diante das diferentes janelas de exibição. Nesse fluxo, o distribuidor investe na divulgação e promoção da obra, com o objetivo de recuperar seus ativos através da bilheteria e eventuais desdobramentos de licenciamento do filme e assim, inclusive, aferir lucro sobre a obra (Barone, 2005).

Há de se considerar ainda que nesta esfera de distribuição, na maioria dos países, as instituições públicas e organismos políticos participam de alguma forma dessa equação, seja por meio de incentivos fiscais, investimentos diretos ou fundos específicos para o setor criativo cultural, seja via estabelecimento de cotas de tela para o cinema nacional no circuito exibidor. No Brasil, como veremos mais adiante em detalhes, o governo atuava até 2018 tanto investindo quanto como plataforma de medidas, sistemas e articulações que fomentavam o fazer audiovisual.

No Brasil, em 2017, as dez maiores distribuidoras foram, em ordem de rentabilidade: Disney, Universal, Warner, Fox, Sony, Paris, Downtown/Paris, Paramount, Diamond Films do Brasil e Imagem, totalizando 244 longas. Somente as quatro primeiras foram responsáveis por 65,1% de toda distribuição de filmes no Brasil nesse período (Ancine, 2018). As distribuidoras são responsáveis, entre outras atribuições, por controlar o tempo de permanência de cada título no circuito principal de acordo com suas expectativas de lucros, dados os constantes riscos do mercado (Gualda, 2020).

A função da distribuição, que se refere à circulação e a comercialização da cópia de uma obra cinematográfica, pode adquirir cinco formas de negociação ou transação de produtos e serviços audiovisuais no mercado. A primeira é a venda de uma obra audiovisual finalizada como produto, que pode ocorrer de duas maneiras: física, ou seja, a venda do bem em si, ou digitalmente, a venda do serviço, sendo que ambas podem ocorrer definitiva ou temporariamente (Brasil, 2018). A venda realizada de forma física, isto é, a mídia gravada num bem físico e enviada para o exterior, segue as regras gerais da exportação, devendo ter o registro no Sistema Integrado de Comércio Exterior (Siscomex) e obedecendo as normas que o regem. No caso de exportação da obra de forma digital, ou melhor, de forma intangível, esta segue as regras gerais da exportação de serviços, como licenciamento (Brasil, 2018).

A segunda forma que também confere à circulação de uma obra é a coprodução, a Ancine define a atividade como a união de esforços de um ou mais países na produção de um filme. Depois, a venda de serviços, caracterizada pela Ancine como a terceirização de uma ou mais etapas de produção. Portanto, uma empresa estrangeira pode contratar uma empresa brasileira para realizar serviços em território brasileiro, como atividades de pré-produção, gravações, serviços de pós-produção, composição de trilha sonora, entre outros. Em relação ao pagamento, em quase todos os casos é previsto um valor fixo para a prestação do serviço e, assim, a empresa brasileira não possui direitos sobre a obra em questão (Ancine, 2018).

Por fim, está a participação em feiras e eventos internacionais como uma das principais formas de destaque de um produto ou serviço. É no momento de divulgação que o expositor pode interferir ou investir diretamente em seu público-alvo. No caso das obras relacionadas ao cinema, o evento pode ser voltado para os produtores independentes, mercado intermediário (distribuidores, exibidores) ou ainda consumidores finais. A participação em uma feira internacional exige conhecimento específico do evento, isto é, um estudo crítico da concorrência, atentando ao nicho do mercado e suas potencialidades. Além disso, a inserção nas feiras pode gerar altos custos, desde a inscrição até a divulgação final. Por essa razão, é essencial um planejamento antecipado e uma seleção decisiva sobre de quais eventos participar (Brasil, 2018).

Aliada à participação, está a exportação de filmes, que, quando vista como fonte de receita, evidencia o potencial do cinema brasileiro em termos comerciais, além de apontar que a renda bruta de arrecadação cresce a cada ano. Embora o segmento de audiovisual apresente constante ascensão no mercado, a relação exportação-importação ainda é bastante desigual. Em 2017, o Brasil exportou US$ 176 milhões em produtos audiovisuais e adquiriu US$ 1,7 bilhão em serviços do mesmo setor. O principal parceiro de serviços comerciais foram os Estados Unidos, país que sozinho foi responsável por 39% das vendas e 95% das aquisições brasileiras de serviços audiovisuais neste mesmo ano. Destaca-se também nas vendas brasileiras de serviços audiovisuais a Coreia do Sul, que aparece pela primeira vez com uma aquisição expressiva de US$ 28 milhões (Ancine, 2018, p. 35).

Contudo, o filme só alcança esse tipo de resultado quando está em contato com o público e a etapa que configura este ambiente é a exibição. A terceira aresta do triângulo nuclear da cadeia de valor representa toda espacialidade que envolve o consumo de filmes, desde salas de cinema, enquanto espaços físicos, técnicos e estruturais, até plataformas de *streaming*, na qualidade de espaços virtuais, tecnológicos e intangíveis. A exibição se configura como o campo responsável por operar os meios e mídias necessários para a mediação com o espectador final. Segundo Barone (2005), o espaço exibidor hospeda o ato essencial do fenômeno cinematográfico:

> O bem simbólico deste mercado, o filme, só encontra sentido e sua efetiva existência no momento em que é projetado em uma tela para o desfrute do público. Este, o ato essencial do fenômeno cinematográfico, em torno do qual se organiza o denominado mercado exibidor (Barone, 2005, p. 38).

Enquanto última etapa da cadeia elementar de um filme, a principal dinâmica que se estabelece neste meio é a aquisição dos direitos de exibição ou de projeção. Isto é, o espaço exibidor aluga cópias dos filmes dos quais o distribuidor detém direitos de exploração, projeta na sala escura mediante a venda de ingressos em período previamente determinado. Do valor arrecadado com os eventos e sessões, dividem-se lucros entre exibidor e distribuidor, de um lado para cobrir despesas operacionais do funcionamento da sala, de outro, para retribuir os investimentos de promoção e comunicação para atrair o público até o cinema (Barone, 2005).

No ambiente brasileiro e na maioria dos grandes centros globais, esta dinâmica de exibição está mais concentrada em parques exibidores localizados em *shopping centers*, demarcando as diferenças dos circuitos comerciais e não comerciais, ou independentes, de cinema. O primeiro diz respeito aos grandes grupos, multinacionais ou nacionais, que operam complexos em locais de grande concentração de público consumidor. Estes comercializam os *blockbusters*, sejam produções nacionais ou internacionais. O circuito não comercial é mais descentralizado, normalmente caracterizado por pequenas salas dirigidas por cineclubes ou instituições culturais diversas, e exibe, majoritariamente, filmes artísticos ou "de arte" ou ainda os chamados "filmes cult", que não entraram ou já saíram do circuito principal (Carvalho, 2011, p. 27).

Observar esta diferença de circuitos na estrutura de valor do cinema torna-se fundamental e essencial para a compreensão do cinema nacional em representação no meio internacional e para elucidar como as relações se estabelecem ante as hegemonias e os monopólios presentes no mercado. É justamente no eixo produção--distribuição que esta bifurcação da indústria se torna mais evidente e gera impactos diretos no estabelecimento do parque exibidor de um determinado espaço geográfico.

Um *major film studio* caracteriza-se por ser uma empresa que produz e distribui um substancial número de filmes por ano e comanda uma significante parte das receitas de bilheteria em um determinado mercado. Nos Estados Unidos, por exemplo, os maiores estúdios de cinema fazem parte de empresas conglomeradas do mundo da mídia e juntos conseguem integrar todos os processos da carreira de um filme. Os grupos normalmente possuem estúdios de cinema, empresas produtoras, distribuidoras e até mesmo canais de televisão. Dessa forma, controlam suas próprias subsidiárias e, assim, possuem seus canais específicos de distribuição e sua rede de comercialização.

Contudo, mesmo estes principais estúdios de cinema dos Estados Unidos enfrentaram desafios sem precedentes em 2020. O número de filmes lançados nos EUA diminuiu quase 60% entre 2019 e 2020. Entretanto, depois do *annus horribilis*, a indústria parece estar se recuperando. Em setembro de 2021, permanecem os chamados "Cinco Grandes" – Disney, Paramount, Sony, Universal e Warner Bros. –, que detêm cerca de 81% do mercado de filmes nos EUA. Em 2020, a participação combinada dos cinco maiores estúdios cinematográficos ficou abaixo de 75% e foi a primeira vez que isso aconteceu desde 2005 (Poder 360, 2022).

Por outro lado, os filmes não comerciais caracterizam-se por serem produzidos e distribuídos por empresas de entretenimento independentes, nem sempre formando uma cadeia estratégica, como no caso do mercado das *majors*. E é justamente a partir dessa distinção que nos permitimos observar o circuito não comercial, que se cria para a circulação do produto cinematográfico independente, ou livre da estrutura industrial *mainstream*. Este circuito é o espaço dos festivais, eventos e encontros de cinema, espaço em que o filme circula estrategicamente antes do comercial.

A compreensão do papel dos festivais, enquanto influenciadores no consumo de cinema no mundo, começa na percepção de seu papel mediador ao longo do tempo, bem como em que momento da cadeia de valor do cinema tal influência aparece e como se manifesta. De acordo com Cirino e Canuto (2021), é necessário ajustarmos a ótica ao surgimento dos festivais de cinema na Europa, durante a década de 30 do século XX. Período esse que demarca uma etapa distinta no processo de circulação e difusão da obra cinematográfica no mundo. Com a consolidação da indústria cinematográfica enquanto entretenimento, as salas de cinema comerciais tornaram-se espaços disputados e restritos às grandes empresas produtoras de cada país. Os festivais se consolidam nesse cenário enquanto momento de virem à tona obras com perfil mais artístico e experimental referentes às temáticas, narrativas e processos tecnológicos.

Desempenhando um papel alternativo às salas de cinema, os festivais configuraram-se, *a priori*, enquanto espaços de lançamentos de obras de diretores consagrados ou iniciantes, tornando-se janelas de valoração artística para filmes, além de potencialmente comporem um forte indutor de mercado no campo do audiovisual para os chamados "filmes de nicho" e "filmes para exportação". Isso condicionou a eles um *status* importante e nos lança um olhar sobre as características contidas nos festivais enquanto moduladores de hábitos de consumo e elementos de convergência multicultural (Da Silva, 2010).

Ao longo do tempo, novas funções foram atribuídas ao espaço dos festivais e a sua influência na valoração do patrimônio cinematográfico enquanto indústria em rede. Os eventos sofreram mutações de formato e intenção não somente multiplicando-se e crescendo, mas também adquirindo novas funções que ultrapassam a mera premissa de propagação e difusão artística. De atividade de promoção cinematográfica, os festivais evoluíram à legitimação e valoração, em que suas premiações se tornaram um dos principais indicadores de mercado.

Atribuindo-se significados em transformação e acompanhando os movimentos do mercado, os festivais tangenciam, atualmente, interesses convergentes entre as esferas comerciais, econômicas, geopolíticas, culturais e sociais, que, presentes em conjunto com a arte, germinam espaços de ritualidades (Martín-Barbero, 2009). Tetê Mattos (2013, p. 4) define que "os festivais também exercem um poderoso papel de protagonismo nos processos de transformação simbólica das sociedades na medida em que são pela sua própria natureza, muito ritualizados, midiatizados e espetacularizados". É significativo ressaltarmos que, se entendermos a composição dos principais festivais de cinema do mundo, perceberemos um viés territorial geopolítico no papel em que se promove não somente a cultura cinematográfica, mas também a economia, o turismo e o desenvolvimento regional, gerando o alcance mais amplo possível (Farani, 2009).

Tal nuance de territorialização está completamente ligada ao nosso principal ponto de intersecção entre as duas áreas pesquisadas, vide que um festival de cinema, enquanto evento de formação e acesso à cultura, relacionado e conectado a uma determinada localidade, estimula a produção e o exercício do cinema enquanto via de consolidação às identidades culturais. Nos anos 1970, Miriam Alencar afirmava categoricamente a importância dos festivais em pelo menos três aspectos:

> a) pelo que pode e deve revelar de novos valores, novas ideias, novas culturas, através da participação ativa do

> maior número de países; b) pelo mercado de venda de filmes, que proporciona a comercialização do produto aos mais diversos países; c) porque permite o contato entre as pessoas, das mais diferentes regiões ou países, que trocam ideias entre si, que travam ou ampliam seu conhecimento do que está se passando no mundo cinematográfico (Alencar, 1978, p. 5).

Perceber esses aspectos, sob o ponto de vista proposto pela diplomacia cultural, nos revela a complexidade de influências que um evento de festival de cinema pode promover em si mesmo e para o seu meio. É possível evidenciar uma forte tangência nas questões da ordem cultural, interferindo na exposição e no reconhecimento das identidades, promovendo a sociabilidade entre as mesmas. Pode-se perceber também a indispensável função econômica do festival em promover e valorar uma obra audiovisual, expondo-a, ao mesmo tempo, tanto para o agente de mercado interessado em investir na sua aquisição e posterior distribuição quanto para o público final espectador.

Ainda, é possível visualizar outro entendimento sobre o papel dos festivais, no que se refere ao emprego do audiovisual, por um viés democrático de acessibilidade e de oportunidade. Uma programação de festival de cinema oferta ao público não apenas obras, mas a possibilidade de contato com as janelas de outras culturas e expressões, ou até mesmo, a oportunidade de espelhamento com a sua própria realidade quando exposta nas telas. Essas noções mais subjetivas são diálogos transversais entre os agentes do mercado, realizadores, distribuidores e exibidores, e é nesta camada de reflexão que também se insere a gestão pública e política das regiões, cidades, estados e países, diante do apoio a uma iniciativa como tal.

> Mais do que ter duas faces – olhando para o filme como cultura de um lado e como mercadoria de outro –, os festivais de cinema devem desenvolver uma habilidade camaleônica para servir uma ampla variedade de pessoas, instituições, empresas, cidades, regiões e países.

> Acima de tudo, deve-se concluir que os festivais de cinema, ao mesmo tempo em que garantem uma base firme para se sustentar, celebram com sucesso a cultura cinematográfica como arte e promoção da diversidade (De Valck, 2007, p. 234).

No entanto, se considerarmos a camada hipertecnológica contemporânea, talvez essa postura camaleônica se torne ainda mais pertinente e evidente. O ambiente digital permite iniciativas inovadoras de exibição e difusão do audiovisual. No mundo inteiro surgem festivais de cinema de exibição exclusiva pela internet, seja provocando o circuito independente a ocupar novas janelas, seja estimulando o surgimento de narrativas que têm por base o ambiente virtual. Com essa mudança de cenário, os festivais multiplicam-se em quantidade e diversidade temática, abarcando uma heterogeneidade produtiva em espaços de nicho regionalizados e experimentais. O próprio espaço de exibição é redimensionado e a sala de cinema divide a vitrine com outros espaços físicos (praças, parques, teatros, salões comunitários etc.) e virtuais (portais, redes sociais, canais de *streaming* etc.).

Neste extremo da cadeia produtiva, a contemporaneidade apresenta ameaças e oportunidades, através dos avanços tecnológicos que provocam mudanças nos hábitos de consumo do espectador. Ainda que o formato do mercado de salas mantenha-se como espaço elementar para a existência do fato fílmico, a materialidade do mesmo é colocada em xeque. Nesse aspecto, estendemos visão para os demais triângulos adjacentes que, em movimento, influenciam diferentes perspectivas para o setor exibidor.

Seguindo o modelo analítico proposto por Barone (2009), o segundo núcleo de atividades, apresentado na Figura 2, é justamente configurado pelos campos da instituição, da tecnologia e do mercado, representantes do conjunto de relações, normas, ferramentas, procedimentos técnicos e trocas estruturais que dimensionam a base de funcionamento da indústria audiovisual. A interdependência dessa tríade, suas convergências e divergências estabelecem combinações de cenários que variam de acordo com seus territórios de atuação.

Figura 2 – A Triangulação do Meio Audiovisual 2

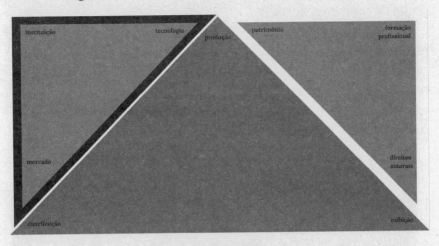

Fonte: Barone (2005).

O campo tecnológico é uma aresta em constante transformação exponencial, como já mencionado, não só no que se refere a exibição, mas no que diz respeito a exatamente todas as etapas do núcleo central. Os agentes do campo tecnológico são os fabricantes de equipamentos, as empresas especializadas no desenvolvimento de programas e ferramentas audiovisuais e os prestadores de serviços da área técnica. Já o que se entende por instituição consiste no conjunto de leis e normas que regulamentam e legitimam as relações estabelecidas entre as demais atividades. Neste meio estão as instituições representantes do setor e aqui se pode estabelecer uma relação com o âmbito público e governamental. Por fim, o mercado representa o sistema das trocas simbólicas, em operações comerciais de alta complexidade e nível de risco.

Nesse sentido, o autor destaca como importante característica a se considerar deste mercado a possibilidade de exploração contínua do produto-filme. Isto é, uma obra cinematográfica não prescreve, ela permanece disponível *ad continuum* ao longo do tempo, o que acompanha essa trajetória diz respeito à tecnologia e suas diferentes plataformas de oferta fílmica, variante de acordo com o percurso da obra. Com isso, o mercado verte naturalmente uma amplitude global de alcance e influência, econômica e ideológica, e, portanto, torna-se pauta de política externa.

Contudo, um sistema tão sólido de valor simbólico não seria possível se não contasse com o suporte da terceira tríade do arranjo produtivo, apresentada na Figura 3: patrimônio, formação profissional e direitos de autor. Conjunto de relações que correspondem a campos indicativos, informativos e propulsores de desenvolvimento para toda complexidade da cadeia de valor no geral.

Figura 3 – A Triangulação do Meio Audiovisual 3

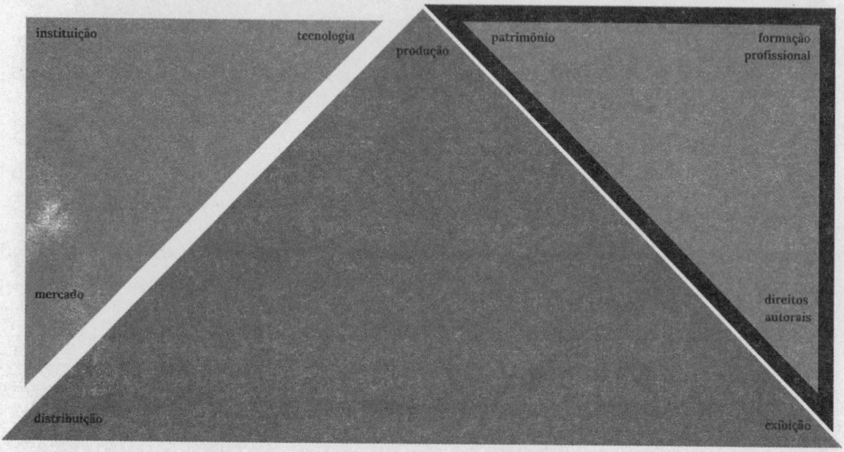

Fonte: Barone (2005).

O que está denominado como patrimônio consiste nos processos de preservação e memória da indústria em acervos cinematográficos, dinâmica completamente relacionada com a característica de eternidade do produto-filme. Exemplo disso, no Brasil, é a Cinemateca Brasileira, que tem o maior acervo de filmes da América Latina e não possui fins comerciais, sua preservação tem fins patrimoniais (Barone, 2005). Por outro lado, há os acervos de filmes digitais, como o Porta Curtas, espaço virtual criado em 2002 como repositório para apreciação e difusão de curtas-metragens. Inicialmente, o Porta Curtas contava com o apoio da estatal Petrobras e foi uma das primeiras inciativas a figurar parcerias com festivais de cinema, com exibições on-line de títulos que concorriam nas mostras presenciais, copremiando obras na categoria Júri Popular. O site ainda continua na ativa, sendo patrocinado pelo canal de televisão a cabo Curta!, e destaca-se como um dos lugares para votação de Grande Prêmio do Cinema Brasileiro (Cirino; Canuto, 2021).

Esta área se relaciona com o ângulo dos direitos autorais, as questões sobre autoria, propriedade intelectual e titularidade de uma obra audiovisual e sua circulação pelos meios. E, por fim, a formação profissional, que engloba a formação de recursos humanos qualificados para atuar na indústria nos diferentes campos, no específico da atividade, da produção a circulação, e também responsáveis pela educação e pelo desenvolvimento científico, tecnológico, conceitual e estratégico da indústria. Uma dinâmica que se subdivide nos respectivos campos do *métier*, e que é desafiada a acompanhar exponencialmente as transformações do âmbito tecnológico e institucional, para servir como base no fortalecimento e aprimoramento da cadeia produtiva (Barone, 2005).

Sob a lógica industrial, é comum que os governos julguem como investimento os valores regulados e incentivados à cadeia produtiva do setor cinematográfico, pois eles nitidamente geram impacto positivo e direto sobre a economia. A indústria audiovisual brasileira movimenta cerca de R$ 25 bilhões por ano, promovendo empregos fixos e temporários e contribuindo com impostos. Em tese, consiste em uma atividade em que todos os envolvidos lucram efetivamente com suas participações, pois o público espectador e a sociedade recebem conteúdo de relevância sobre seu país, o setor realizador e exibidor recebe insumos contínuos para sustentarem suas atividades de trabalho, e o potencial de vias e canais de expansão que oferece o mercado distribuidor pode exportar a cultura nacional em nível global, facilitando a inserção e representação do Estado no meio internacional.

Em síntese, ao sobrevoarmos cada ângulo de perspectiva que compõe o complexo sistema de valor no fazer cinematográfico, abrem-se margens para atribuirmos uma lente de aumento aos fluxos de trabalho do audiovisual e, assim, ajustarmos ainda mais nosso campo de observação. Acima de tudo, é importante que localizemos a discussão do presente trabalho dentro do diagrama proposto por Barone (2005). Nesse raciocínio, entende-se que o tema intercultural e diplomático na cena audiovisual pode ser introduzido, especificamente nos fluxos de distribuição, no que tange ao núcleo, e interseccionado com dimensões de instituição e mercado, em vínculos adjacentes.

2.2 Notas sobre a circulação internacional cinematográfica

Existem duas possibilidades para se abordar o cinema sob a perspectiva da sua circulação: a análise interna, que se detém sobre a estrutura das obras e pode usar, para isso, ferramentas da semiologia e da estética; e a análise externa, que procura desvendar as determinantes sociais da produção, distribuição, exibição e os mecanismos mercadológicos que a engendram. Esta pesquisa insere-se na linhagem de trabalhos que se debruçam sobre os elementos intrínsecos ao fazer cinematográfico – mais especificamente, sobre os processos para que os filmes sejam distribuídos e exibidos.

Essa dualidade, constituinte da própria ideia de cinema, está na origem dos principais dilemas enfrentados pela indústria e, enquanto característica inata, fornece tanto oportunidades quanto fragilidades para o seu desenvolvimento. A instituição cinematográfica depende de uma lógica industrial para existir, e é por isso que até mesmo as políticas culturais voltadas ao cinema requerem uma lógica que inclui uma dimensão mercantil para se estruturarem e se mostrarem efetivas. "Por mais que um filme possa ser considerado arte, sua existência material depende de condições técnicas – desde a sua concepção até a sua difusão – que acabarão por defini-lo também enquanto produto a ser consumido" (Souza, 2018, p. 27).

Cabe estimar que tal concepção está presente no ensaio A *obra de arte na era da reprodutibilidade técnica* (1955), de Walter Benjamin, para além da abordagem da teoria crítica, unicamente no que tange ao senso cinematográfico. Esta revisão bibliográfica parte do princípio de que, mesmo quando considerado arte, um filme não escapa de sua condição de produto industrial e, como tal, estará sempre cercado pelos embates arte *versus* indústria e cultura *versus* mercado.

Nesse fluxo, consequentemente, o cinema transita em nuances da expressão coletiva, abordando e representando códigos elementares de uma sociedade, o que faz com que o fato cinematográfico exceda a relação produtor-artista-espectador e alcance a instância dos interesses nacionais através da esfera de relação governo-indústria-sociedade.

Contudo, apesar de as relações entre cinema e Estado serem historicamente mediadas por questões políticas, ideológicas, representativas e identitárias, há também uma importante característica inerente ao fato cinematográfico, que influencia diretamente essa intersecção e facilita naturalmente a sua circulação enquanto mídia comercial. Aqui, introduzimos o conceito de viés da comunicação, de Harold Innis (1982), apresentado em *The Bias of Communication: Information, Communication and Society*[10]. Para o autor, um meio de comunicação pode facilitar a capacidade de controle do espaço ou território e do tempo.

Em outras circunstâncias, os efeitos cumulativos históricos de como as pessoas se comunicam por meio de uma ampla variedade de meios de comunicação, em qualquer momento e em qualquer lugar, não são redutíveis a características sociais ou físicas isoladas. Para aplicar o conceito, é necessária uma avaliação abrangente da história, a fim de identificar os principais meios de comunicação e gerar uma compreensão elaborada de sua influência na história. A teorização de Innis tem como principal objetivo usar os meios de comunicação como pontos focais através dos quais os desenvolvimentos macro-históricos podem ser melhor compreendidos. Logo, nesse sentido, evidencia-se a influência do peso e da velocidade

---

[10] O viés da comunicação.

das diferentes plataformas de mídia, no que se refere a circulação e comunicação de conhecimentos e culturas.

Barone (2005) comenta, em seu artigo "Notas sobre o bias tecnológico do cinema", que, "para Innis, a chave da mudança social pode ser encontrada no desenvolvimento dos meios de comunicação. Ele sustenta que cada mídia contém um *bias* em termos de organização e controle da informação", visto que o desenvolvimento e a implementação dos meios de comunicação sinalizam uma resposta às incertezas ou crises sociais, econômicas e militares. Por sua vez, a aplicação de um novo meio de comunicação significativo ou conjunto de mídia contribui para a reestruturação dos ambientes humanos e naturais.

Para o autor, os períodos de incerteza ou crise constituem momentos históricos em que as perturbações nas capacidades dos interesses dominantes tornam-se aparentes. Dito de outra forma, o aparente declínio na capacidade de manter ou expandir o controle territorial e manter o controle de tempo é necessário para uma reorganização de instituições e organizações sociais. Isso muitas vezes envolve tentativas, como Innis aponta, de limitar ou acelerar a monopolização do conhecimento, e envolve esforços implícitos ou explícitos para controlar as formas predominantes de ver e pensar. Nesse sentido, Innis entendeu que a mídia desempenha um papel importante na disseminação das formas de cultura através do espaço e/ou tempo. Os esforços para controlar o espaço e o tempo também envolvem tentativas de monopolizar a força que, de acordo com Innis, abrange uma série de atividades de controle, desde a opressão brutal até a implementação mais sutil de tecnologias de vigilância (Comor, 2001).

O *viés* se apresenta como um conceito relacionado à dialética espaço-tempo. Para Innis, ao longo da história, os esforços de um determinado grupo, coletividade ou classe para afirmar o poder, explícita ou implicitamente, geralmente envolvem esforços problemáticos para controlar as condições temporais e espaciais (mentais e físicas) da vida cotidiana. Por meio da mídia tendenciosa historicamente estruturada, complexos hegemônicos muitas vezes tentarão normalizar seus interesses como se fossem naturais, universais e inevitáveis. Assim, por exemplo, as pirâmides do antigo Egito serviam aos faraós e à classe sacerdotal, representando espacialmente sua presença eterna e capacidades divinas. Hoje, o ambiente virtual, em relação ao contexto de seu desenvolvimento e uso, pode ser visto como um meio cuja obliteração instantânea das barreiras espaciais e temporais serve para normalizar (ou tornar "inevitável") a absorção de perspectivas específicas e direcionadas.

Na busca deste foco de pesquisa, o pensamento de Innis nos orienta a avaliar os desenvolvimentos da tecnologia no contexto do *modus operandi* predominante do mundo do cinema. Nos últimos vinte anos ou mais, mudanças estruturais têm ocorrido na economia cinematográfica global. Em resultado, a circulação de filmes atingiu proporções sem precedentes e cada vez mais transnacionais. Um aspecto desse impulso sistêmico tem sido uma extensão dramática na capacidade de lucrar com produtos e serviços baseados em informação e entretenimento, geralmente referida como a "*comoditização da cultura*".

Apesar de também insurgir uma onda significativa e talvez crescente de atividades de informação e comunicação não comerciais, acomodadas por desenvolvimentos sustentados em rede, na maioria das vezes, essas novas tecnologias estão sendo desenvolvidas e implementadas para permitir que os interesses da indústria hegemônica expandam sua trajetória e melhorem seu desempenho. A riqueza e a força sob o controle direto ou indireto das produções cinematográficas, em circulação hoje, estão concentradas em Estados-nações que dispõem dos recursos para promover a circulação digital como meio de ampliar o alcance e aumentar os lucros. Em relação a isso, o que o economista Ian Parker observou em 1988 permanece até hoje:

> A mercantilização da cultura intensificou o diferencial cultural entre aqueles indivíduos e instituições com recursos financeiros para adquirir, recuperar e processar grandes volumes de informações especializadas e caras e aqueles que não o fazem. Ao mesmo tempo, o aumento do padrão médio de vida e do tempo de lazer e a extensão

dos meios de comunicação de massa, especialmente o cinema e a televisão, aumentaram o acesso geral a um nível básico de programação cultural que é literalmente sem precedentes em termos histórico-globais (Parker, 1988, p. 223).

Nesse sentido, Barone (2005) também comenta sobre o avanço das tecnologias digitais para o campo da comunicação audiovisual e afirma que o ambiente se complexifica ainda mais. Para o autor, o impacto dos novos elementos tecnológicos, aliado a uma – também nova – linguagem específica, altera delimitações culturais e sociais até então conhecidas. Contudo,

> não há como compreender o fenômeno da combinação de imagens em movimento e sons pela via digital, dissociado de um processo originado na própria invenção do cinema, através do qual se estabelece a dialética da superação tecnológica que alimenta simultaneamente a ampliação das fronteiras da linguagem, através dos processos cognitivos (Barone, 2005, p. 4).

Nesta esfera de reflexão, nos interessa observar a característica evolutiva do cinema e os impactos e alterações que suas dinâmicas tecnológicas provocam no *bias* da comunicação. Seguimos nosso raciocínio segundo Barone (2005), que qualifica a evolução tecnológica no cinema como um movimento contínuo, movido por grandes inversões de capital e demandando adaptações mercadológicas também constantes, tendo em vista que, para o autor, a exponencialização da circulação de conteúdos audiovisuais em plataformas digitais sedimenta novos formatos de acesso ao conhecimento, ainda restritos, mas com tendência de crescimento irreversível.

Em sobreposição, se considerarmos a radicalização de Lipovetsky, mencionada anteriormente, também encontramos a relação tempo-espaço e apostamos que esta conectividade tende a aumentar e pode até mesmo fugir do nosso controle enquanto sociedades orientadas. Uma vez que já desmaterializamos nossos comandos, programas, servidores de conteúdo e os distribuímos em rede interconectada para o mundo todo, ao mesmo tempo que conectamos o globo, desconectamos as centrais de controle, antes detidas por instituições dogmáticas, ideológicas, políticas e sociais.

Agora, o grande paradoxo consiste em que tal globalização da informação, do acesso e da tecnização é resultado de ferramentas, agendas e estruturas de controle comerciais. Isto é, quanto mais sem fronteiras o mundo se vê, mais interdependente o indivíduo está, vulnerável e à mercê de grandes conglomerados de rede. Este aspecto da hipermodernidade causa no indivíduo um sentimento de urgência para compreender rapidamente o que está acontecendo ao seu redor, e gera também um sentimento de preocupação: o indivíduo cada vez mais percebe a responsabilidade de suas ações no presente que está sendo construído colaborativamente e em cooperação sistêmica.

Neste contexto temporal complexo e de constante mutação, o audiovisual encontra-se em uma posição nuclear, como propulsor e até representante desse movimento de destemporalização, pois democratizamos o acesso às ferramentas de geração de conteúdo ao extremo, o que altera de maneira significativa as relações de percepção, recepção e interpretação dos códigos temporais. A instantaneidade da absorção de informações estabelece novos parâmetros de espaço-tempo que transformam todo o sistema de valores da indústria de imagens.

Um dos fatores que podem ser considerados neste raciocínio, resgatando a lógica do *bias*, é o *peso* do aparato tecnológico do cinema. E Barone (2005) observava que a mídia física cinematográfica, embora já reduzida do seu formato original, que apresentava dificuldades de transporte, permanecia como um meio pesado, porém encontrava-se em um ritmo adiantado de transição para um suporte mais leve, capaz de ser armazenado e distribuído com maior agilidade. Há pouco menos de uma década, para um filme ser enviado ao exterior ou a qualquer lugar, era preciso transportar aproximadamente 10 rolos de película 35 mm, que totalizariam em média 20kg para cada envio.

Hoje, já houve essa mudança dos processos de circulação cinematográfica, pois, a partir de 2011, as distribuidoras deixaram de entregar cópias em película e passaram a usar o *Digital Cinema Package* (DCP). Com a definição do padrão *Digital Cinema Iniciatives*, toda a cadeia migra para o sistema digital, inclusive a produção, e assim, respectivamente, todas as salas de exibição também se modificam para esta recepção. Pode-se dizer ainda que renderizamos uma obra fílmica em um arquivo digital, considerado pesado para os parâmetros e medidas virtuais em *gigabytes*, não obstante podemos encaminhá-lo ao exterior via *link* de acesso ou *download* por e-mail.

Nesse sentido, o autor ainda aponta para a questão da permanência no tempo, em que, por mais que o ritmo da hipermodernidade se expresse por tons efêmeros e líquidos, esse novo suporte tecnológico para o audiovisual permite que a obra se mantenha por mais tempo disponível e em evidência, ou, até mesmo, que ela fique armazenada em repositórios e acervos de conteúdo por um contínuo período. Possibilidade inimaginável para as películas cinematográficas, por exemplo, por serem mídias vulneráveis ao desgaste físico, às condições de conservação e armazenamento.

Em vista dessas ideações, presenciamos, portanto, uma disrupção significativa de parâmetros e referências tecnológicas que, há pouco tempo, delimitavam fronteiras e impunham barreiras para a circulação audiovisual, via formatações tecnológicas e dinâmicas mercadológicas, sob trilhas de emissão e recepção de conteúdos. Os impactos consequentes dos movimentos de expansão da conectividade e da capilarização de obras audiovisuais modificam a codificação cultural, política e econômica.

Sob o prisma elucidado pela combinação de ângulos entre os autores, se levarmos em conta a tendência de leveza dos suportes, a intensidade dos movimentos de conectividade e o mapa infinito da globalização, verificamos que a circulação da informação contempla um horizonte quase infinito de espaço-tempo. Não obstante, apresenta-se nítido o excesso de material disponível e apresentado, em quantidade e velocidade de informações e estímulos desorientadores. E esse ritmo pode impactar negativamente no que tange à permanência e à absorção desses conteúdos de maneira produtiva e informativa, arriscando até uma maior volatilidade e, então, a efemeridade e a perda de sentido.

> Portanto, talvez seja oportuno continuar a perguntar o que permanecerá como registro desta civilização tecnológica no próximo milênio ou ainda qual será o legado concreto de um volume astronômico de informação, sujeita a desaparecer com a mesma rapidez com que circula (Barone, 2005, p. 7).

Para buscar uma maior elucidação sobre este dilema, retornaremos à perspectiva histórica do cinema enquanto bem cultural, fixando nessa recente reflexão a característica congênita de circulação do produto audiovisual. Isto é, o cinema desde sua gênese consiste em uma mídia exógena, concebida de dentro para fora. Uma produção cinematográfica de longa metragem, por exemplo, é criada para ser transposta, para superar a sua progênie, sair para fora de si, nesse caso, para ser distribuída e exibida além do seu território de origem. Por conseguinte, uma obra fílmica nacional, quando exposta ao mercado externo, apresenta-se como a única manifestação capaz de integrar o mosaico de essências culturais da sua origem, em um só elemento representativo: o filme.

Para Bourdieu (2003), a sociedade é dividida em campos, de práticas culturais ou não, grupos que possuem um capital simbólico comum, do qual os indivíduos lutam internamente pela apropriação. O autor entende esses campos como áreas de conhecimento, onde os agentes sociais, construtores e consumidores do campo, lutam pela autoridade (o poder) sobre tal conhecimento. Nesse sentido, nasce uma rede de agentes que operam da produção até a consagração e conservação do campo. Não obstante, esse processo não poderia ser simplificado somente em um parágrafo, pois há uma série de elementos que complexificam esses microuniversos de funcionamento hierárquico chamados de campos, e que interagem como circuitos de concorrências simbólicas.

Um desses elementos é outro conceito-chave, o *habitus*, que, segundo o próprio Bourdieu (2003, p. 191), corresponde a um "sistema das disposições socialmente construídas que, enquanto estruturas estruturadas e estruturantes, constituem o princípio gerador e unificador do conjunto das práticas e das ideologias características de um grupo de agentes". Tanto a ideia de campos simbólicos como a de *habitus* são importantes fundamentos para mantermos em prisma, principalmente quando consideramos o contexto histórico. Ou então, levarmos em consideração a dimensão de espaço-tempo em que posicionamos a presente discussão.

Na sequência, nasce também um fluxo de trocas culturais realizadas em favor das relações diplomáticas. O objetivo de um país torna-se evidente, em função da emergência do fator cultural que procura ampliar pontes espontaneamente abertas pelas sociedades, multiplicando suas interligações culturais e, por meio delas, provendo seus cidadãos de novas ideias, da imposição de produtos e perspectivas de alianças que ultrapassam as fronteiras nacionais. Consequentemente, ao se diluírem as barreiras entre os Estados, estes identificam-se em alteridade internacional e passa-se a esclarecer noções de identidade coletiva e naturalmente evidente (Ioris, 2010).

O conceito de identidade cultural é tensionado por Stuart Hall (1999) e Manuel Castells (1999). Para Castells, identidade é "o processo de construção de significado com base em um atributo cultural, ou ainda em um conjunto de atributos culturais inter-relacionados, os quais prevalecem sobre as outras fontes de significado" (Castells, 1999, p. 22). Ao conceito de identidade estão associadas às representações verbais e não verbais, através das quais nos damos a conhecer. Por outro lado, Hall sugere identidade como algo em constante mutação, pois, conforme as necessidades internas do grupo se transformam (e, poderíamos também dizer, se enfrentam), o discurso em torno da identidade também sofre alterações, atualizações, transformações ou resgates. Assim, surge a preferência de Hall por falar em identificação e não especificamente em identidade.

Vale ressaltar que a identidade não é dada como certa, ela responde como sequência de um processo de criação, onde diversos aparatos são utilizados para formá-la. Podemos entender a formação das identidades dentro do contexto das tradições inventadas, que, segundo Hobsbawm, são:

> Um conjunto de práticas, normalmente reguladas por regras tácitas ou abertamente aceitas; tais práticas, de natureza ritual ou simbólica, visam inculcar certos valores e normas de comportamento através da repetição, o que implica, automaticamente; uma continuidade em relação ao passado (Hobsbawm, 1984, p. 9).

As identidades culturais são construídas socialmente. São processos de construção da realidade. Essas identidades podem ser ditas inventadas, como parte de processos de criação, que envolvem diversos agentes. Tais construções são objetivas, envolvendo instituições e materialidades, mas também são subjetivas, envolvendo imaginações, reconhecimentos e afetos. A produção fílmica é essencial para a formação, entre outros agentes, da identidade cultural. Tão importante para essa formação, reside na discussão se a distribuição de filmes, programas de televisão, música e outros bens culturais não deveriam estar sujeitos a mesma lógica de mercado que outros diversos produtos.

É importante ter em vista que, quando falamos de formação de identidade cultural, estamos nos referindo a uma identidade que não é herdada ou natural. Essa identidade se forma no contexto daquela cultura. Stuart Hall (1999, p. 50) define que a "cultura nacional é um discurso – um modo de construir sentidos que influencia e organiza tanto nossas ações, quanto a concepção que temos de nós mesmos". Dessa forma, é descartada a aclamação de uma tradição pura, que responda eternamente a uma situação ou a um povo. Essas identidades são inventadas, confrontando e abastecendo-se em práticas antigas para criar novas continuidades.

Essa noção dá margem a interpretações de como as identidades culturais, como um modelo mutável e construído por diversas influências, interesses e práticas alheias a ela própria, passam a ser também transformadas pela produção cultural do cinema. "Isso significa fazer uma aliança entre a cultura enquanto práticas vernáculas, noções de comunidade e desenvolvimento econômico" (Yúdice, 2004, p. 40).

O cinema, a imagem em movimento acompanhada por música e efeitos sonoros, além de uma indústria de entretenimento, pode ser entendido como uma prática social formadora de identidades. O cinema se constitui em uma força, capaz de submergir a imaginação em um mundo novo. Segundo Edgar Morin, "abarca o real, o irreal, o presente, o vivido, a recordação e o sonho, a um nível mental comum" (Morin, 1970, p. 242).

O cinema, enquanto produtor de discursos que ajudam a dar visibilidade às representações sociais em torno das identidades culturais, nos permite compreender tanto os enfrentamentos quanto as permanências e as mudanças presentes no campo social. Para Martín-Barbero, o cinema foi o meio de comunicação que estruturou a cultura de massa até a década de 1950. Sua importância na criação dessa cultura nacional foi essencial, dada sua capacidade de disseminação e convencimento. O cinema e seu encantamento tinham uma força potencial que ia ao encontro desse projeto (Martín-Barbero, 2009, p. 235).

As estratégias do cinema cooptam as experiências, necessidades e expectativas do seu público e essa relação faz solidificar o seu potencial papel de agente divulgador das identidades nacionais. O cinema funciona como um espelho, onde seus espectadores procuram se ver refletidos. Ao enxergarem nas personagens essa imagem, adotam-na, possibilitando a criação de uma figura universalizada. A cultura como recurso, inclusive, explica a criação de estratégias para criar produtos culturais, que constroem, promovem e propagam a identidade cultural, por meio da divulgação de aspectos da cultura nativa e dos patrimônios nacionais.

Segundo Graemer Turner (1997), o cinema apresenta-se como representação do real e apropria-se de diversos elementos que dizem respeito à cultura daquele local, proporcionando a disseminação de ideologias próprias daquele ambiente. Nesse sentido, o consumo de filmes proporciona ao indivíduo um conhecimento de novos rituais e hábitos, contribuindo para a hibridação cultural, fator comum na contemporaneidade. Na perspectiva de Turner, "o cinema é revelado não tanto quanto uma disciplina separada, mas como um conjunto de práticas sociais distintas, um conjunto de linguagens e uma indústria" (Turner, 1997, p. 49).

No que tange ao cinema brasileiro, a discussão em torno da representação da identidade cultural é antiga, pois o nosso é o cinema da busca: do público, das verbas, do reconhecimento, de uma linguagem própria, de uma identificação com o país. É sob essa perspectiva que o tema é abordado neste estudo. O cinema é reconhecido como um dos agentes construtores de uma suposta identidade cultural. Ele produz uma espécie de conhecimento sobre essa identidade e a traduz nas telas. Ao produzir conhecimento, cria também a própria realidade. É um determinado Brasil que se apresenta através dos filmes e é esse Brasil que se solidifica na imaginação dos espectadores, sejam eles brasileiros ou não.

2.3 A experiência de circulação do cinema brasileiro

Para delinearmos uma perspectiva de observação acerca da circulação do cinema brasileiro enquanto produto cultural, tanto no ambiente interno quanto no meio externo, buscamos na genealogia e na historiografia do cinema brasileiro evidências sobre as principais interações e atividades cinematográficas, em diferentes períodos e contextos político-sociais. Com isso, utilizamos como base estrutural duas pesquisas de referência no assunto, o artigo recente da Profª Drª Linda Catarina Gualda, intitulado "A cadeia produtiva do cinema brasileiro na balança comercial: uma análise de suas potencialidades", publicado em 2020, e ainda, em referência central, nos baseamos no livro, fruto do trabalho de dissertação, de Hadija Chalupe da Silva intitulado O filme nas telas, de 2010. Ambos os trabalhos serviram como referência principal para a abordagem deste capítulo e proporcionaram informações fundamentais para a reflexão crítica que se desenvolverá ao longo deste livro.

Ao adentrarmos ao caso específico brasileiro, houve, de saída, a preocupação de tecer uma narrativa que incluísse, em seus detalhes, aspectos da sociedade brasileira e o esforço de integrar diferentes bases teóricas. Um estudo sobre a política cinematográfica implica, necessariamente, na multidisciplinaridade. Nesse caso, o tema congrega cultura, política e economia e nos leva a um terreno híbrido, que envolve tanto a visão do filme como produto quanto a visão do filme como arte e manifestação cultural.

Um desafio que se impôs logo no início da pesquisa foi o de não abandonar o instrumental cinematográfico. É o enquadramento da história dos filmes que me permite, ao falar da experiência do cinema brasileiro, fazer também uma contextualização teórica e mostrar que esse setor espelha a política e a economia do período em análise. Partindo da premissa de que no audiovisual as políticas públicas quase sempre tiveram origem na articulação feita por artistas e profissionais do setor e que elas dão origem e legitimam determinadas formas de produção, este livro busca compreender como os agentes se unem ou se enfrentam na defesa de seus interesses – sejam eles econômicos ou artísticos. Um dos objetivos deste trabalho é, justamente, compreender os jogos de poder, as motivações e as estratégias dos atores envolvidos na construção da política voltada ao cinema brasileiro.

A chamada historiografia clássica do cinema brasileiro narrou, especialmente, uma história de cineastas e de filmes. Como aponta Bernardet (2009), as questões de mercado e de legislação foram quase sempre tratadas de forma lateral e alusiva, tomando por base, sobretudo, fontes secundárias. Paulo Emílio Salles Gomes, referência do pensamento cinematográfico nacional, mais de uma vez fez apelos para que economistas e sociólogos se dispusessem a contar a história do cinema brasileiro a partir da legislação e dos dados.

Tal cenário começou a mudar a partir do final dos anos 1980, quando uma grave crise se abateu sobre a produção nacional e a busca por explicações econômicas, políticas e sociais para o que havia acontecido revelou-se essencial. Neste contexto, surgiram trabalhos que nos permitem compreender o cinema brasileiro para além dos filmes em si. E é o conjunto de estudos levados a cabo por autores como Anita Simis, Tunico Amâncio, Arthur Autran, Afrânio Mendes Catani, José Mário Ortiz Ramos e Marcelo Ikeda que compõe o quadro teórico no qual este trabalho se insere. Exceção feita a Amâncio, Autran e Ikeda, cujas pesquisas estiveram abrigadas nos Programas de Pós-Graduação de Comunicação, Artes e Cinema e Meios Audiovisuais, os demais autores desenvolveram seus trabalhos – ou parte deles – no âmbito das Ciências Sociais, indicando ser esse um caminho bastante diversificado a estudos que buscam enlaçar política, sociedade e cinema.

Em vias de se construir uma perspectiva histórica fundamental, estruturamos um breve cronograma temporal da atividade de distribuição no Brasil, partindo dos últimos anos do século XIX, em que o cinema efetivamente infiltrou-se em solo nacional. Em 1896, começa a atividade cinematográfica no Brasil, aquecendo agentes de mercado com o intuito de geração de público e investimento em salas de exibição. No âmbito da distribuição, eram empresas locais que se responsabilizavam pela circulação das produções nacionais e da aquisição de títulos estrangeiros. Sem tardar muito, distribuidoras internacionais instalam-se no território brasileiro e a exploração do mercado é dada de maneira desinstitucionalizada, pois não se desenvolvia legislação a respeito da obra cinematográfica.

Com isso, somente nos anos 1930, quando o plasma político-social da época firmava o Brasil como "o país do futuro" e a construção da nação era prioridade do governo Vargas (1930-1945), se elencou a educação como prioridade dentro da agenda modernista das elites. Depois da imprensa, o cinema era a fonte de informação mais importante, pois apresentava conteúdo estrangeiro e auxiliava a compreender o mundo pela diversidade da cultura. Simis (1996) nos aponta algumas nuances sobre o amálgama do cinema educativo. Em 1927, a Comissão de Cinema Educativo, sob a direção da Subdiretoria Técnica de Instrução Pública, realizou uma exposição chamada "Exposição de aparelhos de projeção fixa e animada", para organizar um plano de ação efetivo. No entanto, devido à falta de recursos, as reformas de ensino só aconteceram a partir de 1931 (Simis, 1996).

No Distrito Federal, o popular governo reformista do prefeito Pedro Ernesto destinou verbas à instalação do cinema educativo nas escolas. Em São Paulo, em julho de 1931, o governo incumbiu uma comissão de estruturar um plano para a inclusão do cinema educativo nas escolas [...] e após três meses de ação oficial, mais de 50 grupos e escolas públicas possuíam aparelhos de projeção e uma filmoteca central com 20 fitas educativas [...] [este exemplo] foi seguido por outros estados (Simis, 1996, p. 33).

Pelo fluxo das ideias importadas, o Brasil objetivava transformações políticas e sociais, a revolução burguesa brasileira apresentava seus primeiros sinais de organização e suas manifestações políticas, sociais, econômicas e artísticas eram premissas culturais. Ianni (1994, p. 21) menciona que o país "jogava na europeização, ou no branqueamento da população, para acelerar o esquecimento dos séculos de escravismo". E foi dessa forma que o fato cinematográfico se adaptou ao território brasileiro moderno, o cinema mudo atraía grandes plateias independentemente da alfabetização, os circuitos itinerantes favoreciam os menos abastados e disseminavam a tecnologia pelo vasto território nacional; e a distribuição cinematográfica começava a ser constituída por empresários de várias nacionalidades sediados no país.

Uma característica interessante desse período é a balança comercial, que se balizava entre a importação e a exibição, isso porque a importação consistia quase que num investimento futuro, uma aposta, para então ser comercializada na exibição e, enfim, gerar lucro – ou não. Esta percepção denota a influência da noção de indústria, antes mesmo da percepção de cinema como arte, cultura ou conhecimento. Não obstante, em termos qualitativos e sociais, o cinema nessa época era interpretado como a *nova arte*, identificada pelo caráter global desde o início. Mesmo que existissem fronteiras e diferenças culturais a serem suavizadas, o cinema detinha os meios necessários para triunfar enquanto transmissão cultural. O Brasil acompanhou como pôde o desenvolvimento internacional do cinema, e assimilou os padrões da nova arte, produzida nos países mais desenvolvidos. Como explica Ortiz (1986), os elementos da "matriz" do cinema viajaram para fora e o externo – aqui representado pelo Brasil – os assimilou através da transmissão cultural.

É somente em meados dos anos 1930 que começamos a evidenciar apontamentos de intervenção estatal no meio cinematográfico brasileiro, presença essa que se manteve intensa até há pouco tempo. Nessa época, a produção cinematográfica nacional avançava sob um aspecto artesanal, porém o setor exibidor já dispunha de estruturas mais sólidas, impulsionadas pelas contribuições do filme estrangeiro, assim como a atividade de distribuição, que já era dominada pelas empresas norte-americanas, que investiam na circulação de filmes dos Estados Unidos e Europa.

O Estado, por sua vez, posicionou-se como um agente efetivo do setor, atuando principalmente no âmbito da produção, arriscando pouco no que tange às demais atividades. Isso porque a produção cinematográfica entrou para o plano de governo de Vargas, pelo discurso da integração nacional. O cinema, nesse momento, desempenhou uma função estratégica na política, de um lado, via propaganda cinematográfica ideológica, inspirado pelos sistemas fascistas da dinâmica política em vigência, e, de outro, como atividade e hábito cultural unificante, do ponto de vista da homogeneização dos territórios nacionais, como objetivo explícito da corrente política em dominância.

Tais motivos impulsionaram os primeiros movimentos de consciência cinematográfica nacional, em que os realizadores se organizam via reivindicações de proteção e incentivo à indústria nacional. Desses fluxos, em 1930, nasce a Associação Cinematográfica de Produtores Brasileiros (ACPB). Logo em seguida, em 1934, o Departamento de Propaganda e Difusão Cultural (DPDC), que foi o primeiro órgão governamental voltado às dinâmicas do meio cinematográfico, e regido pela mesma potência, em 1937, surge o Instituto Nacional de Cinema Educativo (Ince), com a função de promover e orientar a prática do cinema como recurso alternativo ao ensino popular.

O desempenho desses organismos foi de suma importância para o Estado Novo, pois cabia a eles intervir nas atividades de difusão cultural, em termos de regulação do mercado. O então Departamento de Imprensa e Propaganda (DIP) controlava as nuances da censura e da classificação dos filmes em território nacional, além de administrar junto ao governo a isenção ou redução de taxas e impostos federais para filmes educativos e de propaganda, bem como custear seu transporte Brasil adentro.

Em contínuo avanço, em 1942, foi instituído o Conselho Nacional de Cinematografia na Divisão de Cinema e Teatro do DIP, que reunia plenos poderes de operacionalização no mercado. O Conselho era responsável por estabelecer normas de trabalho aos produtores, importadores, distribuidores, propagandistas e exibidores, além de promover, regular e fiscalizar todos esses setores, organizar encontros, convenções e acordos internacionais com os países parceiros. No mesmo ano, surge o Conselho Nacional da Cultura, subordinado ao Ministério da Educação e Saúde, para coordenar as atividades público-privadas do setor, mediante o estabelecimento de decretos e leis favoráveis ao desenvolvimento nacional.

Diante desses primeiros processos de institucionalização, o cinema brasileiro se exponencializou em termos de produção, visto que em 1942 foram lançados apenas quatro filmes, e em 1949, termina-se o ano com 21 filmes produzidos (Mello, 1978). Como possível influenciador desses números, interpreta-se o interesse do Estado em ser o porta-voz da Nação e participar do universo cultural do país, o que, de fato, impulsionou o crescimento para a indústria e sua organização. Não obstante, evidencia-se menos atenção nesse momento à distribuição e seus agentes, isto é, na composição geral não se considerou a estruturação de uma cadeia produtiva, formada pelos três eixos básicos da indústria cinematográfica (produção, distribuição e exibição), na concepção das diretrizes políticas. A agenda do governo não contemplou o entendimento do todo, em que o consumo dos filmes por parte dos espectadores dependia de ferramentas capazes de gerar a circulação dos filmes. É dessa forma que começa a despontar o fenômeno de fragmentação da cadeia de valor cinematográfica no Brasil, que dificulta a sua sustentabilidade de circular.

A situação não progride com o tempo, bem pelo contrário, o início da década de 1950 foi um período de grandes dificuldades para a nação, em processo de industrialização. O governo direcionou seus investimentos à infraestrutura e o nacionalismo da era Vargas foi tensionado pelos interesses do capital estrangeiro no território nacional. Mesmo com a chegada de Juscelino Kubitschek, com sua vertente desenvolvimentista e a organização do I Congresso Nacional de Cinema, não era possível afirmar que o cinema estava posicionado enquanto prioridade especificamente do governo, tampouco durante o período de João Goulart e as pressões da Guerra Fria, que abriram margem para o Golpe Militar de 1964.

Logo, em completa oposição aos tempos dourados americanos no pós-guerra dos anos 1950, o invólucro cultural cinematográfico voltou-se a movimentos de forte oposição ao governo militar. Contudo, em 1947 havia sido proposta a criação do Conselho Nacional de Cinema (CNC) e, em 1967, aprovado o Instituto Nacional de Cinema (INC), segundo o Decreto nº 60.220[11]. Entre as competências do Instituto estavam: formular e executar a política governamental relativa ao desenvolvimento da indústria cinematográfica brasileira, ao seu fomento e à sua promoção no exterior; regular a importação de filmes estrangeiros, em cooperação com o Banco Central da República do Brasil; regular a produção, distribuição e a exibição de filmes nacionais, fixando preços de locação, prazos de pagamento e condições; regular condições de locação de filmes estrangeiros às salas exibidoras do país; formular a política nacional de preços de ingressos; conceder financiamento e prêmios a filmes nacionais; manter um registro de produtores, distribuidores e exibidores; estabelecer normas de coprodução cinematográfica com outros países e regulamentar a realização de produções estrangeiras no

---

[11] Decreto-Lei nº 60.220, de 15 de fevereiro de 1967. Disponível em: https://antigo.ancine.gov.br/pt-br/legislacao/decretos/decreto-n-60220-de-15-de-fevereiro-de-1967. Acesso em: 20 abr. 2021.

país; fiscalizar o cumprimento das leis e regulamentos da atividade; entre outras.

Naquela ocasião, o Brasil se polarizava entre duas vertentes e abordagens, a universalista e a nacionalista. A primeira era comandada pelo Grupo Executivo da Indústria Cinematográfica (Geicine), que entendia que o novo órgão deveria "centralizar a administração do desenvolvimento cinematográfico, criar normas e recursos, e respeitar uma política liberal para a importação de filmes". Justificavam essa postura perante o filme estrangeiro com um argumento cultural, ou seja, o público deveria ter acesso a todo tipo de produção, pois o cinema tem caráter universal, além de uma abordagem econômica, que afirmava que a economia do cinema devia ser multinacional. O outro grupo, o nacionalista, criticava a falta de participação dos cineastas na elaboração do projeto, a abertura da produção ao capital estrangeiro e a ameaça de dirigismo estatal (Ramos, 1983, p. 51).

> Ao contrário da legislação anterior referente a órgãos como o Geicine, ao qual competia apenas recomendar ou propor financiamentos à produção cinematográfica, foi com o INC que o Estado assumiu explicitamente o financiamento da produção nacional de filmes (Simis, 2008, p. 257).

A este ponto da história, outro fator importante de se destacar dessa época era a atuação das distribuidoras estrangeiras, majoritariamente americanas, na circulação dos filmes nacionais. O caso do filme O *Cangaceiro*, de Lima Barreto, 1953, é exemplo dessa atuação, pois foi uma obra distribuída pela Columbia, atingiu recorde de bilheteria e foi um dos primeiros filmes brasileiros a chegar a obter o Prêmio de Melhor Filme de Aventura em Cannes (vide cartaz na Figura 4), porém não reverteu lucro diretamente para seus produtores da empresa Vera Cruz. Segundo Johnson (1987), a produtora importou equipamento de alta qualidade, contratou técnicos europeus para garantir a qualidade da produção, pegou emprestado diretores, cenógrafos e atores do Teatro Brasileiro de Comédia e convidou o brasileiro Alberto Cavalcanti – então na Europa – para dirigir a companhia. Com isso, a obra gerou lucro, mas foi incapaz de alcançar o mercado mundial, e a Vera Cruz faliu em 1954. A empresa dirigiu os custos de produção muito além do potencial lucrativo do mercado doméstico e foi finalmente forçada a recorrer a paliativos temporários, mas em última instância suicidas, para resolver o problema do pouco capital: empréstimos volumosos do Banco do Estado de São Paulo para serem pagos em pouco tempo. A "fábrica do sonho" que foi saudada com entusiasmo em 1949, rapidamente se tornou em uma "fábrica de pesadelo" (Johnson, 1987, p. 62).

Figura 4 – O Cangaceiro em Cannes

Fonte: Enciclopédia Itaú Cultural.Org (2021).

Logo na sequência do período, levantaram-se questionamentos fiscais e financeiros apontando alguns desequilíbrios do mercado cinematográfico brasileiro, especialmente a respeito do câmbio oferecido para o filme americano no mercado nacional. A Associação Profissional da Indústria Cinematográfica do Estado de São Paulo apresentou um estudo, em 1956, que denunciava "numerosas irregularidades no tratamento dispensado à concorrência estrangeira no setor do cinema". Essas irregularidades, mais tarde, foram interpretadas como *dumping*, não apenas pela quantidade de filmes importados, mas também pelo baixo preço dos ingressos do cinema estrangeiro nas salas de exibição. Isso porque a oferta de filme americano e europeu era tão alta que acabava sufocando a indústria nacional e frustrando as rentabilidades, tanto dos distribuidores nacionais de filmes internacionais quanto dos produtores brasileiros. O *dumping* dos preços era explicado pelo privilégio cambial dos filmes estrangeiros, que tinham no faturamento com a grande quantidade de ingressos vendidos no país uma renda extra, já que seu lucro obtido nas facilidades cambiais era muito maior.

Diante dessa realidade, até 1962, seguiram as reivindicações por uma política nacional de preços, liderada pelo Geicine. O grupo alegava que o Governo era o responsável por todas essas facilidades ao produto estrangeiro e propunha defesa aos importadores e à internacionalização do mercado.

> Nem é possível responsabilizar os importadores de filmes pela situação de aparente privilégio que desfrutam; eles próprios apenas tiveram nesses 'estímulos' de legislação escassa compensação pela política de ingressos tabelados vigente em nosso país há longos anos. [...] Não existe, no mundo de hoje, nenhum país cujo mercado cinematográfico seja abastecido exclusivamente pela produção interna; por isso, a produção cinematográfica deve ser analisada em plano amplamente internacional (Revista Geicine, 1961, p. 30).

Contudo, nesse mesmo ano o longa-metragem de Anselmo Duarte *O pagador de promessas* (1962) conquistou a Palma de Ouro no Festival de Cannes, o que representa um grande marco do cinema brasileiro no exterior, por ser o único filme da América do Sul a ter ganhado esse reconhecimento até hoje. Segundo o *Diário Carioca*, o filme foi "exibido numa sessão privada para um grupo de críticos e diplomatas do Itamaraty, incumbidos de selecionar o representante brasileiro ao Festival de Cannes, deixou todos empolgados pela sua elevada categoria". Saíram fascinados com o filme, segundo o periódico: "O *pagador de promessas* representará oficialmente o cinema brasileiro no importante Festival de Cannes e não será surpresa se vir a conquistar um dos prêmios do certame" (Diário Carioca, 1962).

No dia seguinte à premiação (25 de maio de 1962), o *Estado da Bahia* traz a seguinte manchete: "*Vencemos!*". Segundo a matéria, a vitória do filme significava mais que mero prêmio cinematográfico de âmbito internacional. Significava mais que a consagração de Anselmo Duarte:

> A 'Palma de Ouro' conquistada com o talento de uma equipe brasileira e a verdade de um tema nosso vem nos dizer de perto que o cinema brasileiro encontrou o seu caminho exato como arte de um povo jovem e necessitado de maior comunicação humana, como o início da concretização de uma famosa profecia que nos colocava no futuro como o país realizador do maior e melhor cinema do mundo. 'O Pagador de Promessas' recebendo os aplausos internacionais não está na mira da apologia. Quem ganha, com Anselmo Duarte, Osvaldo Massaini, Dias Gomes e os outros em Cannes é todo o esforço de dezenas de brasileiros que sentiram a necessidade de um cinema mais brasileiro e mais comunicativo, de um cinema com o olho câmera dirigido para o homem e para as suas circunstâncias históricas. O mundo somente poderia prestar atenção à arte brasileira se esta arte estivesse voltada para dentro não dos nossos limites, mas das nossas concepções vivencias e dos problemas do nosso povo. Para dentro do nosso misticismo, da nossa coragem, da nossa covardia, da nossa crença e da nossa descrença da nossa maldade, do nosso ódio e do nosso amor do nosso grande amor. 'O Pagador de Promessas' é o início de uma vitória maior. É uma batalha ganha com brio e honestidade na preparação da conquista total. Nenhum povo, nenhum, está mais apto a conquistar artisticamente o mundo do que nós (Estado da Bahia, 1962).

E foi nesse ritmo nacionalista, então, que a década de 1960 foi marcada pela atuação de cineastas como Glauber Rocha, Rogério Sganzerla, Walter Lima Júnior, Nélson Pereira dos Santos, Joaquim Pedro de Andrade, Cacá Diegues, Sérgio Person, Roberto Santos, David Neves, Paulo César Saraceni e Leon Hirszman, que expunham nas suas obras as características da identidade nacional, resistente entre o subdesenvolvimento do país e o movimento modernizador. Através delas pretendiam promover o debate e a reflexão, sem estar vinculados a um comprometimento com o mercado. Como expõe Ismail Xavier, a ideia de cinema de autor, no Brasil, ganhou contornos de produção anti-industrial, opondo arte e comércio. A desvinculação das leis de mercado promoveu a esses realizadores pequenos resultados de bilheteria quando lançaram seus filmes no Brasil, mas grande repercussão internacional (Xavier, 2004, p. 11).

Em contrafluxo ao início do regime militar no Brasil em 1964, em clima de otimismo e crença na transformação da sociedade, nasceu o cinema brasileiro moderno, do qual o Cinema Novo foi o maior representante, e suas repercussões internacionais influenciaram diretamente a formação da identidade cultural brasileira. Em um grande paradoxo temporal, o golpe militar encontrou os intelectuais e os produtores culturais em seu momento máximo de produção e de debate político e cultural, envolvidos com o movimento estudantil ou mesmo com instituições governamentais, como o Instituto Superior de Estudos Brasileiros (ISEB), ligado ao Ministério da Educação (Malafaia, 2012).

O Cinema Novo apresentava-se e manifestava-se como um movimento cinematográfico articulado e presente, inspirado pela austeridade do neorrealismo italiano, pelas inovações em formas de expressão da Nouvelle Vague francesa e, mais proximamente, pelo cinema independente brasileiro dos anos 1950. Os *cinemanovistas* buscavam subverter a lógica tradicional dos padrões de cinema narrativo, muito influenciados pela hegemonia norte-americana, a que o público brasileiro estava acostumado a assistir. O cinema que manifestavam desenvolver propunha-se a ser "novo", tanto no conteúdo quanto na forma e, nesse aspecto, incluíam-se novos temas para abordar e, consequentemente, exigiam-se novas técnicas de filmagem e assim em diante, inovações em toda trama cinematográfica (Carvalho, 2012).

Ironicamente, nesse aspecto, a inovação era justamente promover uma investigação revisionista sobre o passado e a história brasileira, em uma proposta de se reinterpretar e transformar as perspectivas históricas, para então discutir a realidade em seus aspectos sociais, políticos e culturais. Diante dessa dinâmica, os filmes do Cinema Novo apresentam um panorama diversificado da história brasileira multifacetada e fragmentada em suas regiões. Dessa forma, o que unia os jovens cineastas citados antes em um movimento coletivo *cinemanovista* era a crença de que, ao realizarem seus filmes, também escreveriam um novo capítulo da história do Brasil, pela lógica de conhecer a própria história, ser capaz de analisá-la e, mais importante, aprender com ela para construir um futuro melhor (Carvalho, 2012).

Evidentemente, o golpe militar inviabiliza o projeto de discutir e reinterpretar o Brasil abertamente, e a súbita transição política atinge a produção *cinemanovista* via interdições, prisões e sistemas de censura. Não obstante, o filme *Deus e o diabo na terra do sol* (1964), de Glauber Rocha, já havia sido escolhido como representante oficial do Brasil no Festival de Cannes e na última semana de março de 1964, depois de uma sessão consagradora para a crítica, no Rio de Janeiro, o cineasta levou esse seu segundo longa-metragem a Cannes. Ao lado de *Vidas Secas* (1963), de Nélson Pereira dos Santos, que conquistou Melhor Filme de Arte e Ensaio em Cannes, e *Os Fuzis* (1963), de Ruy Guerra, *Deus e o diabo na terra do sol* completa o tríptico central que marca a primeira fase do Cinema Novo. Por causa da repercussão nacional e internacional do filme, Glauber Rocha é consagrado como liderança desse movimento, isso porque, além da presença no circuito europeu, o realizador já tinha um histórico de circulação no exterior, com seu primeiro longa-metragem *Barravento* (1961), por exemplo, recebendo o prêmio Opera Prima, no 13º Festival Internacional de Cinema de Karlovy Vary, na Tchecoslováquia, em 1962.

Após esse primeiro ano da ditadura militar, a produção do Cinema Novo ficou praticamente paralisada e os realizadores se viram obrigados a redefinirem seus projetos para adaptar o movimento às imposições do regime. A partir de 1967, o Brasil vive um período de grande agitação política, sobretudo ao longo de 1968, com enfrentamentos de estudantes, artistas e intelectuais contra o governo, que respondia com violência crescente. Avolumavam-se os processos no Departamento de Censura para interditar obras das várias manifestações artísticas e os *cinemanovistas* eram o foco desses movimentos.

Então, entre 1965 e 1967, os *cinemanovistas* logram desenvolver duas produções que movimentam o cinema nacional no exterior, O *Desafio* (1965), de Paulo César Saraceni, e *Terra em transe* (1967), de Glauber Rocha, ambas censuradas, mesmo sem o rigor que vigoraria a partir de 1968. O *desafio* permaneceu oito meses retido no Departamento Federal de Segurança Pública, e o *Terra em Transe*, filmado em 1966, somente chegou às telas brasileiras depois de receber o prêmio da Federação Internacional de Críticos de Cinema (Fipresci) na Europa, e de ser levado clandestinamente para ser exibido no Festival de Cannes em maio de 1967. Ainda, visto a tamanha repercussão e influência do filme, o mesmo foi exibido nos muros de Paris, ao lado de A *Chinesa*, de Godard, e de *Antes da Revolução*, de Bertolucci, enquanto os estudantes iam às ruas protestar em maio de 1968.

Diante das censuras do regime militar, alguns realizadores *cinemanovistas* voltaram-se para o exterior, ou como exílio, fuga e cessão da produção, como foi o caso de Cacá Diegues, por exemplo, que, aproveitando a viagem para levar Os *herdeiros* ao Festival de Veneza, em 1969, permanece na Europa, em um autoexílio de dois anos, em que não consegue dirigir filmes. Ou enquanto destino e repercussão para suas obras de resistência e manifestação, como seguiu sendo o percurso de Glauber com seu longa-metragem em cores, O *dragão da maldade contra o santo guerreiro*, que, mesmo censurado pelo governo militar, recebeu o prêmio de Melhor Direção no Festival de Cannes de 1969, o primeiro prêmio no Festival de Plovaine, na Bélgica, e o Prêmio Luís Buñuel, todos prêmios inéditos para um brasileiro.

Essa segunda abordagem só era possível através de dinâmicas criativas para burlar a censura e abordar questões pertinentes da época, que afetavam sobremaneira a sociedade brasileira, como a repressão política, a desigualdade social, a manipulação da história, a destruição dos projetos coletivos de transformação social e a crítica ao desenvolvimento capitalista acelerado, que destruía e transformava relações sociais e pessoais (Malafaia, 2012).

Avançando no tempo, o período dos anos 1970 foi marcado pela atuação e desempenho do INC e, posteriormente, da Embrafilme e o Concine. Para Ortiz (2001), foi uma época de consolidação de um mercado de bens culturais no Brasil, em que diferentes esferas da cultura se desenvolveram largamente, influenciadas não só pelas transformações estruturais que a sociedade nacional enfrentava com a ditadura militar, mas também através da institucionalização promovida por esses importantes agentes reguladores do mercado (Ortiz, 2001, p. 113).

Diante desse espectro, o nascimento da Embrafilme (Empresa Brasileira de Filmes S/A) pode ser visto como fruto de uma "política cultural" do governo militar, juntamente com a criação de novas instituições culturais, como o Conselho Federal da Cultura, a Fundação Nacional de Artes (Funarte) e o Pró-Memória. A Embrafilme tinha como objetivo principal, conforme o Decreto-Lei[12] de sua criação, a distribuição de filmes no exterior, sua promoção, realização de mostras e apresentação em festivais, visando à difusão do filme brasileiro em seus aspectos culturais, artísticos e científicos, como órgão de cooperação com o INC, podendo exercer atividades comerciais ou industriais relacionadas com o objeto principal de sua atividade.

Observar a existência e história da Embrafilme é central para o presente estudo, pois, segundo Amâncio (2000), "na esfera político-administrativa, a Embrafilme é resultado de uma iniciativa de promoção do filme brasileiro no exterior". Contudo, em um primeiro momento, a classe cinematográfica nacional reage negativamente à

---

[12] Decreto-Lei nº 862, de 12 de setembro de 1969.

forma como a empresa se estrutura, isto é, voltada para um desenvolvimento externo. Ainda segundo o autor, esse fator "explicitava também o caráter autoritário da medida, efetivada sem a necessária discussão com os diversos setores da indústria cinematográfica" (Amâncio, 2000, p. 24).

Com isso, desde a sua criação em 1969 até meados dos anos 1970, a empresa concentrava-se mais na atividade de produção, através de financiamentos concedidos como empréstimos bancários aos produtores nacionais. Após desenvolvidos, os filmes retornariam o investimento à empresa mediante seus percentuais de renda líquida e de prêmios obtidos com a obra. Apenas em 1973, a Embrafilme passa a atuar mais diretamente na etapa de distribuição e a influenciar nas dinâmicas de valor no setor; segundo Bernardet (2009), "defrontando-se com a distribuição, o Estado finalmente se defronta com o setor chave no qual até então negava-se a penetrar, pois é ao nível da distribuição que se pode enfrentar o filme estrangeiro no mercado" (Bernardet, 2009, p. 40).

Diante de tais novos fluxos, a partir de 1974, inicia-se a chamada "época de ouro" para o mercado cinematográfico nacional. Isso porque a classe cinematográfica "assume" o direcionamento das atividades, já que o cargo de diretor-geral passa a ser ocupado por um de seus representantes do mercado. O estatuto da entidade é reformulado e, além das carteiras de distribuição e financiamento dos filmes, ela passa a ser também coprodutora, "assumindo o risco de produção dos projetos" (Amâncio, 2000, p. 44).

Nesse momento, já era possível avaliar o desempenho da Embrafilme; no que se refere aos financiamentos por empréstimos, o nível de inadimplência era muito grande, o que iria gerar dificuldades financeiras na empresa. A coprodução era uma forma da empresa ver seus recursos investidos mais rápido. No entanto, o investimento nestas bases passa a ser feito nos filmes, e não nas produtoras, como era anteriormente. Com isso, desponta a necessidade de "agilizar a estrutura da distribuidora", que também recebia 20% como comissão.

Importante destacar que, no ano de 1977, em resposta ao bom desempenho dos filmes endossados pela Embrafilme, alguns projetos foram propostos, procurando diversificar a atuação da empresa, estimular a produção, consolidar novos mercados à distribuição e já mirar a internacionalização. Entre eles, o Programa Especial de Pesquisas de Temas para Filmes Históricos e a proposta de criação de um Mercado Comum de Cinema dos Países de Expressão Luso--Espanhola.

O Programa Especial de Pesquisas de Temas para Filmes Históricos foi desenvolvido em convênio com o Ministério da Educação e Cultura, através do seu Departamento de Assuntos Culturais, e contava com recursos advindos do Fundo Nacional de Desenvolvimento da Educação (FNDE). De acordo com esse convênio, formou-se uma Comissão de Seleção Prévia, coordenada pelo referido Departamento e composta, entre outros, por um representante do Instituto Histórico e Geográfico Brasileiro e por um representante dos cineastas. Sua função foi analisar e aprovar projetos de pesquisa, liberando orçamentos para os selecionados a fim de que se tornassem roteiros de futuras produções históricas. Foram recebidos 74 projetos, mas somente 18 foram aprovados e receberam verba para realização da referida pesquisa, não chegando, entretanto, a serem produzidos (Amâncio, 2000).

Quanto à tentativa de consolidar um Mercado Comum de Cinema, que a princípio envolveria os países de expressão luso-espanhola, mas, posteriormente, poderia ser ampliado para outros países latinos, principalmente a França e a Itália, configurando, assim, um mercado com cerca de dois bilhões de consumidores por ano, um projeto ambicioso foi lançado durante o I Encontro Sobre a Comercialização de Filmes de Expressão Portuguesa e Espanhola, realizado em Brasília, durante o X Festival de Cinema Brasileiro, em julho de 1977 (Malafaia, 2012).

Como base para a proposta, estava exposto um amplo levantamento que garantia sua efetividade, via um domínio completo de importadores e distribuidores de filmes norte-americanos no mercado latino e ibérico. O relatório apresentava, também, uma ínfima presença do cinema brasileiro nesses mercados, sendo exibido com mais frequência nos circuitos alternativos, como cineclubes e universidades. A tentativa era exatamente reverter essa regra através da formação de um mercado comum, que envolvesse todos os países latino-americanos, ibéricos e também os países africanos – recém--tornados independentes –, principalmente Angola e Moçambique. Um projeto dessa proporção necessitava de grande apoio oficial e demandava recursos próprios, o que acabou não acontecendo: diante da crise que se instalou no início dos anos 1980, este foi mais um projeto destinado ao esquecimento (Malafaia, 2012).

Ainda, é nesse momento também que nasce o Conselho Nacional de Cinema (Concine), órgão responsável pelas medidas de regulamentação e fiscalização de políticas nacionais para o mercado, especificamente formulando decretos de preços, quotas e taxas para manter a concorrência saudável com o estrangeiro no nacional, e também para criar estruturas de enfrentamento do nacional no exterior.

Diante desse pêndulo de intervenções estatais, é importante percebermos que existia sustentação no convênio entre as duas instituições, que visava alcançar maior fluidez e efetividade. Pois a Embrafilme, caracterizada por ser uma empresa de economia mista, operava no mercado com a "liberdade" de uma empresa privada e o Concine, uma autarquia totalmente engessada, fundamentava e monitorava as melhores práticas para o setor via autoridade suprema (De Luca, 2009, p. 56).

Por mais que houvesse a intenção de equilíbrio, e que se tenha alcançado resultados[13] fulcrais através da atuação da Embrafilme, não só na produção, mas na distribuição também, os resultados positivos da década de 1970 começam a dar lugar a um período de crise. A partir de 1981, a empresa enfrenta diversas dificuldades administrativas e orçamentárias, estágio caracterizado até mesmo como "esvaziamento político e econômico da atividade cinematográfica nacional" (Gatti, 1999, p. 9).

A crise da distribuição culminou no projeto de privatização da Distribuidora Embrafilme, apresentado pela própria diretoria da em-

---

[13] Entre 1973 e 1979, foram firmados 104 contratos de distribuição na Embrafilme (Amâncio, 2000, p. 86).

presa, em 1986. No mesmo ano, uma comissão de estudos formada pela Embrafilme e Banco Nacional do Desenvolvimento Econômico e Social (BNDES) redigiu o texto "Cinema Brasileiro: diagnóstico e política para o setor", concluindo que "apesar do reconhecimento artístico conquistado por importantes segmentos da atividade cinematográfica não se deu o rompimento com uma estrutura artesanal de produção e, portanto, a indústria cinematográfica no Brasil até hoje não superou a sua fase 'nascente'".

O texto acrescentava que a concentração do setor em uma única empresa, a Embrafilme, e a dificuldade de retorno financeiro das produções nacionais, devido às condições de mercado, acabou por cristalizar o círculo vicioso da dependência, em que a forma de atuação do Estado condiciona a expectativa dos produtores e realizadores de obterem subsídio pleno para empreendimentos muitas vezes desvinculados da demanda de mercado, impedindo a constituição de um setor privado autônomo.

A Embrafilme marca definitivamente a maior participação estatal no setor cinematográfico e, como expõe Amâncio (2000), "uma aproximação entre cineastas e agências estatais". Ao mesmo tempo, esta proximidade ressaltou as "fragilidades da política oficial para o cinema", expondo os conflitos do próprio mercado. "Pela primeira vez, no entanto, o cinema brasileiro viu-se atrapalhado pelos seus próprios conflitos. Assim, o cinema estrangeiro deixou de ser o único inimigo da cinematografia local" (Selonk, 2004, p. 120).

Seguindo o fluxo historiográfico, chega-se ao fim do regime militar em território nacional e ao início de profundas transformações no que tange à política administrativa do Estado democrático. O início da década de 1990 foi marcado pela ideologia neoliberal e por uma fase de quase paralisação generalizada no setor audiovisual. Apesar dos incentivos, o Estado não apresentou real interesse em formular uma política cultural que fornecesse força para o setor. Este movimento intensificou-se diante da ascensão do presidente Fernando Collor de Mello, que, imediatamente após a sua posse, deixa de apoiar a Embrafilme e o cinema brasileiro perde todo tipo de auxílio do governo. Bem pelo contrário, Collor abre os mercados ao investimento estrangeiro e as portas dos cinemas brasileiros à hegemonia norte-americana. A Embrafilme, então, insustentável de maneira autônoma, diante da falta de recursos disponíveis, entra em colapso e, assim, aos poucos, perde competitividade no mercado cinematográfico. Este marco-fim da Embrafilme, via o Decreto n° 575[14], em 23 de junho de 1992, simboliza e pontua também, como consequência, o fim dos investimentos ao setor cinematográfico.

Ainda que, em 1991, tenha surgido a Lei Rouanet (Lei n° 8.313), a primeira medida de amparo à cultura desta nova era de governo, a medida era desenvolvida para todos os setores (cinema, teatro, música, literatura, folclore etc.), prevendo benefícios fiscais para pessoas físicas e jurídicas que investissem recursos na cultura.

Logo em seguida, em 1993, o então governo Itamar Franco criou a Lei n° 8.685 – a Lei do Audiovisual –, uma legislação específica para o cinema, que "cria mecanismos de fomento à atividade audiovisual e dá outras providências". Em seu artigo 1°, permitia que pessoas físicas e jurídicas investissem até 3% de seu imposto de renda em produções audiovisuais nacionais, desde que estas estivessem aprovadas, pelo Ministério da Cultura, para a captação de recursos. Posteriormente, uma medida provisória[15] aumentou o limite do investimento para 5%. O benefício fiscal também foi concedido ao imposto pago pelas distribuidoras estrangeiras pela remessa de lucros ao exterior, através do artigo 3°. Os investidores recebiam "certificados de investimentos" e tornavam-se sócios da produção, podendo receber dividendos caso o filme arrecadasse lucros. Este modelo de intervenção do Estado visava integrar a iniciativa privada aos esforços públicos e ativar novamente os investimentos na cultura.

Como principal característica deste governo e sua reforma política estavam as agências reguladoras, apostas em que o Estado reduz a sua característica centralista e provedora de bens e serviços e passa

---

[14] Decreto n° 575, de 23 de junho de 1992. Disponível em: http://www.planalto.gov.br/ccivil_03/decreto/1990-1994/D0575.htm.

[15] Medida Provisória n° 1.515, de 15 de setembro de 1996. Disponível em: http://www.planalto.gov.br/ccivil_03/mpv/1996-2000/1515-1.htm.

a atuar como regulador e mediador das relações entre o mercado e a sociedade. É então nesta nova configuração político-econômica, através do III Congresso Brasileiro de Cinema (CBC) realizado em Porto Alegre no ano 2000, que nasce a proposta da Agência Nacional de Cinema (Ancine), cujas funções eram de regulação, fiscalização e fomento da indústria cinematográfica.

Em profundidade, o CBC foi uma mobilização das entidades do cinema, em busca de uma retomada política para uma nova estrutura institucional e uma nova relação com o Estado. Entre as muitas discussões de trabalho do CBC, surgiu a ideia de uma agência reguladora, com funções de fomento e fiscalização. A proposta foi levada e discutida com o Governo e o Congresso e somente em 2003 a Ancine entrou em funcionamento.

Esse momento, para alguns pesquisadores, significa um marco legal do audiovisual nacional no século XXI, isso porque a criação da Ancine também representou uma retomada da política nacional de fomento ao cinema brasileiro. A atuação da agência na prática não se restringiu apenas a fiscalizar ou regular o mercado, mas também a criar e gerir outros programas e mecanismos de incentivo à indústria. Na sequência de investimentos e solidificações da imagem e circulação do cinema nacional no exterior, advinda dos movimentos da Embrafilme, a Ancine retoma esses fluxos e sua atuação significa mais uma era de desenvolvimento, estruturação e exportação para o cinema brasileiro. "Pela primeira vez se delineava de maneira clara uma política para o setor. É óbvio que se trata de um modelo que, se não é perfeito, pelo menos aspirava de maneira orgânica um projeto industrial" (Gatti, 2007, p. 240).

De fato, a presença da Agência, aliada às legislações que a precederam, impactou a atividade cinematográfica brasileira até 2019. A partir desse momento, a distribuição dos filmes nacionais adquire diferentes formatos. De um lado, uma distribuição mais artesanal, ou autoral, um caminho desempenhado pelo próprio realizador que se dispõe a desenvolver pela sua obra, vide a falta de estruturas públicas ou privadas para comercializar seu filme. Foi o caso, por exemplo, do longa *Carlota Joaquina, a princesa do Brasil* (de Carla Camurati,

1995), que, antes mesmo da criação da Ancine, conquistou o marco de 1,2 milhões de espectadores e, com isso, acabou simbolizando uma *retomada*[16] ao cinema brasileiro.

De outro lado, um segundo modelo de distribuição mais regional, observa-se o caso da Riofilme, por exemplo, que com verbas públicas organizou uma estrutura de comercialização de títulos brasileiros. A empresa pública do município do Rio de Janeiro praticava políticas de subsídios e enfrentava leis de mercado, buscando espaços de exibição e fortalecendo o cinema nacional para o mercado interno. Ambos os modelos de distribuição se mostravam efetivos na época; porém, houve ainda um terceiro formato de distribuição incorporado no período, que impulsionava a presença dos filmes brasileiros no exterior.

O modelo consistia na participação das empresas internacionais de produção e distribuição na comercialização dos filmes nacionais. Essa dinâmica, pela primeira vez na história da cinematografia nacional, favorecia ambos os lados, o estrangeiro e o brasileiro. O formato tinha fins claramente comerciais, isto é, pouca intervenção estatal, eram produções de fácil inserção no mercado externo, interpretadas como bons investimentos, com altas possibilidades de lucro em sua exploração. Do outro lado da cadeia de valor, o produtor nacional identificou essa troca como uma oportunidade e como uma nova fonte de recursos para a realização dos seus projetos. Sem contar que a parceria com as empresas, na grande maioria americanas *majors* advindas do *mainstream*, também significava uma expansão comercial "garantida" para as obras.

De maneira geral, diante dessas possibilidades de distribuição, o cinema nacional começou a se fazer presente novamente no mercado, em condições teoricamente mais equitativas, tanto em território doméstico quanto em ambiente estrangeiro. Destacamos

---

[16] Durante o mandato tampão de Itamar Franco, ocorre aquilo que se convencionou chamar de "Retomada do Cinema Brasileiro". "A expressão 'retomada' ressoa como um boom ou um 'movimento' cinematográfico. O estrangulamento dos dois anos de Collor teria resultado num acúmulo de filmes nos anos seguintes, produzindo uma aparência de boom" (Nagib, 2002, p. 34).

aqui, a exemplo disso, o filme O *que é isso, Companheiro* (de Bruno Barreto, 1997), que foi indicado ao Oscar de Melhor Filme de Língua Estrangeira naquele ano, assim como *Central do Brasil* (de Walter Salles, 1998), uma coprodução com a França, que ganhou o Urso de Ouro de Melhor Filme (Berlim, 1998), o Globo de Ouro de Melhor Filme Estrangeiro e foi candidato também ao Oscar, na categoria de Melhor Filme Estrangeiro. Contudo, no caso desse filme, o Brasil, mais uma vez, vive a experiência de sentir-se contemplado enquanto cultura--nação, pois através dele a atriz Fernanda Montenegro foi indicada ao Oscar de Melhor Atriz, no ano de 1999. E esta foi a primeira vez que uma atriz latino-americana foi indicada nessa categoria.

Neste ponto, o ambiente apresentava-se promissor, em ascensão e crescimento, as estruturas de distribuição brasileiras já iluminavam melhores caminhos para as produções nacionais, tanto no mercado interno, de maneira mais equitativa do que outrora, quanto no ambiente internacional, em ímpetos de representatividade. A partir deste período, e sob o prisma dos modelos de distribuição variados no Brasil, o cinema nacional encontrou outras janelas de visualização no estrangeiro, porém caminhos sempre mais relacionados com a trajetória de cada obra, realizador, empresa produtora ou organizações aliadas à concepção do filme, do que propulsionadas por alguma política nacional efetiva.

Diante dessa primeira noção – tanto do ponto de vista genealógico dos fatos quanto acerca da lógica das interações neste setor –, inicia-se a presente pesquisa, buscando evidenciar a partir da virada do século quais foram os principais marcos simbólicos na exportação de filmes brasileiros e, ainda, buscam-se exemplos no que se refere às trilhas de representatividade dos filmes brasileiros no exterior, como base para as reflexões aqui propostas.

Entende-se que os aspectos que tangenciam a diplomacia cultural se apresentarão em nuances específicas a respeito de trajetórias únicas de algumas obras e, por isso, pretende-se buscar informações para além dos repositórios de conteúdo tradicionais de pesquisa sobre o mercado. Isto é, investigaremos registros jornalísticos, notas da imprensa e documentos como as fichas cadastrais das obras, apontadas no acervo da Cinemateca Brasileira, como fonte de insumos ao presente ensaio.

3 | A DIPLOMACIA CULTURAL NO CINEMA BRASILEIRO

Este capítulo se propõe explorar, em uma revisão bibliográfica e documental, todo instrumental teórico que diz respeito à diplomacia cultural. Inicia-se compondo notas sobre as diversas percepções acerca do tema, abordando referências de autores estrangeiros e nacionais e buscando evidenciar a multidimensionalidade do termo na esfera acadêmica e política. Em seguida, elencam-se as principais questões práticas de diplomacia cultural, observando seus principais agentes e trazendo à reflexão, até mesmo, a experiência de alguns países em menções específicas. Logo, adentra-se na experiência brasileira de diplomacia cultural e em como este tema tem sido abordado na teoria e na prática do ambiente nacional. Por fim, cruzamos essa abordagem com a circulação cinematográfica, observada no capítulo anterior.

Para recorrer ao tema da diplomacia cultural, mostra-se necessário articularmos um roteiro de incursão, tendo em vista que não há consenso na literatura nem tampouco em registros acadêmicos, e que, por sua vez, alcançá-lo seria uma maneira superficial e restrita de abordar o assunto. Logo, traçamos um curso de pontes e interseções teóricas para compor uma compreensão multilateral e esférica do termo à estruturação da presente pesquisa. Inicia-se a reflexão observando os fenômenos concêntricos da globalização, para então localizar o pensamento de cultura como núcleo de trocas desse composto. A partir desse entendimento, logramos articular sobre o intercâmbio cultural e a interação resultante dessa troca, as relações culturais internacionais. Nesta altura, o nosso olhar volta-se para uma vertente de observação através da política externa, assimilando conceitos relacionados com as identidades culturais para chegar à noção de alteridade internacional e, então, desvendarmos a gênese da diplomacia cultural.

A partir deste ponto, discorremos sobre os prismas conceituais de diplomacia cultural em vertentes teóricas para, em seguida, observarmos os mesmos transpostos à prática, identificando seus agentes e atores. Ao delimitarmos uma estrutura para a evidência da diplomacia cultural, será possível transcorrer um breve histórico da atuação brasileira neste campo, para, assim, localizar as tangências com o mercado cinematográfico e alcançar a intersecção dos temas.

3.1 Diplomacia cultural: uma introdução

Intercâmbios culturais entre os diferentes povos do mundo sempre existiram, mas, com o processo de globalização e o avanço das tecnologias – sobretudo de mobilidade e comunicação –, tais trocas tornaram-se muito mais aceleradas e capazes de atingir distâncias antes não imaginadas. Sob essa premissa, o fenômeno da globalização tem sido debatido por vários autores quanto a sua definição, efeitos e consequências e coloca-se pertinente para a gênese da presente reflexão.

Sobre a análise do termo "cultura", encontraremos escritores como Edward Tylor (1871, p. 12), antropólogo britânico, que explicita que "é este todo complexo que inclui conhecimentos, crenças, arte, moral, leis, costumes ou qualquer outra capacidade ou hábitos adquiridos pelo homem como membro de uma sociedade". Em outra definição, de Antonio Houaiss, "cultura é um conjunto de padrões de comportamento, crenças, conhecimentos, costumes etc., que distinguem um grupo social". Nesse sentido, a cultura de um país representa sua identidade, aquilo que o difere de outras nações, o que o torna único. Em nosso campo de estudo, significa a primeira imagem do país, a apresentação para a manutenção de relações com outras nações.

Anthony Haigh (1974) observa que a atividade cultural internacional, em sua gênese, resultava do empenho de iniciativas privadas e que só posteriormente essa prática começou a ser desenvolvida pelos Estados:

> Em séculos anteriores, as relações culturais internacionais foram, em sua maioria, planejadas e realizadas pela iniciativa privada. De fato, o apoio governamental tem sido frequentemente buscado por particulares, e às vezes obtido como, por exemplo, por Cristóvão Colombo [...] Mas a exploração sistemática por governos da curiosidade do público de outros países para fins de vantagem comercial ou política é um desenvolvimento recente (Haigh, 1974, p. 27).

A partir desse sistema citado por Haight (1974), insurge um mosaico de ações e relações entre atores e organismos que nos permitimos denominar Diplomacia.

Nesta continuidade, as interpretações do fenômeno da globalização atribuem uma dinâmica distinta a seus aspectos materiais, espaçotemporais e cognitivos. Para David Held e Anthony McGrew (2001), o conceito de globalização possui certamente um aspecto material, referente aos crescentes fluxos de comércio, capital e pessoas em nível mundial. Entretanto, a globalização vai além da ampliação das relações e atividades entre Estados, pois os diferentes atores estão cada vez mais conectados em redes de interação. Nesse sentido, a distância entre eles e a organização de suas relações sofrem significativo impacto, criando a percepção de que o globo se condensou (Ioris, 2010), de que o mundo se torna associado (Featherstone, 1994) e de que os efeitos de um acontecimento ocorrido em determinado local do planeta irão repercutir em partes distantes do mundo.

> A globalização denota a escala crescente, a magnitude progressiva, a aceleração e o aprofundamento do impacto dos fluxos e padrões inter-regionais de interação social. Refere-se a uma mudança ou transformação na escala da organização social que liga comunidades

distantes e amplia o alcance das relações de poder nas grandes regiões e continentes do mundo (Held; McGrew, 2001, p. 13).

Contudo, a expansão das conexões globais e a ampliação de intercâmbios entre sociedades distintas não implica que a globalização tenha efeitos homogêneos em todos os atores envolvidos. A maneira através da qual a globalização impacta as diferentes populações é desigual, sendo que ela pode consistir em um processo profundamente desagregador e, inclusive, pode evidenciar ainda mais fortemente as desigualdades e discordâncias do complexo global diverso (Held; McGrew, 2001, p. 13).

> As transformações econômicas e tecnológicas que sustentam o fenômeno da globalização criaram grandes problemas sociais e políticos, como a divisão entre ganhadores e perdedores tanto entre distintas sociedades quanto no interior de cada uma delas, e a ameaça a noções tradicionais de soberania nacional (Featherstone, 1994, p. 12).

Tendo em vista que o meio em questão é o cinema e o produto simbolicamente trocado e significado é um filme, torna-se importante refletirmos sobre esta premissa interseccionada em um macroambiente globalizado. Manfred Steger, articulando em torno de Anthony Giddens, Frederic Jameson, David Held, Roland Roberston e James Mittelman, oferece a seguinte definição de globalização:

> A globalização se refere a um conjunto multidimensional de processos sociais que criam, multiplicam, estendem e intensificam as interdependências e trocas sociais em todo o mundo, ao mesmo tempo que fomentam nas pessoas uma consciência crescente de aprofundar as conexões entre o local e o distante (Steger, 2003, p. 13).

Segundo o autor, as definições referidas distinguem as quatro características que estão no núcleo desse fenômeno. Primeiro, o processo de globalização implica a criação de novas redes sociais e a multiplicação das existentes, que vão para além das fronteiras políticas, econômicas, culturais e geográficas; a segunda característica é refletida na expansão das relações sociais e suas interdependências; em terceiro lugar, a globalização envolve intensificação e aceleração do intercâmbio social graças ao desenvolvimento das tecnologias de comunicação; a quarta característica é que todas as mudanças provenientes da criação e intensificação das interdependências sociais não acontecem só no domínio material, mas envolvem também o plano da consciência humana (Steger, 2003).

Já a consciência nacional define-se como representante de uma consciência cultural coletiva. Essa identidade não nasce com o indivíduo, mas, como afirma o autor, é formada e transformada "[...] no interior da representação, não sendo apenas uma entidade política, 'mas algo que produz sentidos – um sistema de representação cultural'" (Gonçalves, 2011, p. 24).

Nessa sistemática, sabe-se que os fluxos de relacionamentos entre as sociedades sempre existiram, em diversos campos de interação como o econômico, político e cultural e, com o tempo, tornaram-se mais complexos, dinâmicos e importantes. Assim como essa interação tornou-se inevitável, ficou nítido que o que se passava nas outras sociedades também influenciava o contexto interno, na dinâmica doméstica de cada território e que as ações tomadas em âmbito interno, pelos diversos organismos de comando, teriam repercussão em outras sociedades.

Sendo assim, em tese, segundo Pecequilo (2004), a esse conjunto de ações, atores e organismos, nos permitimos denominar de Relações Internacionais. Isto é, relações entre os Estados, seus atores por excelência, as Organizações Internacionais, as empresas multinacionais, instituições de ensino superior, com o intercâmbio entre docentes e discentes, as Organizações Não Governamentais, em um contexto de globalização, cultura e diplomacia (Pecequilo, 2004, p. 13).

Nesse sentido, os efeitos estimulados pelo processo de globalização também afetam a dimensão cultural das sociedades. Entende-se aqui por cultura um conceito subjetivo, referente aos "valores, as atitudes, as crenças, as orientações e os pressupostos subjacentes que predominam entre os membros de uma sociedade" (Harrison; Huntington, 2002, p. 13).

As relações culturais internacionais estão inseridas em uma dinâmica de interdependência nacional/local e mundial, refletindo tensões e conflitos entre identidade global (ou cultura global) e identidade nacional. Dentro do referido contexto de crescente relevância dos aspectos culturais no cenário internacional e de recorrentes embates entre cultura nacional e cultura global, os próprios Estados utilizam da cultura para promoverem seus interesses de política externa e adquirirem vantagens no sistema internacional (Featherstone, 1994).

Nesse sentido, analistas e teóricos de política externa constataram que fatores indentitários e socioculturais fazem parte da construção do perfil internacional de um Estado, são pontos determinantes para a manutenção e elaboração de políticas internacionais. Contudo, é preciso considerar que há evidentemente um bioma de subjetividades e abstrações naturais que compõem as noções de cultura e, dessa forma, percebe-se distância entre o tema racional e estratégico de política externa e as concepções sutis de cultura. Ainda assim, esse prisma não representa um impedimento, mas sim um estímulo para estudos deste campo, visto que o debate entre diplomacia cultural e política externa pode ampliar visões sobre as interações e comunicações inter e intranacionais.

Seguindo esse viés de análise sobre as relações de transposições e tangências de ideias que se priorizam no cenário internacional, mostra-se pertinente a compreensão do conceito de hegemonia. Antônio Gramsci se debruçou na compreensão desse conceito e, de acordo com Cox (1983), suas ideias sempre estiveram estritamente interligadas ao seu próprio contexto histórico, isto é, para pensarmos em cultura e sociedade é imprescindível adaptarmos e atualizarmos constantemente os conceitos às circunstâncias históricas específicas do momento de observação.

> As ideias têm de ser compreendidas em relação às cir-
> cunstâncias materiais, as quais incluem tanto as relações
> sociais quanto os meios físicos de produção. Superes-
> truturas de ideologia e de organização política as quais
> moldam o desenvolvimento de ambos os aspectos e são
> por eles moldadas (Cox, 1983, p. 111).

Na sequência, Martín-Barbero (2009) enfatiza que as ideias proporcionam mapas que ampliam a clareza dos atores de política externa sobre objetivos e a relação entre meios e fins, os quais guiam seu comportamento sob condições de incerteza ao estipularem modelos causais e oferecem motivações éticas ou morais para suas ações.

> [...] defendo que a relevância dos fatores ideacionais vem
> sendo ampliada nos debates contemporâneos de política
> externa em razão, principalmente, do desenvolvimento
> de perspectivas analíticas que alimentam, de diferentes
> formas, as discussões sobre a relação entre ideias e polí-
> tica externa e buscam sanar as insuficiências e limitações
> dos estudos estritamente materialistas (Martín-Barbero,
> 2009, p. 507).

Dentre os autores que destacam o papel crucial que a cultura e os valores políticos podem desempenhar na atuação internacional de um país, um dos mais emblemáticos no campo é o intelectual Joseph Nye (1990), que cunhou o termo "*soft power*". Esse conceito pode ser compreendido como uma terceira via utilizada pelos países, além da via militar e econômica, que seria o *hard power*, para a consecução de seus objetivos de política externa. O *soft power* é identificado por Nye como um meio de uma nação conseguir aquilo que almeja na arena internacional, não pela coerção, mas pela atração. É uma espécie de poder imaterial. Nesse sentido, o encanto, o prestígio, a admiração que um país exerce sobre o outro podem impactar no lugar que ele ocupa e nas suas relações no cenário internacional. A maneira pela qual um país é percebido é colocada por Nye (2012) como relevante para facilitar a obtenção de necessidades estratégicas, comerciais, econômicas, entre outras.

> Na política mundial, é possível que um país obtenha os resultados que quer porque os outros desejam acompanhá-lo, admirando os seus valores, imitando o seu exemplo, aspirando ao seu nível de prosperidade e liberdade. Neste sentido é igualmente tão importante estabelecer a agendana política mundial e atrair os outros quanto forçá-los a mudar mediante a ameaça ou o uso das armas militares ou econômicas. A este aspecto de poder – levar os outros a querer o que você quer – dou o nome de Soft Power. Ele coopta as pessoas ao invés de coagi-las (Nye, 2012, p. 36).

Neste ponto, encontra-se a combinação harmoniosa entre as noções abstratas culturais e o pensamento linear estratégico da política. Jesus (2009) nos proporciona a ampliação do debate, no que se refere a uma abordagem de teor construtivista, em que define que as estruturas de associação humana são primeiramente culturais. Isto é, antes de intercâmbios materiais de valor percebido e delimitado, as conexões globais sustentam-se por estruturas ideacionais, não apenas porque constroem suas identidades e interesses, mas também porque através de ideias compartilhadas, definem-se em alteridade (Jesus, 2009, p. 508).

Se observarmos no âmbito estatal, via a construção do imaginário de nação, o Estado é permeado por um conjunto de culturas diferentes que coexistem, podendo se influenciar direta ou indiretamente. Para a projeção internacional, o país, geralmente, escolhe uma dentre essas culturas para representá-lo. No caso da presente análise, o cinema é reconhecido e considerado como um dos agentes construtores de uma proposta de identidade cultural. Ele produz uma espécie de conhecimento sobre essa identidade e a traduz às telas e, não obstante, ao produzir conhecimento, cria também a própria realidade.

Dessa forma, a identidade nacional expressada pelo cinema, aqui entendido como instrumento diplomático de politica cultural, proporciona ao Estado facilidades de inserção internacional de uma forma mais amena, ou, de acordo com Joseph Nye, utilizando *soft power*. Traduzido como "poder brando", que nos é concedido pela academia e é projetado para relações que atendem tanto o público quanto o privado, como uma plataforma que garantirá a eficácia de políticas efetivadas no núcleo da sociedade.

Sob essa premissa, perceber o fator ideacional, dentro dos estudos contemporâneos de política externa, apresenta-se pertinente e urgente, sobretudo no que tange à correlação entre projeção de ideias e obtenção de poder, a partir de uma perspectiva realista. Percebemos em Goldstein e Keohane (1993) uma abordagem de como essas ideias podem ser encontradas:

> As ideias podem ser de três tipos: a) visões de mundo, que afetam a vida social de múltiplas formas ao longo do tempo, como as regiões e a concepção westfaliana de soberania; b) princípios, que remetem a ideias normativas que especificam critérios para distinção entre certo e errado; e c) crenças causais, que se referem a relações de causa e efeito que derivam da autoridade do consenso compartilhado de elites reconhecidas, como cientistas ou líderes espirituais, por exemplo (Goldstein; Keohane, 1993, p. 8-11).

Nye (2004) define o conceito de poder como a capacidade de influenciar o comportamento dos outros para conseguir objetivos próprios, ou seja, o poder de um Estado seria a sua capacidade de influenciar as políticas domésticas e externas dos outros Estados no sistema internacional, para maximizar seus interesses e realizar seus objetivos.

> Poder é a habilidade de influenciar o comportamento dos outros para obter os resultados desejados. Mas existem várias maneiras de afetar o comportamento dos outros. Você pode coagi-los com ameaças, você pode os induzir com pagamentos ou você pode os atacar e cooptá-los para que queiram o que você quer (Nye, 2004, p. 2).

Ao se lograr obter uma identificação entre comportamentos, o grau de influência e cooperação para a consagração de futuros acordos tende a ser maior entre os Estados. Nesse sentido, a diplomacia cultural é utilizada como um mecanismo estratégico de projeção internacional do país, o qual pretende obter mais comportamentos familiarizados e assim maior chance de o Estado atingir seus objetivos dentro dessa relação (Carvalho, 2011).

Nesse prisma, estudos de Manuel Castells, particularmente a obra *O poder da identidade*, publicada em 2000, transpõem em reflexão as ideias de identidade e poder. O autor advoga que entende identidade como fonte de experiência de um povo. Portanto, aponta para a possibilidade de, diante do contexto atual hipermoderno, os Estados nacionais reconfigurarem-se como atores de um mundo intensamente interconectado perante a conjuntura paradoxal entre local e global, identidade/cultura nacional e identidade/cultura mundial.

> A era da globalização é também a era do ressurgimento do nacionalismo, manifestado tanto pelo desafio que impõe aos Estados- Nações, estabelecidos pela ampla (re)construção da identidade com base na nacionalidade, invariavelmente definida por oposição ao estrangeiro. Essa tendência histórica tem surpreendido alguns observadores, após a morte do nacionalismo ter sido anunciada por uma causa tripla: a globalização da economia e a internacionalização das instituições políticas; o universalismo de uma cultura compartilhada, difundida pela mídia eletrônica, educação, alfabetização, urbanização e modernização (Castells, 1999, p. 44).

Nesse sentido, se combinarmos os estudos de Huntington (1997), compreendemos que os Estados definem as ameaças em termos de intenções dos outros Estados, e essas intenções e o modo como elas são percebidas são profundamente moldados por considerações de ordem cultural, isto é, em *alteridade*.

O conceito de alteridade nas relações internacionais é elementar e pode ser entendido como um processo contínuo de promoção de espelhamentos, até mesmo na constatação das diferenças ou, ainda, um processo contínuo de conversão da diferença em alianças (Nabers, 2015). Segundo Münch (2001, p. 137), identidade nacional significa "as atitudes que todos os membros desse grupo têm em comum em seus pensamentos e comportamentos, o que os diferencia dos 'Outros'". Portanto, a identificação implica "pertencer ou ser membro, o que por sua vez implica a exclusão de não membros" (Bretherton; Vogler, 1999, p. 236). No entanto, a alteridade pode aparecer em diversas formas, William Connolly fala sobre a construção da identidade "à sombra do Outro" (1991), no sentido de que se estabelece em relação a uma série de diferenças que passaram a ser socialmente reconhecidas por um grupo. Elas são essenciais para o ser, argumenta ele, pois, se não coexistissem, a identidade não teria sua distinção e solidez. Como resultado, uma vez confrontada com a diferença, a identidade torna-se instável, insegura e, portanto, sob forte pressão para consertar, regular ou excluir o indesejável.

E é justamente neste ponto paradoxal e complexo, entre identidade e alteridade, que insurgem as reflexões acerca da diplomacia cultural, dando nuança as arestas advindas dos estudos culturais e sociais do ponto de vista estratégico *soft*, matizadas aos pensamentos políticos e econômicos da esfera *hard*.

3.1.1 Conceitos de diplomacia cultural

Conforme já elucidado anteriormente, definir ou delimitar o tema da diplomacia cultural não configura a melhor maneira de dialogar sobre ele, apesar de ser uma área de atuação fortemente impactante e determinante na arena global e de ser urgente a promoção do diálogo a respeito da mesma. Contudo, de maneira geral, podemos partir do pressuposto de que quanto menos descritas teoricamente forem as atividades de diplomacia cultural, mais efetivas se mostrarão na prática. Abordaremos este axioma em profundidade na sequência desta seção, no entanto, é base para nossas reflexões sabermos que o termo se expande como um campo de estudo estratégico e valoroso no exterior, diferentemente do que se percebe no contexto brasileiro, em que o tema não está nem inserido na estrutura curricular dos cursos de Relações Internacionais.

Fundamentalmente, o conceito de diplomacia cultural refere-se à vertente da política externa trabalhada por Estados com a perspectiva de difundir a cultura do país no exterior, assim como desenvolver políticas culturais internacionais com vistas ao intercâmbio e à cooperação cultural entre diversos atores internacionais (Novais, 2013). Resgatando a base teórica articulada para este texto, podemos interpretar a diplomacia cultural como um mecanismo de *soft power*, porém nem todas estratégias de *soft power* são ações de diplomacia cultural. Isso porque, na concepção de Mitchell (1986), a mesma deve ser executada apenas na esfera do Estado e de suas agências, pois tem por finalidade facilitar a consecução dos demais objetivos de política externa. Em concordância, Simon Mark (2008) discorre sobre diplomacia cultural nos seguintes termos:

> [...] a diplomacia cultural é a implantação da cultura de um estado em apoio aos seus objetivos de política externa ou diplomacia, e a prática inclui a negociação e promulgação de acordos culturais. A diplomacia cultural é uma prática diplomática de governos – principalmente governos individuais, mas também grupos de governos como a União Europeia e governos subnacionais, como o governo da província canadense de Québec. [...] Por causa de sua conexão com a política externa ou diplomacia, a diplomacia cultural geralmente envolve direta ou indiretamente o Ministério das Relações Exteriores do governo (Mark, 2008, p. 43).

Por outro lado, diferentes vertentes de reflexão sobre o tema expandem sua abordagem para além da atuação diretamente do Estado, isso pois é sabido que o fator cultural consiste no principal elemento de diferenciação, e, logo, de identificação, para os Estados no cenário internacional. Essa dinâmica, diante do contexto global de interdependências complexas, já excede o controle do Estado e se capilariza nas múltiplas expressões culturais que uma sociedade pode manifestar de maneira espontânea ao meio internacional, desde ações e políticas nacionais até expressões dos campos coletivos institucionais, corporativos e autônomos.

Tendo em vista que os Estados não são os únicos atores a utilizar aspectos culturais para promover seus interesses no cenário internacional, é importante distinguir os termos de relações culturais internacionais e diplomacia cultural. No tocante às trocas entre diferentes atores não governamentais e da sociedade civil ao redor do mundo, como artistas, cientistas, intelectuais, professores, músicos, entre outros, deve-se falar em relações culturais internacionais. As relações culturais internacionais estendem-se para além das ações dos governos e suas agências, podendo ser executadas por atores da sociedade civil (Machado, 2012).

Nesse tipo de intercâmbio e cooperação, a cultura é um fim em si mesma e os atores buscam o benefício mútuo. Ou seja, essas relações possuem o objetivo de desenvolver ao longo do tempo maior compreensão e aproximação entre os povos e as instituições em proveito mútuo (Ribeiro, 2011).

Uma das principais diferenciações entre as relações culturais internacionais e a diplomacia cultural é que a primeira se manifesta em nome do benefício mútuo e as trocas culturais existem como um fim em si mesmas. Já no que se refere a difusão cultural, nos termos da diplomacia, o direcionamento volta-se para a consecução de objetivos nacionais, não apenas de natureza cultural, mas também política, econômica e comercial. Portanto, pode-se dizer que a diplomacia cultural, contrariamente às relações culturais internacionais – que costumam ter caráter espontâneo e espúrio –, possui pretensões de alinhamento aos demais temas da política externa e alimentam uma atuação que visa a objetivos de longo prazo. "A diplomacia cultural utiliza a relação cultural de forma específica para a consecução de objetivos nacionais de natureza não somente cultural" (Gomes, 2015, p. 450).

> O universo da diplomacia cultural envolve ações do Estado que lidam diretamente com indivíduos, suas percepções e valores, como o intercâmbio de pessoas, a promoção da arte e dos artistas, o ensino da língua como veículo de valores, a distribuição integrada de material de divulgação, o apoio a projetos de cooperação intelectual, o apoio a iniciativas de cooperação técnica, entre outros (Ribeiro, 2011, p. 114).

Ainda que os agentes de relações internacionais sejam plurais e se diversifiquem cada vez mais no meio global, tradicionalmente o Estado continua exercendo uma função primordial nas atitudes de abordagem internacional, por isso, até mesmo as instituições governamentais estão tentando encontrar seu espaço e seu tom nos canais de comunicação e diante dos novos papeis da dimensão cultural mundial. Para que, dessa forma, logrem continuar adquirindo seus objetivos de natureza política, econômica e comercial.

Nesse sentido, a esfera de reflexão da diplomacia cultural também sustenta e incentiva que os Estados desenvolvam estratégias de comunicação, seja planejando seus canais de expressão, sua abordagem e discurso internacional, ou até mesmo no que se refere as escolhas de o que "exportar" culturalmente para o exterior. Afinal, sabemos que, de maneira geral, é o Estado que mais influencia na diluição de barreiras sociais entre as nações, no momento de criar políticas e medidas que facilitem ou dificultem a troca simbólica entre culturas e regiões. Barão (2012) contribui que a diplomacia por si só já cria uma plataforma de diálogo e reconhecimento; quando pensada culturalmente, ela torna-se um caminho de desenvolvimento.

> A função da diplomacia cultural é conquistar prestígio e confiança, contribuir ao diálogo e à cooperação e favorecer a obtenção de outros interesses – econômicos, comerciais, de desenvolvimento – da política externa de um país, por meio da construção de uma identidade ou de uma imagem internacional favorável, cujo substrato é o capital cultural do país (Barão, 2012, p. 19).

No que se refere a esse chamado capital cultural, Ribeiro (2011) concebe que, para se compreender o capital na cultura, isto é, para que se obtenha a dimensão de investimento e retorno financeiro em recursos e repertórios culturais, faz-se necessário observar a cultura nos termos de diplomacia cultural. No primeiro plano da diplomacia cultural está a concepção de *cultura* advinda da sociologia, uma cognição mais ampla, complexa e coletivamente em movimento contínuo. Na sequência, em uma segunda camada está a *cultura* do ponto de vista econômico, um bem social, um patrimônio da comunidade e um recurso a ser comprado ou vendido. E, por fim, no núcleo motriz está a *cultura* para a política estratégica, o discurso, a intenção e a verdade.

Em consonância com Edwin Harvey (1991), e em tradução para a prática, existe um espectro de compreensão sobre diplomacia cultural por meio de ações que em sua leitura explicariam o que é esse campo: a) intercâmbio de pessoas; b) promoção de arte e dos artistas; c) ensino de língua como veículo de valores; d) distribuição integrada de material de divulgação; e) apoio a projetos de cooperação intelectual; f) apoio a projetos de cooperação técnica; e g) integração e mutualidade na programação cultural dos países no exterior.

Em profundidade, Ribeiro (2011) vai além para expor a forma mais adequada de materializar a diplomacia cultural, que, em sua explanação, se dá por meio da vinculação e da associação com a política externa dos países.

> [...] por maiores que sejam as divergências quanto a ênfases ou métodos de trabalho, os mecanismos de difusão cultural de inspiração diplomática devem ser basicamente julgados em termos de suas contribuições para as políticas externas dos países a que se encontram vinculadas. Ainda que essas contribuições dificilmente possam ser avaliadas (em termos de retorno em curto prazo), os projetos devem estar a serviço dos interesses mais amplos da política externa do país por ele responsável. Somente assim as programações se viabilizam e os recursos se materializam (Ribeiro, 2011, p. 35).

Contudo, o mesmo autor neste momento atenta a uma das principais características da diplomacia cultural, inclusive pouco debatida e contextualizada, porém de extrema importância não só para a compreensão do tema, mas também para a efetividade de suas práticas no que tange à operacionalização: a subjetividade. A diplomacia cultural consiste em uma atuação estrategicamente subjetiva, e seus impactos e influências estão condicionados à abstração. O autor alerta que é um grave erro imaginar que resultados concretos de curto ou médio prazo (de qualquer natureza, seja ela política, econômica ou comercial) possam automaticamente derivar de uma atuação cultural, por mais eficiente e constante que seja. O mesmo também nos contextualiza a célebre frase de Dean Rusk sobre o assunto: "programas de intercâmbio cultural alcançam melhores objetivos precisamente quando não têm objetivos definidos" (Rusk, 1974 apud Ribeiro, 2011, p. 29).

E assim, evidencia-se aqui um dos aparentes paradoxos dessa disciplina, quanto menos visíveis mostram-se os objetivos, melhores as perspectivas de uma política cultural. Porém, evidentemente, para que existam objetivos e para que estes possam ser traçados e estrategicamente implementados, é necessário que haja a discussão, a pesquisa e a determinação do contexto esférico da diplomacia cultural. Isto é, é preciso falarmos dela, sem definição, delimitação ou conceptualização concreta e permanente, discutir sua presença em fluxo e movimento no ritmo do desenvolvimento social e cultural do espaço de interações global. Caso contrário, sem o entendimento desse primordial paradoxo, o afã em obter resultados de caráter imediatista e capitalista quase sempre se configura como "raiz do fracasso das programações culturais improvisadas em laboratórios burocráticos" (Ribeiro, 2011, p. 36).

Em seu êxito, a diplomacia cultural dispõe do poder de proporcionar, acima de tudo, um ambiente invisível de diálogo como palco para a performance de roteiros nacionais no cenário internacional, especialmente no que tange à imagem de como o Estado quer ser visto pelos outros, ou seja, que papel ele almeja encenar enquanto ator global. Com isso, a atuação também pode ser vista sob a ótica ferramental, enquanto mecanismo de interações entre diferentes nações, em que se pressupõe uma relação harmônica e produtiva.

O Estado, então, necessita, antes de tudo, reconhecer-se, apropriar-se dos elementos de sua cultura originária e, ao representá-la no exterior, saber igualmente reconhecer e respeitar a mesma atitude advinda do outro, em apresentar suas expressões culturais para a gênese da relação mútua de progresso equalizado. Novamente, nesse aspecto é possível reparar intrinsecamente a presença do conceito de alteridade nas relações soberanas e interdependentes das relações exteriores.

Outro ponto interessante a se considerar no presente estudo é que é justamente por essa característica de abstração que a cultura não tem papel de destaque nas análises *mainstream* das Relações Internacionais, sendo a maioria dos planos estratégicos de tendência mais *hard*, interpretada como um investimento de pouca aplicabilidade a curto prazo. E é nesta altura de percepção que ocorre um segundo equívoco nas interpretações de primeira vista sobre o tema, uma vez que são propriamente as estratégias políticas desenvolvidas sob a ótica da diplomacia cultural que logram obter conquistas e parcerias mais concretas e duradouras, resultando em relações interestatais de maior comprometimento e fidelidade.

Uma possível evidência desse fato, na prática, pode ser esboçada ao trazermos a questão à contemporaneidade – explanada na introdução do presente trabalho – do momento hipermoderno que estamos vivendo. Ao se transpor a visão para o momento de globalização e acessibilidade facilitada pela virtualização e democratização dos meios de comunicação instantâneos, cada cultura-nação já possui recursos para dispor de uma concepção própria de contextos nacionais e internacionais, de sua região ou acerca das outras. Logo, a diplomacia cultural não só pode, mas deve ser o meio para se alcançar novas dinâmicas de conexão intercultural, para que, assim, sejam ampliados substancialmente os círculos de reciprocidade entre as diversas interpretações que dizem respeito ao progresso coletivo.

Com a globalização e a facilidade de transmissão de informação de um lado do globo para outro, os países em geral têm começado a dar maior prioridade à diplomacia cultural. E os países são estimulados, cada vez mais, a buscarem atrair mais e mais atenção aos seus respectivos patrimônios históricos, suas riquezas naturais e culturais, bem como para os seus desenvolvimentos econômico, científico e tecnológico (Muniz; Cidrão; Thomaz, 2017, p. 539).

Sob esse prisma vigente, é possível ainda adicionar a noção já elucidada de Innis (1999) sobre o peso das mídias e como a leveza de transmissão e transporte de um bem cultural pode influenciar diretamente nas trocas simbólicas entre os agentes do sistema. Como nosso foco está no cinema, torna-se imprescindível refletir sobre as mudanças advindas da digitalização e inovação nos formatos de registro, acervo e consumo de filmes. Há até pouco tempo, para que os países pudessem estabelecer uma relação de colaboração cinematográfica, era preciso fundamentalmente de um envolvimento estatal e institucional; seja no estabelecimento de tratados e acordos, seja na criação de leis e fundos de incentivo, esse cenário precisava estar posto, antes mesmo de as transações comerciais e corporativas se firmarem.

Hoje, já se aventa uma nova área na cadeia de valor, onde é possível constatar, criar e colaborar em trilhas de teor autônomo ou até mesmo individuais, para que um filme, ou uma seleção de obras, possa ser trocada e transportada além mar. Esta zona perpassa, sem descartar, a malha governamental e, ainda assim, proporciona sistematicamente um estrado para a circulação de representações culturais, em comunicação e negociação, não deixando, inclusive, de germinar economicamente (Saddiki, 2009, p. 113).

Mantendo o ritmo de ampliação do diálogo cultural diplomático, Said Saddiki (2009) enxerga a diplomacia cultural como "uma pedra angular da diplomacia pública". No sentido de que a mesma se apresenta como um dos fundamentos-chave para a sociedade-aldeia do século XXI, pois sob seu universo compreende-se melhor as nações e sua própria forma de vida, e se aprende como se deve interagir com respeito mútuo, contemplação e admiração uns para com os outros.

O autor também insere uma importante ressalva sobre a interpretação superficial de diplomacia cultural na visão de alguns autores, que a confundem com propaganda ideológica, marketing cultural ou, até mesmo, como meras maneiras de intercâmbio. Até porque a propaganda, por exemplo, emite por intenção uma mensagem que conduza a uma ação de compra ou comportamento. A diplomacia cultural, contraditoriamente, tem como objetivo a transmissão de uma expressão autêntica e identitária, em vias de reforçar o entendimento mútuo e a confiança entre as nações.

> A diplomacia cultural não significa somente a transmissão, difusão de cultura e valores nacionais. Um elemento importante da diplomacia cultural também é o fato de escutar as demais nações do mundo, compreender sua própria forma de vida e buscar um terreno cultural em comum para compartilhar entre si. Assim, a diplomacia cultural não deve basear-se exclusivamente em contar nossa história ao resto do mundo; há que ter em conta também que "o êxito da diplomacia cultural depende do diálogo intercultural e do respeito mútuo" (Saddiki, 2009, p. 110).

Denota-se, neste tema, a definição do Conselho Científico Holandês sobre a Política Governamental, que intitulou um de seus informativos como "Cultura e Diplomacia", no qual definiu três objetivos fundamentais para a diplomacia cultural, que podem ser absorvidos e interpretados por qualquer Estado: promover o entendimento mútuo, aumentar o prestígio de um país e cocriar a identidade nacional (Saddiki, 2009, p. 111-112).

Marcel Merle já em 1985, sustentou a ideia da "centralidade da cultura nas relações internacionais contemporâneas", vide que, em sua perspectiva, a temática cultural não pode ser negligenciada, seja qual for a sua atualidade, como outrora foi. Ao contrário, a cultura tem potencial para ser objeto de constante diálogo e revisão com vistas à criação de "ecumenismo cultural", uma vez que, por meio dessa estratégia, distintas culturas – do Ocidente e do Oriente – poderiam adentrar em um processo político de integração com base na cooperação cultural (Ribeiro, 2011).

Em consonância e ainda mais cedo na história, F.S.C. Northrop enfatizou em seu livro *The Taming of the Nations* (1952), a importância do fator cultural como elemento dinâmico e orgânico das relações internacionais. Sua obra tinha como pano de fundo os impactos da Guerra da Coreia e sobre isso o autor contesta o critério do "interesse nacional cultural" como fundamentação exclusiva e inalienável de política externa. Isso reforça, portanto, seu embasamento central por uma demanda urgente de cooperação internacional sustentada pelo conhecimento mútuo e equitativo.

> Na visão de Northrop, o reconhecimento dessa diversidade cultural teria por consequência um maior respeito pelas leis e pelos costumes de cada país, o que, por sua vez, asseguraria o pluralismo do direito internacional e fundamentaria a política externa dos Estados (Ribeiro, 2011, p. 58).

O diplomata Edgard Telles Ribeiro pode ser considerado o *pai da diplomacia cultural brasileira*, visto que seu texto se apresenta como a principal base teórica de reflexão, de conhecimento e de compreensão sobre os demais autores que dialogam com o tema no exterior. O autor compreende que as contribuições dos autores citados antes implantam e colaboram para a possibilidade de entendimento de uma nova dimensão atribuída ao *lócus* da cultura nas relações internacionais: não só a difusão de produtos, bens ou manifestações de uma dada cultura ao cenário mundial, mas, sobretudo, os benefícios culturais alcançados por meio da cooperação e do intercâmbio social por parte de distintos países (Ribeiro, 2011).

Na sequência, com base nessa pequena incursão teórica acerca do campo de profusão da diplomacia cultural em diálogo e dissertação, parte-se para a busca de evidências ou materializações da mesma na prática. Observam-se, portanto, instituições, agentes e atores sustentados por uma rede de programas, acordos de cooperação e iniciativas, que podem servir como referências ferramentais para a presente pesquisa no seu desdobrar metodológico.

3.1.2 Práticas e agentes de diplomacia cultural

Ao partir para a esfera prática, denota-se que um dos únicos teóricos que discorrem sobre os aspectos práticos da diplomacia cultural é Milton Cummings, estendendo a noção de diplomacia cultural como:

> [...] uma prática de intercâmbio cultural (de bens e serviços artísticos, de ideias, pensamentos, tradições e outros produtos culturais) entre agentes diversos, que nas suas ações incorporam como valores constitutivos, a reciprocidade e a mutualidade nas relações interculturais, numa atitude de dedicação e investimento à cultura, como força motriz da sociedade e praticando-a como um objetivo em si (Cummings, 2004, p. 18).

Não obstante, nos interessa para o presente estudo visualizar, sob a lente de aumento, a que tipo de "agentes culturais diversos" o autor se refere. Entre as fontes eletrônicas que disponibilizam bases de dados sobre organizações culturais, a plataforma Culture 360[17] enumera algumas organizações sob a categoria de diplomacia cultural, entre elas: British Council, Alliance Française, Instituto Adam Mickiewicz, Instituto Goethe, Hellenic Foundation for Culture, Instituto Ramon Llull, Camões – Instituto da Cooperação e da Língua Portuguesa, Korean Culture and Information Service e Instituto Confúcio.

Em outra instância, tendo em conta as formas de ação e relacionamento que as propostas ou bens culturais estabelecem com os cidadãos que constituem os públicos culturais, o documento *Cultural Diplomacy Outlook Report* (2011) divide as atividades da diplomacia

---

[17] Disponível em: http://culture360.asef.org/.

cultural em quatro eixos de atuação, a partir do tipo de intercâmbio em causa, uma vez que é este o seu cerne constitutivo:

> 1. Programas de apresentação cultural: atividades que supõem apresentação e usufruto de obras ou programas: exposições, filmes, obras literárias), tendo ou não como programa lateral algum tipo de envolvimento com o público como feiras, festivais, exposições itinerantes, palestras literárias, etc.;
> 2. Programas de intercâmbio cultural: circulação de artistas e profissionais da cultura com o objetivo de co--criação e/ou co-produção de bens e serviços: programas de mobilidade de artistas ou profissionais da cultura, residências artísticas, coproduções cinematográficas e todo o tipo de eventos e programas orientados para a criação e produção cultural na qual participam duas ou mais partes;
> 3. Intercâmbios orientados para a advocacia de uma causa ou de uma ideia: ONGs e movimentos transnacionais;
> 4. Intercâmbios orientados para a investigação: programas de pesquisa científica integrados, seminários e congressos (Institute for cultural diplomacy, 2011).

Sob este ângulo, Saddiki (2009) aponta que a dimensão de diplomacia cultural na política externa também pode ser interpretada na Declaração da Unesco sobre os "Princípios da Cooperação Cultural Internacional", de 4 de novembro de 1996, referindo-se ao direito da autodeterminação cultural. Nesse sentido, os exemplos apresentados foram: programas de intercâmbio cultural, bolsas de intercâmbio acadêmico, estabelecimento de relações com jornalistas e líderes que propagam opiniões internacionais, realização de eventos culturais e promoção do idioma, especialmente em publicações internacionais.

Quanto à práxis, acrescenta Harvey (1991), a diplomacia cultural tem sido realizada de duas maneiras complementares. Primeiramente, por meio de aparatos e de linguagens das indústrias culturais: rádio, televisão, cinema, música, literatura – a exemplo da tradução de obras para diversos idiomas de escritores como Dante Alighieri,

Goethe, e, no caso do Brasil, Machado de Assis, Guimarães Rosa, Jorge Amado e, atualmente, Paulo Coelho. A outra maneira de realizar diplomacia cultural consiste na difusão tradicional da cultura no exterior. Ou seja, em geral, países realizam ou apoiam: intercâmbios de pessoas e de bens culturais; bolsas de estudos; conjuntos sinfônicos; elencos teatrais; exposição de artes etc. (Harvey, 1991).

Tanto Harvey (1991) quanto Ribeiro (2011) colaboram em tese de que os fatores de desenvolvimento prático no ambiente doméstico são os verdadeiros fornecedores de insumos para se trabalhar uma expressão ao espaço estrangeiro. Nesse aspecto, as categorias e modelos de diplomacia cultural, enquanto estrutura, são necessariamente oriundos dos sistemas político-administrativos de cada Estado, além dos contextos culturais vigentes de cada nação. Harvey (1991), então, identificou algumas características paradigmáticas da diplomacia cultural dos Estados, que, por sua vez, ajudam a compreender a sistematização deste campo em operação. São elas: a) planejamento e execução; b) princípios e normas de condução; c) planos de ação; d) objetivos precisos; e) programas especializados; f) prioridades; g) estruturas administrativas e institucionais; h) recursos humanos especializados; i) negociações culturais bilaterais e multilaterais; j) recursos financeiros; e k) metas.

"Planejamento e execução" da diplomacia cultural são realizados com base em "princípios e normas de condução" que são, em linhas gerais, destinados ao cumprimento de "objetivos precisos". Para isso, "planos de ação e programas especializados" são desenhados. "Prioridades" são delegadas. "Estruturas administrativas e institucionais" são destinadas ao cumprimento de finalidades. Além disso, "recursos humanos especializados" particularmente no âmbito diplomático são necessários à celebração de "negociações culturais bilaterais e multilaterais". Emerge, sobretudo, demanda por "financiamento" que, segundo Harvey (1991), precisa estar em consonância com "metas" traçadas no plano cultural externo.

Sobre esse fluxo, pode-se expor que os agentes principais da cultura diplomática são os Estados nacionais que, ao traçar o rumo da política externa, concretizam ações, atividades, projetos e programas culturais, e lideram o estabelecimento de parcerias com entes do poder público, a exemplo de outros Ministérios e demais órgãos relativos à administração pública bem como com entes privados – ONGs, empresas e indivíduos –, a depender dos interesses das partes.

Dessa forma, a diplomacia cultural abrange ações – atividades, projetos, programas, negociação de acordos culturais – por meio de três prismas: unilateral, bilateral e multilateral. Há, nessa ótica, diplomacia cultural unilateral quando os Estados financiam, executam ou apoiam, indiretamente, projetos com perspectiva de difundir, unicamente, produção cultural ou aspectos identitários nacionais em outros países. Nesse caso, a finalidade maior é divulgar a cultura "pátria" para públicos distintos (Novais, 2013).

Para articular sobre política cultural unilateral e dominante, nos é requerido voltar ao conceito de hegemonia articulado por Gruppi (1980), como fator fundamental para se perceber o papel da diplomacia cultural na política externa.

Hegemonia é a capacidade de ser dirigente, também se refere à direção e à dominação. Para o exercício da hegemonia há a necessidade de unidade entre teoria e ação, que são praticadas na vida social dos indivíduos. No sistema capitalista, os processos sociais ocorrem nas relações de produção. A forma como acontece a produção dos bens da sociedade é a estrutura, a base real, sobre a qual se eleva a superestrutura política, estatal, ideológica. O modo de pensar – a consciência – faz parte do composto da superestrutura e está fundado na base econômica: das mudanças ocorridas na estrutura derivam as mudanças de consciência (Gruppi, 1980).

Cox (1983) refere-se à manutenção e à elaboração das instituições internacionais como lógica regulatória das normas universais, para uma hegemonia se expressar, e esse comando parte das organizações internacionais. O autor concebe que as organizações internacionais são regidas pelo mesmo processo por meio do qual as instituições da hegemonia e sua ideologia são desenvolvidas. Pode-se dizer que as instituições e regras vigentes no sistema internacional são originadas pelo mesmo Estado que estabelece a hegemonia. Logo, as instituições também carregam um papel ideológico e, por sua vez, auxiliam na definição de diretrizes políticas para os Estados e, inclusive, legitimam certos movimentos do plano nacional, refletindo e favorecendo estrategicamente as iniciativas favoráveis às forças sociais e econômicas dominantes (Cox, 1983).

Perante tal reflexão, evidencia-se no papel das instituições e organizações internacionais o fio condutor dos interesses, que passa pela manifestação das ideias, as quais influenciam nas diretrizes de política externa dos demais países não hegemônicos. A exemplo disso temos, especialmente, instituições internacionais multilaterais como o Fundo Monetário Internacional (FMI) influenciando a tomada de decisão das políticas externas de seus membros perante os outros países. Dessa forma, o *status quo* do sistema internacional é mantido em prol dos países que dominam a projeção das ideias e, consequentemente, a maior economia.

No que se refere ao tema central do presente estudo, o cinema, mostra-se fundamental evidenciar o caso da política externa americana, nos aspectos da construção da hegemonia cinematográfica estadunidense, especificamente dentro do universo da Política da Boa Vizinhança. Com tendências à solidariedade hemisférica, visando um agrupamento econômico e com o fim de combater a influência dos regimes contrários aos interesses do país, os Estados Unidos consolidaram um modelo de política externa a ser seguido. "A Política Externa de Boa Vizinhança se apoiava em um esquema econômico que visava claramente o estabelecimento de um sistema continental panamericano para anular um suposto sistema pangermânico" (Moraes, 2015, p. 17).

Essa orientação concretizou a ideia de supremacia dos Estados Unidos sobre América Latina sem a necessidade do uso de forças militares. Ela enfatizou a unidade cultural, ideológica e política entre os vizinhos americanos e, ainda, auxiliou a consolidar o *american way of life* como um o modelo socioeconômico e político superior aos demais (Moraes, 2015). Em termos institucionais, uma das principais ferramentas da Política Externa de Boa Vizinhança foi o *Office of the Coordinator of Inter-American Affairs* (OCIAA), que possuía quatro seções: a de relações culturais, saúde, comunicações e a comercial-

-financeira. Cada uma dividia-se em diversas subestruturas com autonomia de atuação, abrangendo comércio, finanças, assessoria econômica, transportes, agricultura, administração, educação, saúde pública, relações culturais e comunicação.

Esse departamento das relações culturais do OCIAA contava com subdivisões que tratavam das questões relacionadas a música, cinema, educação, intercâmbios, imprensa, turismo, literatura, esportes e arte. Nesse cenário, o mercado cinematográfico local encontrou sólido terreno para potencializar-se e adquirir escala industrial para elaborada capilarização global. Dessa forma, filmes norte-americanos resultam em um produto materializado, fruto de uma indústria estruturada, organizada para atender os interesses das empresas *majors* do setor (Meleiro, 2010; Gatti, 2005).

Nesse ritmo, em nível supranacional, nasce a Motion Pictures Association of America (MPAA), o grupo oficial de *lobby* da indústria cinematográfica dos EUA, e sua participação inclui os seis principais distribuidores e produtores de filmes do país. Seu objetivo é proteger os direitos dos envolvidos no setor audiovisual no mercado interno e especialmente no meio externo (Lee, 2008).

Ainda assim, além de representar os interesses dos estúdios associados, a MPAA acompanha os cenários político e econômico que se referem ao audiovisual. Estimula e consolida parcerias com os atores do setor audiovisual nos campos público e privado, promove o intercâmbio de expertises e a valorização global do mercado audiovisual, através do diálogo permanente com os agentes do setor. Apesar de não atuar diretamente no setor comercial, a MPAA tem capacidade de influenciar os órgãos que irão agir nesse aspecto.

Em expansão, quando existe a intenção de troca, ou seja, o interesse de dado país é, além de difusão, proporcionar intercâmbio e cooperação cultural por meio da inserção de políticas culturais em outros territórios, é possível caracterizar esse movimento como diplomacia cultural bilateral. Esse formato pode acontecer em três modalidades: a) nas relações bilaterais entre países; b) nas relações bilaterais entre um país e um bloco/foro/agrupamento regional e/ou internacional; e c) nas relações bilaterais entre blocos (Novais, 2013).

No sentido mais amplo, existe a esfera multilateral, que é promovida no âmbito dos organismos multilaterais ou quando as propostas envolvem mais do que dois agentes culturais. No primeiro caso, Unesco, Organização dos Estados Ibero-Americanos (OEI), Secretaria-Geral Ibero-Americana (Segib) ilustram adequadamente o que se advoga. No segundo, observa-se, portanto, a escolha por parte dos países no que concerne à promoção direta ou investimento indireto em projetos, configurados sob o prisma multilateral – a exemplo de festivais internacionais de cinema ou de teatro, ou até mesmo projetos conjuntos com outros países com vistas à contemplação de públicos internacionais diversos (Novais, 2013).

Internamente, no âmbito nacional, a diplomacia cultural, em geral, é de responsabilidade do Ministério de Relações Exteriores ou de seus correlatos. Evidentemente que o trabalho e atuação se capilarizam diante de outros órgãos afins, sobretudo: Cultura, Educação, Indústria e Comércio Exterior, Turismo, Desporto e Ciência e Tecnologia. Entretanto, salienta-se a existência de modelos nos quais organismos intragovernamentais responsabilizam-se por esse campo de trabalho, como o Conselho Britânico na Inglaterra e o Instituto Francês, ou até mesmo a Comissão da Cultura e da Educação (Cult) do Parlamento Europeu, enquanto representante como bloco econômico da União Europeia, embora o protagonismo desses limite-se à gestão, uma vez que recorrem ao uso de recursos pecuniários de seus Estados nacionais.

Externamente, no meio internacional, a diplomacia cultural também pode ser manifestada em nível supranacional, isto é, através de órgãos, movimentos, instituições e convenções que transpassam a soberania dos Estados e que, teoricamente, se autorregem sob um corpo de colaboradores expatriados propositalmente para garantirem a imparcialidade em sua atuação. Essas organizações insurgem como reguladoras, fiscais e agregadoras, em busca do equilíbrio global e em nome da paz mundial.

Como movimento perpendicular a toda e qualquer movimentação cultural supranacional está posta a Convenção sobre a Proteção e Promoção da Diversidade das Expressões Culturais, adotada pela

Unesco em 2005, um instrumento fundamental para a governança global das indústrias culturais. Até agora, o documento foi adotado e legitimado por 142 Estados e pela União Europeia (UE). A Convenção reconhece a especificidade dos bens e serviços culturais, bem como a importância das políticas culturais para a diversidade das expressões culturais. Inclusive, especialmente para o cinema, a convenção tem como objetivo claro a inclusão de políticas de desenvolvimento sustentável à indústria audiovisual, como forma de fortalecimento da cooperação cultural multilateral, e ao progresso da cadeia de valor fílmica.

Em nível autônomo e civil, existem também atores não governamentais que desenvolvem projetos culturais específicos e setoriais que, atualmente, já se confirmam como iniciativas de impacto significativo no estreitamento das relações com os países vizinhos. Alguns exemplos disso são a Associação de Universidade do Grupo Montevidéu, a Rede de Mercocidades, a Bienal do Mercosul, o projeto DocTV Iberoamérica, Porto Alegre em Cena, Porto Alegre em Buenos Aires, a Feira do Livro em Porto Alegre e outros eventos de menor magnitude. Essas iniciativas têm maiores resultados mais pelo apoio de intelectuais, artistas e empresários do que efetivamente dos ministérios de Cultura e de Relações Exteriores. Neste caso exemplar estão no núcleo dessas iniciativas pessoas dos quatro países do Mercosul, que possuíam vínculos profissionais ou até mesmo de amizade, e que atuam como os principais responsáveis por tais ações, logo, lentamente e a longo prazo, acabam por dar origem a um espaço cultural profícuo do eixo regional Sul.

No que se refere ao circuito de aliança do Mercosul, é possível evidenciar práticas e intenções de diplomacia cultural nas entrelinhas do Protocolo de Integração Cultural do Mercosul, aprovado em 1996, em Fortaleza. Além disso, os Ministros da Cultura estabeleceram o Mercosul Cultural em 1998, um mecanismo institucional para a promoção de intercâmbios entre as autoridades dos Ministérios da Cultura dos diferentes países.

Por fim, diante das múltiplas esferas domésticas, nacionais e regionais, existem movimentos e iniciativas autônomas e privadas, no que se refere aos agentes culturais, corporativos e comunitários. Atores que articulam de forma autoral uma determinada expressão cultural nacional, em trocas simbólicas no espaço multinacional, independentemente do papel ou orientação do Estado. É o caso, por exemplo, de distribuidoras de cinema ou universidades privadas. As primeiras tem como núcleo motriz de seu ofício o intercâmbio de filmes, produtos culturalmente elementares, que carregam e comunicam facetas de identidade cultural. Já as segundas são instituições que fazem parte da colaboração e do desenvolvimento acadêmico-científico, e que podem direcionar suas atividades para o exterior, promovendo a cooperação intelectual, sem necessariamente alinhar-se às intenções governamentais de vertente ideológica.

3.2 A experiência brasileira de diplomacia cultural

No que se refere especificamente ao Brasil, para a conformação da projeção internacional, existe a estrutura institucional base do Ministério das Relações Exteriores (MRE), o qual se responsabiliza pela organização ou articulação de movimentos diplomáticos. O tema existe na perspectiva de atuação do Ministério e entende-se que, se observarmos o órgão ao longo da história, para além da conjuntura política, a instituição é consciente da importância e relevância das atividades culturais internacionais.

O Ministério das Relações Exteriores, ou Itamaraty, faz parte do Poder Executivo da República Federativa do Brasil. O MRE tem como objetivo o assessoramento do Presidente da República, dedicando sua atuação na formulação e direcionamento da política externa, de acordo com o interesse nacional.

> A diplomacia cultural é um instrumento importante de aproximação entre os povos, contribuindo para abrir mercados para a indústria cultural e para o estabelecimento de vínculos culturais e linguísticos. É, também, ferramenta para estimular os diálogos político e econô-

mico, pois fomenta o entendimento mútuo e cria confiança, interesse e respeito entre as nações (MRE, 2019).

O movimento de Diplomacia Cultural, no que tange à estrutura e à lógica do sistema gerencial do ministério, está sob regência dos setores culturais nas Embaixadas e Consulados Brasileiros mundo afora. A embaixada refere-se à representação oficial de um governo dentro do território de outra nação e é configurada como um território estrangeiro em um solo nacional. Logo, pode ser considerada a primeira instância que dispõe da legalidade de mediar as relações entre os dois Estados, podendo ser por mediação de conflito ou por interesses estatais.

Operam nesse sistema os diplomatas, considerados os únicos personagens públicos legítimos para representar a cultura e os interesses de seu país no exterior. Portanto, cabe a um diplomata atuar ativamente na condução e desenho da política externa de seu país. No que tange à formulação diplomática, o Itamaraty realiza um trabalho conjunto com o Instituto Rio Branco (IRBr), sendo uma academia diplomática do MRE, responsável pela seleção dos futuros diplomatas do Brasil.

> A manutenção de uma ampla rede de representações diplomáticas e consulares brasileiras no exterior é imprescindível para permitir a execução adequada da política externa, assegurando a participação brasileira nos principais temas da agenda internacional. Além disso, a existência dessa rede permite aos funcionários do Serviço Exterior brasileiro agir e tomar providências localmente, de forma direta, o que torna mais eficiente a promoção do comércio exterior, a atração de investimentos e a assistência a brasileiros residentes no exterior (MRE, 2021).

Não obstante, o Departamento Cultural do Itamaraty é que representa oficialmente o núcleo administrador encarregado pela difusão da cultura brasileira no exterior e estrutura-se em cinco unidades de comando: Divisão de Promoção da Língua Portuguesa (DPLP), Divisão de Operações de Difusão Cultural (DODC), Divisão de Promoção do Audiovisual (DAV), Divisão de Acordos e Assuntos Multilaterais Culturais (DAMC), Divisão de Temas Educacionais (DCE) (MRE, 2019).

1. A Divisão de Promoção da Língua Portuguesa (DPLP): responsável pela difusão da língua portuguesa, bem como administra a gestão da chamada Rede Brasil Cultural. Outros institutos também auxiliam na tarefa de aplicação da diplomacia cultural, como A Rede Brasil Cultural (também vinculada ao Ministério das Relações Exteriores), por exemplo, que está instalada em mais de quarenta países. Essa rede é formada por vinte e quatro Centros Culturais, cinco Núcleos de Estudo e cerca de quarenta leitorados. Os Centros Culturais Brasileiros são extensões de embaixadas em que se oferecem cursos de língua portuguesa, em sua vertente brasileira, bem como atividades relacionadas à cultura brasileira.

2. A Divisão de Operações de Difusão Cultural (DODC): Esse setor promove e difunde a cultura brasileira. Desde a música até as ciências, passando pela literatura, as artes visuais e cênicas, são abrangidas. Estas atividades serão realizadas por intermédio dos Programas de Difusão Cultural dos postos que estão no exterior (PDC); que também é responsável pela instrumentalização dos acordos de cooperação cultural, bem como pelos projetos temáticos que estejam relacionados com a promoção da nova geração de músicos, artistas visuais e dramaturgos brasileiros.

3. A Divisão de Promoção do Audiovisual (DAV): tem o objetivo de promover a produção independente para a TV, o cinema nacional e a publicidade brasileira fora do país.

4. A Divisão de Acordos e Assuntos Multilaterais Culturais (DAMC): Responsável por tratar de temas culturais que se referem à organismos multilaterais, como por exemplo o Conselho Sul-Americano de Cultura, o MERCOSUL Cultural, a União de Nações Sul-Americanas (UNASUL), a Organização dos Estados Iberoamericanos

(OEI), a Organização dos Estados Americanos (OEA), a UNESCO dentre outros. Faz parte das suas atribuições a negociação do conteúdo e a forma dos acordos multilaterais culturais, bem como todo o acompanhando da tramitação até a ratificação dos mesmos.

5. A Divisão de Temas Educacionais (DCE): faz parte de um departamento dentro do Ministério das Relações Exteriores responsável pelos assuntos que dizem respeito à educação, bem como à relação educacional não só entre o Brasil e outros países, mas também outros organismos e agências internacionais. O acompanhamento se dá desde a negociação até sua execução. Além disso, há o estímulo à educação através da divulgação de oportunidades de bolsas de estudos ofertadas a brasileiros que irão estudar no exterior e a estrangeiros que vem estudar no Brasil (MRE, 2019).

Com essa estrutura em vista, confirma-se que existe um sistema produtor de realidade para que a diplomacia cultural esteja presente no contexto nacional. Desse modo, a difusão cultural brasileira de caráter diplomático é construída mediante as articulações e as convergências dessas divisões, que, em sintonia, (co)dimensionam a identidade nacional e promovem a imagem, a cultura e o idioma do Brasil no exterior.

Contudo, esta máquina pública também está exposta e disposta como instrumento de administração política. Consequentemente, de um lado, ela pode ser explorada por um determinado governo, que colherá seus benefícios em aberturas, diálogos e negociações internacionais. De outro lado, em outros planos governamentais, pode ser vista apenas como uma área subalterna da política externa, o que limitaria e estancaria o usufruto desse mecanismo de atuação diplomática. Portanto, pode-se dizer que a diplomacia cultural está intrínseca e vulneravelmente condicionada ao plano de atuação diplomática de cada orientação política e gestão governamental.

Diante de tal constatação, o papel da cultura na política externa brasileira pode ser historicamente revisado e analisado. A começar pela interpretação de que o Brasil, ao longo de sua história, logrou construir uma imagem de país mediador de conflitos, constante-mente oferecendo abertura ao diálogo para com seus vizinhos, visto que, geopoliticamente, configuramos uma vasta área de fronteira. Nesse ritmo, a abordagem diplomática brasileira se autoestimou uma atmosfera positiva e harmoniosa com vistas à proteção dos seus recursos naturais e territoriais, por exemplo (Saraiva, 2010). Pode-se dizer que esse êxito, até 2018, planteou um sistema de crenças sólido e potente que, de certa forma, protegeu seu bioma geográfico dos interesses extrativistas de agentes estrangeiros.

A título de aprofundamento, observa-se, em brevíssimo resgate historiográfico, os principais marcos da atuação brasileira, os quais originaram instituições e organizações de prática diplomática cultural, alguns vigentes até o presente momento.

As autoras Dumont e Fléchet (2014) nos propõem contemplar duas fases da diplomacia cultural no Brasil até a década de 1980. A primeira consiste na introdução da diplomacia cultural brasileira ao mundo, compreendida no período de 1920 a 1945, em que se apresentava genealogicamente no formato de cooperação intelectual e de propaganda.

> Durante a Primeira República não foram implementadas políticas sistemáticas de difusão da cultura brasileira para o exterior, apenas iniciativas esparsas. As poucas iniciativas de projeção de características culturais do Brasil ainda procuravam se inserir no cenário mundial sob a ótica eurocêntrica, motivada pela primazia do homem branco e pela civilização europeia. Não havia, portanto, a valorização do nacional, uma ideia autêntica de identidade nacional brasileira, mas apenas uma adequação ao mundo dos "outros" (Dumont; Fléchet, 2014, p. 17).

Uma iniciativa, porém, teve um desdobramento interessante: a participação do Brasil nas ações do Instituto Internacional de Cooperação Intelectual (IICI), fundado em 1924 por iniciativa da França e sob o patrocínio da Sociedade das Nações (Dumont, 2009). Como colaboração ao Instituto, o Brasil criou a Comissão Brasileira de Cooperação Intelectual, e em 1932 o seu delegado responsável Élysée Montarroyos escreve: "O nosso governo poderia dar ao meu cargo, além da estabilidade que não tem, a extensão que comporta, fazendo de mim o agente da propaganda brasileira na Europa. A propaganda é, antes de tudo, um problema de ordem intelectual". Sob essa ótica, ele mesmo propôs ao Ministério das Relações Exteriores, nesse mesmo ano, instituir um serviço que teria como missão desenvolver uma "propaganda inteligente e oportuna do Brasil no exterior" (Dumont; Fléchet, 2014).

Logo, em 1937 instituiu-se oficialmente o Serviço de Cooperação Intelectual, que previa, entre outras ações, a revisão dos livros de História e Geografia dos principais países do mundo, com a finalidade de introduzir uma imagem completa e exata do Brasil; a criação de bolsas para estudantes brasileiros que desejassem partir para o estrangeiro; a concessão de subvenções às revistas estrangeiras para que publicassem trabalhos sobre o Brasil e também a instituições que organizassem congressos científicos internacionais. A principal missão do Serviço, convertido em Divisão de Cooperação Intelectual em 1938 (DCI), era a de "atender ao expediente do Ministério das Relações Exteriores na parte referente às relações culturais com os outros países, à difusão da cultura brasileira e à divulgação de conhecimentos úteis sobre o nosso país nos principais centros estrangeiros" (Dumont, Fléchet, 2014).

A partir de 1945, segundo as autoras, a política cultural brasileira no contexto estrangeiro cresceu de forma exponencial e começou a ser manifestada como divulgação cultural. Durante o período da Nova República, e até mesmo na Ditadura Militar, a diplomacia cultural desenvolveu-se sob três premissas: primeiro, o setor ganhou importância internamente no território das diferentes instâncias políticas brasileiras; na sequência, uma vez vista, ganhou profusão via cultura popular e através de produções eruditas; e, então, diversificaram-se os emissores e destinatários, tanto no que se refere às territorialidades como aos públicos em questão.

Em 1961, a DCI instalou-se no Departamento Cultural de Informações (DCInf), e se expandiu para três subdivisões: Divisão de Cooperação Intelectual (DCInt), Divisão de Difusão Cultural (DDC) e Divisão de Informações (DI).

> Sua função era planejar e produzir formas de intercâmbio cultural, difundir no exterior informações sobre o Brasil em todos os seus aspectos, manter informadas as repartições brasileiras no exterior sobre a atualidade brasileira, esclarecer a opinião pública nacional sobre a ação internacional do Brasil (Garcia, 2003, p. 61).

Após a anexação da DI à Secretaria Geral do Itamaraty, em 1968, a DCinf reorientou suas atividades relacionadas aos intercâmbios científicos e à ação cultural, transformando-se no Departamento Cultural (DC), e, em seguida, no Departamento de Cooperação Cultural, Científico e Tecnológico (DCT). Em 1975, a DDC, a DCInt e a Divisão de Cooperação Técnica (DCTec) foram agrupadas. A criação da Divisão de Divulgação (DDI) no ano de 1978, a fim de "promover a realidade brasileira no exterior com ênfase nos assuntos do cinema e da televisão", anexou ainda as competências do DCT, alcançando, dessa forma, seu mais amplo campo de ação (Garcia, 2003, p. 64). E essas são as divisões originárias, que, ao passar dos anos, foram redefinindo-se, conforme o fluxo das interpretações desta atuação, até chegarem à estrutura presente supracitada.

Entretanto, foi nessa época dos anos 1960 que o conteúdo da política do Itamaraty alcançou seus mais altos patamares de difusão em benefício das artes e práticas populares, marcando uma nova orientação do Ministério. É possível citar o lançamento da Bossa Nova no Carnegie Hall (1962), a criação do Festival Internacional da Canção do Rio de Janeiro (1966) e a Semana do Cinema Brasileiro em Buenos Aires (1978) (Fléchet, 2013; Ribeiro, 1989, p. 72). Pela mesma frequência, no início dos anos 1980, o cinema, a televisão e o disco consolidaram-se como instrumentos privilegiados da diplomacia cultural brasileira, ao lado de ações mais tradicionais de cooperação intelectual e promoção linguística. O Ministério financiou, por exemplo, as noites brasileiras do Mercado Internacional de Edição Musical em Cannes entre 1966 e 1975, das quais participaram, entre outros, Edu Lobo, Chico Buarque e Gilberto Gil (Fléchet, 2013 apud Dumont; Fléchet, 2014).

Não obstante, é importante ressalvar que a atuação do Itamaraty ia na contramão das boas práticas da diplomacia cultural tradicionalmente já expostas, pois o mesmo condicionava seu apoio aos artistas em função de seu sucesso na cena internacional, e não embasado por aspectos relacionados ao seu reconhecimento interno sociocultural e identitário. Assim, a diplomacia cultural afastou-se das repetidas políticas governamentais, defendendo no exterior uma imagem do país que era distante das representações predominantes na esfera nacional.

Essa divergência mostrou-se particularmente nítida durante o período de governança militar, após a adoção do Ato Institucional 5, em dezembro de 1968, o qual instaurou uma vertente endurecida do regime repressivo, especialmente, e quase que direcionalmente, aos meios culturais, forçando o fatídico movimento de vários artistas ao exílio no exterior. Simultaneamente, no interior do país, o cenário restringia os músicos e cineastas – como Cacá Diegues, Nara Leão, Caetano Veloso, Chico Buarque, Elis Regina e Gilberto Gil como "os principais agentes de um grupo de cantores e compositores de orientação filo-comunista", exercendo uma ação nefasta sobre o público (Dumont; Fléchet, 2014).

Somente no final do século XX se consolidou a ideia de *brasilidade* constituída sob uma identidade brasileira, resultado de uma fusão das suas diversas culturas regionais. Essa heterogeneidade cultural, ao invés de um problema indesejado, tornou-se a peça elementar da identidade brasileira, vista como uma característica otimista e original (Queiroz, 1989).

Curiosa e contrariamente, ao caso dos países europeus, as concepções de identidade nacional e identidade cultural confundem-se na nação brasileira. Na Europa, a identidade nacional esteve historicamente vinculada ao nacionalismo, enquanto no Brasil a identidade nacional origina-se e expressa-se na identidade cultural, pois o processo de aceitação e valorização do mosaico cultural de expressões emergiu como algo extremamente *sui generis*, capaz de atribuir personalidade ao país no concerto das nações (Queiroz, 1989, p. 29).

Afinal, em meados do século XXI, tornou-se viável diagnosticar que a cultura brasileira se elevou a um elemento catalisador, em meio a um projeto diferente de desenvolvimento nacional. Abordada ao longo da história como uma preocupação secundária, ou como canal propagandista para o regime ditatorial, no projeto de Estado do Governo Lula, a cultura estruturou-se como um eixo construtivo para um novo âmbito de aproximação bi e multilateral, principalmente voltada ao eixo Sul do globo (Barão, 2012).

Evidências apontadas no trabalho de mapeamento da diplomacia cultural no Governo Lula realizado por Bruno do Vale Novais (2013) demonstram que, entre 2003 e 2010, houve uma progressão significativa no número de ações culturais internacionais veiculadas por, majoritariamente, três atores governamentais: o Ministério das Relações Exteriores (MRE), o Ministério da Cultura (MinC) e o Ministério da Educação (MEC).

Adentrando no funcionamento desses órgãos, no que se refere ao Ministério da Cultura (MinC), em 2003 institui-se a Assessoria Internacional do MinC, movimento que inaugurou um *modus operandi* compartilhado de formulação e manutenção de ações culturais internacionais entre a pasta e o MRE. Já em 2006, cria-se o Comissariado da Cultura Brasileira no Mundo (CCBM), composto por uma fusão de operações entre ambos os ministérios. Nesse horizonte, ao MinC foi dada responsabilidade de apoio técnico, administrativo e financeiro. O MRE encarregou-se pela interlocução com autoridades estrangeiras (Fundação Cultural Palmares, 2009). Dois anos depois, a partir da evolução do comissariado que conectava os dois ministérios, em 2008, nasce a Diretoria de Relações Internacionais (DRI) que o substituiu mediante o seguinte decreto de funções:

> [...] I – subsidiar e coordenar os órgãos do Ministério e entidades vinculadas, em assuntos internacionais do

campo cultural; II – subsidiar, orientar e coordenar a participação do Ministério e entidades vinculadas em organismos, redes, fóruns e eventos internacionais que tratam de questões relativas à cultura; III – orientar, promover e coordenar o planejamento, formulação, implementação e avaliação de políticas, programas, projetos e ações internacionais do Ministério e entidades vinculadas; IV – disseminar as diretrizes da política externa brasileira na área da cultura e assegurar sua adoção nas ações internacionais do Ministério e entidades vinculadas; V – coordenar, em articulação com demais órgãos do Ministério e Ministérios afins, programas, projetos e ações de cooperação internacional e a negociação de atos internacionais com organismos internacionais e governos estrangeiros; VI – apoiar e subsidiar, em articulação com os demais órgãos do Ministério, Ministérios afins e entidades públicas e privadas nacionais e estrangeiras, a exportação de bens e serviços de cultura brasileiros; VII – definir estratégias e apoiar ações para intensificar o intercâmbio cultural e artístico entre o Brasil e países estrangeiros, em articulação com os demais órgãos do Ministério e entidades vinculadas; VIII – desenvolver ações e projetos especiais para promover a cultura brasileira no exterior; IX – atuar como interlocutor do Ministério e entidades vinculadas junto ao Ministério das Relações Exteriores; X – acompanhar a elaboração, assinatura e execução dos convênios, contratos, termos de parceria e demais instrumentos necessários ao cumprimento das funções da Diretoria; XI – auxiliar na definição da agenda internacional do Ministro e do Secretário-Executivo, e subsidiar reuniões e audiências de interesse do Ministério que envolva temas internacionais (Brasil, 2012).

Nessa época, era o Ministério da Cultura que administrava a DRI, que era vinculada à Secretaria Executiva, responsável pela coordenação de projetos relativos à diplomacia cultural. Aliás, a criação de um setor internacional no organograma do MinC é uma conquista que reflete o avanço do trabalho desse ente em termos de políticas internacionais. Ademais, outras secretarias e autarquias realizaram, entre 2003 e 2010, diplomacia cultural: a) Secretaria do Audiovisual; b) Secretaria da Identidade e da Diversidade Cultural (SID); c) Secretaria de Políticas Culturais (SPC); d) Agência Nacional do Cinema (Ancine); e) Fundação Biblioteca Nacional (FBN); f) Fundação Casa de Rui Barbosa (FCRB); g) Fundação Cultural Palmares (FCP); h) Fundação Nacional das Artes (Funarte); i) Instituto Brasileiro de Museus (Ibram); j) Instituto do Patrimônio Histórico e Artístico Nacional (Iphan).

Em menor medida, porém não menos importante, o Ministério da Educação (MEC) também contribuiu neste sistema para fins de diplomacia cultural. O mesmo representava o país diante das organizações internacionais, como a Unesco, a Organização dos Estados Americanos (OEA) e a Organização dos Estados Ibero-Americanos (OEI). E nas ocasiões desempenhava um papel ativo na proposição e desenvolvimento de políticas de cooperação científica e acadêmica. A exemplo, o Projeto Escola Intercultural Bilíngue de Fronteira (PEIBE), criado em 2005 por Brasil e Argentina, o qual tinha como objetivo promover o intercâmbio de docentes no espaço do Mercosul. Notoriamente, foi o período da história brasileira em que foi concedido o maior número de bolsas de estudos para estrangeiros, através dos Programas de Estudantes-Convênio de Graduação e de Pós-Graduação, em que, inclusive, o público-alvo eram estudantes da América Latina e da África (Novais, 2013, p. 145).

Desde então, perdeu-se consideravelmente o acesso a informações acerca das atuações desses agentes mencionados. Até hoje, evidencia-se uma dificuldade de estabelecer e estimar números e mesmo dados quantitativos a respeito da atuação dessas divisões na prática. "As modificações constantes do organograma e o modo de classificação dos arquivos diplomáticos impossibilitam o estabelecimento de séries continuas, mesmo para desenvolver uma análise global do lugar cedido à cultura no âmago do Ministério" (Dumont; Fléchet, 2014, p. 21).

Contudo, apesar de ainda incipiente, se comparada às referências estrangeiras, a diplomacia cultural brasileira demonstra ao longo da sua experiência uma atuação coerente em relação às prioridades de política externa de cada período governamental. Ao concluir esta sobrevista histórica, é pertinente afirmar que o Brasil identificou e reconheceu prontamente suas expressões culturais como recursos de diplomacia aplicados em nível global.

Se o país não foi uma exceção entre os sul-americanos – a Argentina e o Chile integraram igualmente essa dimensão durante o entreguerras –, ele foi o primeiro a criar uma "máquina diplomática cultural" com a fundação de serviços específicos no Ministério das Relações Exteriores. A prioridade concedida ao Itamaraty explica elementos de continuidade observados nos objetivos e conteúdos da diplomacia cultural brasileira a despeito das mudanças de regime. O Estado Novo, a Nova República e a Ditadura Militar evidenciaram preocupações similares quanto à imagem do Brasil no exterior e ao destino comercial das políticas culturais (Machado, 2012).

Não obstante, a evidente precocidade e a relativa coerência contínua da diplomacia brasileira não impedem de se perceber, inclusive, certa desordem institucional no âmago dos ministérios, somada ao fato de seus diferentes organismos governamentais atuarem, eventualmente, de forma anacrônica em relação à realidade contemporânea de cada momento histórico. Nos pormenores, o que o setor cultural desenvolveu e consolidou ao longo do século XX é fruto do engajamento pontual de atuações específicas de agentes governamentais, políticos e corporativos, e não exclusivamente pela engrenagem da máquina pública cultural.

Essa nuance segue ativa ao longo de todo o período vigente, em que a política cultural do Brasil se apoia, enfim, sobre uma longa tradição diplomática do país, mas, certamente, também sobre o adensamento de um corpo profissional homogêneo e competente no coletivo cultural, que conserva uma relativa independência perante o poder político. Essa "república de diplomatas", como caracterizou Alain Rouquié (2006, p. 333 apud Dumont; Fléchet, 2014), é a chave mestra para implementação de uma ação cultural ambiciosa e inovadora, aliada ao pragmatismo econômico e à invenção da identidade nacional (Dumont; Fléchet, 2014).

3.3 A diplomacia cultural na distribuição do cinema brasileiro no exterior

Conforme elucidado nessas últimas reflexões, foi no decorrer do século XX que o Brasil desenvolveu uma diplomacia cultural original, a fim de defender seus interesses econômicos e estratégicos no mundo. Em equívocas e rasas interpretações, alguns autores posicionam o Brasil como um simples receptáculo das políticas culturais europeias e norte-americanas, viciados na ideia ocidentalista de que os ventos da cultura não sopram senão de leste para oeste ou de norte para sul. "O eixo geográfico do continente americano encontra-se em direção norte-sul, mas não ignoremos um outro eixo, aquele das influências da cultura, que vai de leste a oeste", escrevia André Siegfried em 1934. De fato, esse "gigante" latino-americano foi um alvo privilegiado das políticas culturais desenvolvidas pela França e pelos Estados Unidos, a partir da Política da Boa Vizinhança, e depois no quadro da "guerra fria cultural".

Contudo, para se iniciar uma rota de análise do espaço diplomático cultural brasileiro voltado ao audiovisual, observa-se do sentido externo para o interno, a inserção, a atuação e o desempenho do Brasil no âmbito regional do Mercosul. Embora o protocolo descrito anteriormente não mencione especificamente medidas voltadas à indústria cinematográfica, sabe-se que o acordo inclui um tratamento tarifário especial para bens culturais, o chamado Selo Cultural Mercosul, que permite a livre circulação de mercadorias entre os países signatários. No entanto, o Selo Cultural deixou de lado o setor audiovisual, focando especialmente nas artes (Galperin, 1999). Paralela e compensatoriamente, em 1997, o Florianópolis Audiovisual Mercosul, festival de cinema e fórum político dedicado ao setor audiovisual, foi criado para facilitar as relações entre os profissionais do audiovisual do Mercosul, bem como a distribuição de filmes e ideias entre as regiões do Cone Sul.

Como ponto de virada na cooperação audiovisual no Mercosul, menciona-se a criação da Reunião Especializada de Autoridades

Cinematográficas e Audiovisuais do Mercosul (Recam) em 2003. Este sim foi um instrumento institucional pensado para fortalecer o intercâmbio entre as diferentes autoridades audiovisuais do Mercosul e tem como objetivo estimular a livre circulação de bens e serviços cinematográficos na região, além de harmonizar a legislação e as políticas públicas desse setor (Mercosul, 2021). Acrescenta-se que o interesse nesta área foi reforçado pela UE, uma vez que "a criação de uma agência regional responsável pela política audiovisual foi o primeiro requisito da UE para qualquer posterior cooperação UE-Mercosul" (Canedo; Crusafon, 2014, p. 531).

Nesse tempo, a cooperação audiovisual no Mercosul era objeto de três iniciativas principais (Moguillansky, 2009): o Certificado de Obras Cinematográficas do Mercosul (2006) para o reconhecimento de filmes e mercadorias audiovisuais produzidos nos países-membros do Mercosul (a primeira regulamentação multilateral aprovada desde o lançamento do Recam); o Fórum de Competitividade do Setor Cinematográfico, criado em 1997 e voltado para o setor audiovisual e cinematográfico do Mercosul com o objetivo de reunir representantes de governos, empresas e profissionais da cadeia produtiva do audiovisual em nível regional; e a criação do Mercosul Film Market, em 2005, organizado pelo Festival de Mar del Plata (Argentina) e o Instituto Nacional Argentino de Cinema e Audiovisual (INCAA) para estimular a distribuição e exibição dos produtos audiovisuais do Mercosul.

Sob a lente de aumento, os primeiros documentos formais relativos à cooperação audiovisual na Ibero-América foram assinados em Caracas (Venezuela) em novembro de 1989, na forma do Acordo Ibero-Americano de Integração Cinematográfica, assinado por doze países para o aprofundamento da cooperação audiovisual entre os países da região. O acordo estabeleceu dois instrumentos institucionais fundamentais: a Conferência das Autoridades Cinematográficas Ibero-Americanas (CACI) e a Secretaria Executiva da Cinematografia Ibero-Americana.

O primeiro é um organismo multilateral fundamental para o reforço e consolidação da cooperação audiovisual ibero-americana, integrado pelos poderes públicos competentes e encarregado de implementar e melhorar o acordo; o segundo é o corpo técnico e executivo, com sede em Caracas. Nesse sentido, a VII Cúpula Ibero-Americana de Chefes de Estado e Presidentes de Governo aprovou o estabelecimento do Programa Ibermedia (Programa de Desenvolvimento Audiovisual em Apoio à Construção do Espaço Ibero-Americano). O programa fazia parte da política audiovisual da Conferência de Autoridades Audiovisuais e Cinematográficas da Ibero-América e ilustrou a vontade política dos participantes de estabelecer um programa que desse os primeiros passos para a criação de um espaço audiovisual latino-americano.

Simultaneamente, duas outras mobilizações davam forma ao ambiente austral cinematográfico, iniciativas advindas de grupos profissionais do audiovisual, que, em articulações diplomáticas entre seus mercados, apoiavam veementemente a construção de um panorama audiovisual latino-Americano integrado. Em 1995 nasce, então, o Mercado Ibero-americano da Indústria Audiovisual e sua implantação por iniciativa da Federação das Associações de Espanhóis Produtores Audiovisuais, da Federação Ibero-Americana de Produtores Cinematográficos e Audiovisuais (FIPCA) em 1997, três anos antes da criação da Associação Mercosul de Produtores Audiovisuais em 2000 (Crusafon Baqués, 2011).

Denota-se nessa experiência a característica da autonomia dos agentes, para além de seus governos e, em alguma instância, para além, até mesmo, dos próprios blocos econômicos que planteavam as iniciativas. Em 1998, a Ibermedia contava com doze membros: dois estados-membros da União Europeia (Espanha e Portugal), e três países-membros do Mercosul (Argentina, Brasil e Uruguai), além de outros sete países latino-americanos (Colômbia, Cuba, Chile, Peru, Bolívia, Puerto Rico, México e Venezuela). No início, a Ibermedia foi criada sem a participação das autoridades cinematográficas nacionais. A iniciativa foi tomada pelo Ministério das Relações Exteriores da Espanha e pelo Ministério da Cultura. Os objetivos da Ibermedia centraram-se na assistência financeira aos produtores cinematográficos, na promoção da distribuição e exibição de filmes ibero-americanos e, finalmente, no patrocínio de intercâmbios e formação de pessoal do setor audiovisual entre os países ibero-americanos.

De acordo com Villazana (2008), técnica e financeiramente, cada país contribui para o fundo multilateral de acordo com seu desenvolvimento econômico, a partir de um montante mínimo de US$ 100.000. Durante o período de 1998-2014, o orçamento total do programa foi de US$ 83 milhões e apoiou mais de 2.050 projetos, incluindo setores como desenvolvimento de roteiro (757 projetos), coproduções (679 projetos), treinamento (343 projetos) e suporte para distribuição e exibição (328 projetos).

A Ibermedia tem escritórios em Madrid e a Espanha contribui anualmente com mais de 40% do seu orçamento total, seguida do Brasil, México, Venezuela, Argentina e Portugal (Villazana, 2008). Mais especificamente, durante o período de 1998-2014, a contribuição do Brasil atingiu US$ 8,8 milhões e a da Argentina US$ 5,1 milhões. Em contraste, os países menos desenvolvidos em termos de indústria cinematográfica, como Guatemala, Paraguai, República Dominicana, Costa Rica, Equador ou Panamá, muitas vezes contribuíram apenas com a quantia mínima (US$ 100.000). Paralelamente, a Espanha foi o maior destinatário dos recursos financeiros do programa Ibermedia, com 15% dos recursos totais (US$ 14,9 milhões), seguida do Brasil (US$ 8,77 milhões) e da Argentina (US$ 8,18 milhões).

> Depois da crise econômica na Espanha, a contribuição espanhola para a Ibermedia foi drasticamente reduzida. Para grandes produtores latino-americanos, como Brasil, Argentina e México, Ibermedia não é tão importante quanto para pequenos países latino-americanos. Mas na primeira década do século 21, a Ibermedia era o maior fundo de produção (Vlassis, 2016).

Em vias gerais, a cooperação audiovisual ibero-americana mostra-se como uma forte base de transferências de políticas culturais de forma equitativa. Contudo, observa-se que como fórmula de êxito destacam-se alguns fatores: a liderança de um ator como o governo espanhol ao mobilizar recursos em circulação; o interesse político e econômico real dos governos nacionais para seguir o caminho definido pelo corpo político para que se envolva no jogo da cooperação; e a mobilização dos principais destinatários da cooperação, ou seja, as organizações cinematográficas.

Ao transpormos essa estrutura de poderes e convergências ao invólucro doméstico brasileiro, a primeira instância de poder atuante na diplomacia cultural direcionada ao mercado cinematográfico é o DAV, a Divisão de Promoção Audiovisual dentro do Itamaraty, criada em 2006, com o propósito principal de divulgar, promover e apoiar a presença audiovisual de produções brasileiras no mundo. Em amplitude, a divisão objetiva alicerçar a inserção mundial do cinema nacional, da produção independente televisiva e da publicidade brasileira junto a públicos do exterior.

> Sua criação reflete um maior envolvimento institucional do MRE nas políticas públicas relacionadas ao audiovisual, em articulação com outros órgãos públicos dedicados ao tema, como a Secretaria do Audiovisual do Ministério da Cultura (SAV) e perante a extinta Agência Nacional do Cinema (Ancine) (Brasil, 2020a).

As atribuições da DAV consistem em dar apoio à presença brasileira em festivais, mostras e demais eventos audiovisuais internacionais. Isso é feito por meio de alguns mecanismos: a) contribuição para participação de filmes e profissionais do ramo; b) investimento direto e indireto em mostras e festivais audiovisuais em parceria com os Postos Brasileiros no Exterior; e d) capacitação de recursos humanos e busca de oportunidades comerciais para o setor audiovisual brasileiro.

Houve um período ativo da DAV, entre 2008 e 2012, em que a divisão publicava e divulgava pesquisas sobre o mercado audiovisual internacional no intuito de identificar oportunidades competitivas de inserção dos produtos brasileiros dessa cadeia econômica em outros mercados. Até mesmo no campo profissional da publicidade, a DAV participava de comitês gestores de associações brasileiras dedicadas à exportação de produtos audiovisuais, como, por exemplo, o Programa Cinema do Brasil, Brazilian TV Producers, que atua com produção independente para a televisão; e o Film Brazil, relacionado à exportação da publicidade brasileira (Gomes, 2015).

A descrição e definição acerca dos propósitos teóricos da DAV permanecem as mesmas até 2020, constatação essa que pode significar certa integridade ou pode, quiçá, ser um sinal de inércia. Em 2018, o texto que descreve a divisão na plataforma do MRE foi atualizado comunicando que "a DAV ampliou sua atuação, passando a abranger os setores de TV e mídias digitais e de jogos eletrônicos ('games') independentes brasileiros". E ainda, informando que a divisão participa de programas como o Encontros com o Cinema Brasileiro, que estimula a vinda de curadores estrangeiros de festivais prestigiados para assistirem a filmes brasileiros contemporâneos, e apoia inclusive o Prêmio de Codistribuição, concedido pelo programa setorial Cinema do Brasil, que atua na distribuição de filmes no exterior. Finalmente, a DAV também informa que apoia eventos brasileiros de audiovisual como o Festival Internacional de Curtas de São Paulo, o encontro anual de mídias criativas Rio2C e o Festival BIG (games), sempre com o objetivo de ampliar a exposição da rica produção audiovisual brasileira junto ao público estrangeiro (Brasil, 2020a).

O mapeamento de Novais (2013) revelou que foram realizadas 875 ações consoantes à diplomacia cultural do Brasil por parte do MRE e do MinC entre 2003 e 2012. Dessas, 56% dos projetos concernem à perspectiva bilateral e 44% ao prisma multilateral – o que mostra a relevância das relações bilaterais para a diplomacia cultural brasileira. Ademais, o levantamento de ações revelou que a DAV teve atuação de destaque (41% do total de atividades realizadas) no tocante à diplomacia cultural do país em relação as demais unidades do departamento cultural no MRE. Em seguida, a DRI obteve a segunda colocação, com índice de 18%, apesar de operar com predominância a partir de 2009. O Iphan e a Funarte prosseguem a lista com a mesma participação: 13%; e a SAV obteve 7%.

Mantendo como ponto de foco o Governo Federal brasileiro e abordando os ministérios que mais influenciam no mercado audiovisual, destacam-se as organizações que possuem programas e projetos diretamente relacionados com a indústria em questão. No caso do Ministério das Relações Exteriores, o foco encontra-se principalmente na área de Difusão Cultural e no setor integrado da Agência de Promoção à Exportação (APEX).

No âmbito da APEX, aponta-se a Divisão do Audiovisual, onde se encontram todos os projetos setoriais que apoiam a difusão de produções nacionais. Ao todo são três projetos, sendo que cada um possui um perfil organizacional diferente, variando seus modelos de negócio e suas estruturas de trabalho. Esses três *players* do mercado são os que atingem mais diretamente a difusão do cinema brasileiro no exterior. Sendo assim, o Cinema do Brasil, o *Brazilian TV Producers* e o projeto *Film Brazil* são inciativas do governo, que auxiliam as negociações internacionais e as inserções em festivais. Através de editais de incentivo, os projetos impulsionam os produtores a exibirem seus filmes no exterior.

Observando o mercado sob a ótica do Ministério da Cultura, divide-se inicialmente em três ramos que trabalham na área do cinema: a Ancine, o Fundo Setorial do Audiovisual e a Secretaria do Audiovisual. Sabe-se que a Ancine possui diversas áreas de influência na indústria em questão e muitas responsabilidades dentro do setor. Assim, a agência divide-se em seis tópicos específicos: Legislação, Fomento, Regulação, Fiscalização, Informação e Internacional.

Juntamente com o Ministério das Relações Exteriores, a Ancine promove o programa Encontros com o Cinema Brasileiro, uma iniciativa que traz ao Brasil os curadores dos principais festivais do mercado global, a fim de que possam conhecer os filmes brasileiros de produção independente que estão no caminho para estreias internacionais. Ainda em parceria com o Ministério das Relações Exteriores, a Ancine regula e fiscaliza a filmagem estrangeira no Brasil e age juntamente com a APEX nos projetos setoriais de apoio à exportação. No caso do projeto setorial da APEX, *Brazilian TV Producers*, a Ancine colabora também com a Associação Brasileira de Produtores Independentes de Televisão (ABPI TV), entidade fundada em 1999 com o intuito de fortalecer as empresas produtoras de conteúdo para televisão e novas mídias no mercado nacional e internacional.

A Associação realiza, inclusive, o *Rio Content Market* e o Encontro com Canais, ambos eventos que aproximam a indústria audiovisual do mercado de comercialização e de distribuição, atraindo novas praças e obras.

No ambiente de Informação, a instituição criou o Observatório Brasileiro do Cinema e do Audiovisual (OCA), onde são disponibilizados aos pesquisadores, empresários e envolvidos no mercado dados coletados desde a criação da agência e o seu desenvolvimento no setor. São produzidos por técnicos do meio acadêmico estudos, análises e pesquisas reunindo informações e estatísticas do meio. O OCA tem como objetivo tornar-se o principal centro de referência de informações para as atividades ligadas ao cinema e ao audiovisual do Brasil.

Sob o comando do Ministério da Cultura e supervisão da Ancine, o Fundo Setorial do Audiovisual (FSAV)[18] foi destinado ao desenvolvimento articulado de toda a cadeia produtiva da atividade audiovisual no Brasil e está diretamente ligado ao Fundo Nacional de Cultura (FNC). Identifica-se que, mesmo sendo destinado à indústria audiovisual, o fundo torna-se, na prática, extremamente abrangente em sua atuação, pois contempla atividades associadas a diversos segmentos da cadeia produtiva, como produção, distribuição e exibição. Seu fortalecimento acontece através de investimentos, financiamentos e operações de apoio e equalização de encargos financeiros. O fundo trabalha financiando atividades da indústria cinematográfica junto a diferentes agentes econômicos, ampliando e fortalecendo a infraestrutura de serviços e de salas de exibição.

O FSA possui diversas fontes de receita, entre elas o orçamento da União e a arrecadação da Contribuição para o Desenvolvimento da Indústria Cinematográfica Nacional (Condecine), recursos que são direcionados ao crescimento do mercado, incluindo programas voltados para a difusão dos produtos audiovisuais brasileiros. Ele é

---

[18] Disponível em: https://www.bndes.gov.br/wps/portal/site/home/transparencia/fundos--governamentais/fundo-setorial-do-audiovisual#:~:text=Os%20principais%20objetivos%20do%20FSA,conte%C3%BAdo%20nacional%20e%20o%20desenvolvimento.

gerido pela Ancine, através de um Comitê Gestor, porém é operado pelo Banco Regional de Desenvolvimento do Extremo Sul (BRDE).

Por outro lado, a Secretaria do Audiovisual[19] propõe o olhar político nacional do cinema, em termos de diretrizes gerais, metas de desenvolvimento para a indústria e objetivos dentro do Plano Nacional de Cultura. Juntamente com a Ancine, a SAV promove programas de fomento e capacitação e realiza ações de promoção e incentivo.

Sob o espectro de articulação dos ministérios, após entendermos as divisões do MRE, aplicamos o olhar cartográfico à estrutura do MinC, para compreender as eventuais interseções, operacionais entre ambos e, assim, evidenciar seu funcionamento na prática do audiovisual. Até 2018, o MinC distribuía-se em quatro diretorias sob regência da Secretaria Executiva do Ministério: Subsecretaria de Planejamento e Administração; Diretoria de Relações Internacionais; Diretoria de Direitos Intelectuais; e Diretoria de Programas Especiais de Infraestrutura Cultural. Nesta instância, destaca-se a Diretoria de Relações Internacionais (DRI), já mencionada anteriormente, instituída pelo Decreto nº 6.368/2008 e composta, também, por uma coordenação e três gerências: Integração e Assuntos Multilaterais; Cooperação e Assuntos Bilaterais; e Intercâmbio e Projetos Especiais.

Na sequência e adentro na prática, estavam posicionadas no organograma do MinC as secretarias de Políticas Culturais, Cidadania e Diversidade Cultural, Audiovisual, Economia Criativa, Articulação Institucional e Fomento e Incentivo à Cultura. Eram as secretarias que operacionalizavam os planos, programas e medidas, juntamente com as Representações Regionais, presentes em oito estados da nação (AC, BA, MG, PA, PE, RJ, RS e SP). Parte dessas mobilizações surgiam, como a própria DRI, de iniciativas advindas dos Órgãos Colegiados: o Conselho Nacional de Política Cultural (CNPC), que atuava na proposição, avaliação e fiscalização de políticas públicas de cultura; a Comissão Nacional de Incentivo à Cultura (CNIC), composta por 21 membros da sociedade civil, sendo sete titulares e 14

---

[19] Disponível em: https://www.gov.br/turismo/pt-br/secretaria-especial-da-cultura/acesso-a-informacao/acoes-e-programas-1/secretaria-nacional-do-audiovisual.

suplentes, mais integrantes do Poder Público, o Ministro de Estado da Cidadania, os presidentes das sete entidades culturais vinculadas ao Ministério da Cidadania e o presidente da entidade nacional que congrega os Secretários de Cultura das unidades federativas. A sua principal função era apreciar os projetos culturais inscritos para o pleito de incentivo fiscal por meio da Lei de Incentivo à Cultura.

Por fim, também como colegiado, estava a Comissão de Fundo Nacional da Cultura (CFNC), que é responsável por avaliar, selecionar e elaborar a proposta de plano de trabalho anual do Fundo Nacional da Cultura, que integra o plano anual do Programa Nacional de Apoio à Cultura (Pronac). Ainda, integradas nessa estrutura, constam as autarquias e fundações e é aqui que se evidencia a esfera da Ancine.

Sob o ponto de vista prático, o MinC e a Ancine configuram o principal agente público responsável pelas práticas culturais cinematográficas, conforme descrito no capítulo de circulação do cinema brasileiro, e é via Ancine também que se pontua uma das principais conexões do MinC com o MRE para assuntos cinematográficos. Isso pois, na perspectiva do MRE, as atividades de fomento, incentivo e promoção do cinema no exterior estavam sob regência da APEX. Juntas, as agências colaboravam no programa Cinema do Brasil, lançado em 2006, com o objetivo de aumentar a participação da indústria cinematográfica nacional no mercado externo, fornecendo incentivo para coproduções, distribuição e troca de filmes com diversos países. O programa de exportação foi implementado pelo Sindicato da Indústria Audiovisual do Estado de São Paulo (Siaesp), em parceria com a APEX. Em termos estruturais, o programa é realizado pela Siaesp e conta com o suporte financeiro da APEX e o apoio do MRE, MinC e Ancine. Até 2018, somam mais de 50 filmes selecionados para festivais, oito prêmios na Berlinale e dois no Festival de Cannes (Programa de Cinema do Brasil, 2021).

Atuante até hoje, o Cinema do Brasil configura-se como uma associação de produtores do setor audiovisual e reúne cerca de 170 associados em todo o país. Suas ações têm como objetivo principal a internacionalização do cinema brasileiro, incentivando coproduções, bem como a circulação de filmes brasileiros em festivais e distribuição em outros países. São cinco as suas principais frentes de trabalho: informação, capacitação, promoção, acesso a mercados e circulação. As linhas de ações do Cinema do Brasil são concretizadas ao participar e promover encontros de negócios no Brasil e no exterior, firmar parcerias estratégicas e participar dos principais mercados internacionais: Berlim, Cannes, Locarno, Toronto, San Sebastian e Buenos Aires (Siaesp, 2021).

Uma das iniciativas mais bem-sucedidas do programa mostra-se com o Prêmio de Apoio à Distribuição, que contribui de forma determinante para o crescimento da presença da cinematografia brasileira em salas de cinema internacionais, principalmente na circulação em Festivais. O apoio à exibição de filmes brasileiros em salas de cinema internacionais se dá por meio de um prêmio, o qual deve ser utilizado para cobrir os custos de P&A (*Print and Advertising*) para o lançamento. Isto é, distribuidoras interessadas em lançar um filme brasileiro, cujos direitos sejam de uma das empresas associadas ao Cinema do Brasil, podem se inscrever para o processo de seleção. O valor do prêmio total é de US$ 250 mil, que é dividido entre os distribuidores vencedores. Cada um deles recebe até US$ 25 mil. Desde sua primeira edição, o Prêmio já apoiou 121 lançamentos, em 42 países (Programa de Cinema do Brasil, 2020).

Já no que se refere à participação do cinema do Brasil em festivais e mercados internacionais, esta consiste em apoiar as empresas associadas e promover ações estratégicas na pré-produção e durante os eventos, tais como:

> - Organização internacional e produção de encontros de coprodução internacionais, principalmente em grandes mercados realizados nos maiores festivais de cinema, como o Marché du Film – Festival de Cannes, European Film Market – Berlinale, American Film Market, Ventana Sur, dentre outros;
> - Divulgação estratégica e promoção de material gráfico no espaço do Cinema do Brasil nos eventos (em determinados mercados O Programa tem stand ou uma sala para os associados);

> - Elaboração de catálogos, boletins, flyers e folders com informações sobre as empresas associadas, seus filmes e projetos a serem distribuídos e promovidos nos mercados internacionais;
> - Patrocínio e produção dos anúncios publicitários sobre os filmes das empresas associadas para as revistas internacionais que circulam nos grandes festivais e mercados: Screen International, The Hollywood Reporter, Variety, Le Film Français, dentre outras.
> - Negociação internacional, organização, produção e patrocínio das exibições dos filmes das empresas associadas nas sessões de mercado nos festivais internacionais (Market Screening) (Programa de Cinema do Brasil, 2020).

Segundo Meleiro (2010), desde o início do programa Cinema do Brasil, também se percebe aumento nas coproduções internacionais, em um montante de 200%. "O resultado desse programa é que 30 filmes brasileiros foram exibidos em 17 países, tais como Israel, Grécia, Índia, China, França, Alemanha, Espanha, México e Colômbia". Além desses resultados positivos, acrescenta a "participação em festivais como Rotterdam, Cannes, Clermont-Ferrand, assim como encontros de negócios em festivais brasileiros". A autora acredita que "existe uma tendência para que as coproduções se tornem o principal modelo de viabilização das produções futuras" (Meleiro, 2010, p. 29).

Nesse aspecto, cabe aqui observarmos os movimentos de coprodução, assim como seus agentes e algumas informações a respeito dessas colaborações. Isso porque esta é uma atividade do setor cinematográfico que fomenta as interações culturais e que, muitas vezes, potencializa a circulação do cinema brasileiro no exterior, visto que a produção e distribuição de filmes exigem competências técnicas, articulação com fornecedores, governo, prestadores de serviços, patrocinadores, além do estabelecimento de parcerias entre as próprias empresas do setor, nacionais ou internacionais, na configuração de coproduções (Rocha; Bonfim; Citadim; Gimenez, 2018, p. 47).

O termo "coprodução cinematográfica" pode designar uma parceria financeira, criativa ou técnica envolvendo dois ou mais países para a produção de uma obra cinematográfica, que será considerada nacional para as autoridades em ambos os países signatários. No caso brasileiro, esse mecanismo foi introduzido pela Lei Federal nº 11.437/2006 e foi regulamentado, até 2019, pela Ancine.

No Brasil, assim como em outros países, sob a mesma configuração estrutural político-mercadológica, a participação dos países em um acordo de coprodução não consiste somente na divisão de custos e investimentos. A colaboração existe desde o desenvolvimento, captação e pré-produção, até a produção e a distribuição. Nos casos dos países que dependem da estrutura governamental de incentivos fiscais para realizarem seus filmes, a coprodução configura uma oportunidade de potencialização dos arranjos produtivos e, ainda, de expansão das fronteiras de distribuição. Os filmes realizados em coprodução, através de acordos mediados pela Ancine, devem ser realizados por atores, técnicos e intérpretes de nacionalidade brasileira ou do(s) outro(s) país(es) envolvido(s). Isso significa, inclusive, que obras cinematográficas coproduzidas internacionalmente são consideradas filmes nacionais no território competente de todos os países envolvidos (Rocha, 2017).

Diferentemente das iniciativas de diplomacia cultural mais abrangentes, as atividades de coprodução configuram-se somente no ambiente governamental e não dependem diretamente de plataformas políticas para existirem. Bem pelo contrário, iniciativas de coprodução internacionais oriundas de fundos, organizações, institutos e agentes do mercado podem se articular, seja sob a dinâmica prática-técnica, seja cultural-ideológica, de forma autônoma e isenta.

Sobre a visão da política audiovisual brasileira, Rangel (2009), presidente da Ancine na época, salientou que "coproduzir é construir uma ponte para os mercados nacionais, mas sobretudo para o imaginário dos povos, a trajetória e o desafio das nações". Em seguida, acrescentou: "é uma forma de por em prática a diversidade cultural". Alinhada à perspectiva da época, Meleiro (2010) define as principais vantagens da coprodução em seis pontos estruturais: 1) geralmente é a única estratégia que permite a produtores acumularem orçamentos para produzirem filmes que possam efetivamente competir no mercado internacional; 2) divisão de tarefas práticas e criativas (em todas as etapas: desenvolvimento, captação, produção e distribuição); 3) possibilidade de atrair mais recursos financeiros; 4) acesso a subsídios e incentivos governamentais no exterior; 5) acesso ao mercado do parceiro; e 6) acesso ao mercado de um terceiro país.

Contextualizando, segundo Gimenez e Rocha (2018), no período de observação entre 2009 e 2015, evidencia-se um aumento em coproduções e codistribuições de filmes brasileiros, mais especificamente em 2013 e 2014, quando os dois anos condensaram um resultado de 75% de coprodruções, alavancando uma maior interação das empresas no setor. Contudo, ainda segundo os autores, evidencia-se uma carência por estudos que investiguem, empiricamente, como se dão as estruturas das relações em rede de coprodução e codistribuição na indústria cinematográfica brasileira.

Sob a ótica quantitativa, de acordo com o Observatório Brasileiro do Cinema e do Audiovisual (OCA), entre 1995 e 2015 foram lançados 1.251 filmes. O aumento na produção do setor começou em 2006 e manteve-se em ascensão até 2013. Adiciona-se a essa conta o número de produtoras ativas no período, 613 empresas, sendo que, de todos os filmes produzidos nesse recorte, 1.198 obras foram produzidas por uma mesma empresa produtora e 53 produzidas no formato de coprodução, não necessariamente internacional. Ainda, conta-se que 218 empresas de distribuição estiveram envolvidas em negócios provenientes destes 1.251 filmes, sendo que 1.114 obras (89%) foram distribuídas por empresas isoladas. Apenas 137 títulos foram expostos a diferentes mercados no formato de codristribuição, representando 11% do total de filmes produzidos no período (Rocha; Bonfim; Citadim; Gimenez, 2018, p. 51).

De maneira geral, no período de 2005 a 2009, segundo a Agência Nacional do Cinema, 96 obras em coprodução foram lançadas, representando 11,16% da produção nacional, que foi de 860 longas-metragens. Da mesma forma, o ano de 2013 foi o de maior destaque para as coproduções, pois foram 21 filmes, contra uma variação de uma a quinze obras em coprodução nos anos anteriores (Rocha, 2015, p. 148). Na sequência, pode-se dizer que, entre 2009-2017, consolidou-se o período mais profícuo para o Brasil em termos de coprodução, o país participou de mais de 65 coproduções internacionais, tendo como principais parceiros: Portugal (19), Argentina (16), França (10), Estados Unidos (8), Alemanha (6), Espanha (6) (Ancine, 2018).

Nessa direção, o mecanismo estrutural do Estado, até 2018, sustentou um incentivo à cultura cinematográfica colaborativa, que diversificou a produção nacional e expandiu o setor distributivo brasileiro (Cabral; Cabral Filho, 2018). Os aparatos estatais estabelecidos dinamizaram-se em força motriz ao aumento da produção nacional, mesmo perante os rápidos avanços tecnológicos estruturais e à competitividade externa, principalmente advinda da hegemonia estadunidense. No escopo produtivo, o mercado cresceu 75% no volume de obras registradas entre 2009 e 2018 e, ainda, contabilizou o cadastro de 1.404 novas empresas atuantes. No que se refere à distribuição doméstica, o comportamento de ascendência também pôde ser observado, visto que entre 2015 e 2018 o número médio de lançamentos quantificou em 154,5 filmes por ano, mesmo com o protagonismo da concorrência estrangeira (Zeidan; Hélcias; Krulikowski, 2019).

Contudo, a partir de 2019, presencia-se uma mudança drástica de uma série estruturada de rupturas e desmantelamentos devido às políticas de desmonte da cultura brasileira, implementadas pelo atual governo. Essas ações subtraíram de 11 para 4 áreas de importância estratégica na agenda social e cultural, especialmente no que tange ao audiovisual, e ainda, no espectro da política externa, os movimentos e instituições culturais encontram-se praticamente estagnados (Cardoso Jr., 2019).

O que se pode diagnosticar é que grande parte do aumento produtivo e circular de 2000 a 2018 é consequência de uma constante atividade de políticas de incentivos fiscais, majoritariamente sustentadas pelo Estado. Nesse sentido, diante do contexto atual evidenciam-se as fragilidades do sistema e dos modelos de produção e distribuição cinematográficos nacionais. É dizer que o setor depende de agendas políticas que contemplem seu potencial de gerar emprego, renda nacional e capital cultural em nível estratégico; contudo, o rearranjo da arquitetura institucional cinematográfica nos ilumina à necessidade de maior coordenação e engajamento entre os atores-chave do mercado, para a conquista de uma estrutura robusta e perene de instituições e negócios (Marson, 2019).

Justamente sobre esse ponto de vista, apreciam-se as noções subjetivas e envoltórias de diplomacia cultural como um campo de estudo e investigação propositivo e coeficiente, capaz de institucionalizar um sistema ferramental de atuações para agentes extragovernamentais e políticos impactarem e prosperarem entre si, entre nações e para o meio das trocas culturais interdependente. Melhor dizendo, diante dos momentos de crise e desestabilização, são os movimentos autônomos e independentes que, de maneira pulverizada, dispõem de maior flexibilidade para se reorganizarem e, assim somados, mobilizam o coletivo. No caso específico do cinema, esses movimentos são assegurados pelas autarquias, associações e instituições do mercado, que, além de exercerem pressão no Estado, mantêm o ciclo ativo. Logo, a consciência e o conhecimento das noções de diplomacia cultural, quando transpostos a esses atores, poderiam redimensionar o jogo de poderes do meio cinematográfico nacional, em vias de equilibrá-lo ante as plataformas de atuação internacional.

À vista disso, percebe-se a pertinência, e até mesmo uma certa urgência, ao observarmos o momento político atual, de 2019 a 2021, por um recorte específico da realidade vigente de desmonte e cancelamentos, para identificarmos em análise o que se mantém e como se rearticula o sistema remanescente. Não obstante, cabe aqui considerarmos o inédito cenário pandêmico que enfrentamos a partir de 2020 e as consequências medulares em nossos comportamentos, conhecimentos e entendimentos. Por esses motivos, é também importante considerar as transformações tecnológicas e seus possíveis efeitos que alteram o setor audiovisual e, ainda, se possível, identificar as principais rupturas, riscos e danos de todas essas nuances ao porvir diplomático, cultural e cinematográfico.

4 | A DIPLOMACIA CULTURAL E A CIRCULAÇÃO INTERNACIONAL DO CINEMA BRASILEIRO: INTERSEÇÕES, CENÁRIOS E PERSPECTIVAS

O presente capítulo expõe uma abordagem analítica de três cenários recentes considerados relevantes com relação à diplomacia cultural e a circulação internacional do cinema brasileiro, buscando identificar interseções, transformações e perspectivas, sendo eles:

a) o contexto de enfrentamento da pandemia de coronavírus, a partir de 2020, com efeitos diretos no setor cultural;
b) o processo de desmonte das políticas públicas e da estrutura institucional nacionais de apoio à cultura, a partir de 2019, com efeitos na indústria audiovisual; e
c) as transformações tecnológicas que alteram as dinâmicas da circulação e do consumo audiovisual, especialmente de filmes.

Para tal, inicia-se observando cronologicamente a experiência brasileira no que se refere às mudanças estruturais que a pandemia do coronavírus provocou. Em seguida, abordam-se os fatos direcionados às medidas culturais que o governo brasileiro de 2019-2022 liderou, e as consequências destas sobre o meio cinematográfico. Em última instância, observam-se as transformações tecnológicas e seus efeitos na circulação cinematográfica no mesmo período. Nesse sentido, abre-se um subcapítulo em profundidade para observar o caso específico dos festivais de cinema internacionais e como a sua experiência com a virtualização afetou a circulação cinematográfica e a diplomacia cultural para este meio.

Todos estamos testemunhando uma crise no sistema multilateral e interconectado em que vivemos até 2020, a pandemia causada pelo Sars-Cov-2, o novo coronavírus, tem provocado rupturas e reestruturações em absolutamente todos os campos e cadeias de valores da nossa vida em sociedade. O próprio conhecimento científico, acadêmico e cultural foi desafiado e questionado, em um movimento de desinformação e revisionismo histórico do atual contexto de incertezas e deslegitimações. Os impactos da pandemia em cada país esticaram o pêndulo de ideologias políticas, já evidentes no passado, mas, agora, os conceitos levados ao extremo estão motivando investigações urgentes para o nosso coletivo como humanidade e, principalmente, enquanto cultura.

Diante dos fatos, houve o entendimento de que seria relevante incluir um registro sobre a experiência brasileira ante a pandemia, assim como o comportamento e a atuação do Governo Federal no que diz respeito às medidas e posturas ao enfrentamento dos danos causados pela crise sanitária e econômica que o mundo presenciou nesse período. Inicia-se, portanto, recuperando informações e marcos cronológicos acerca da trajetória pandêmica e da operação pública. Para então, na sequência, verificar as consequências para o setor cultural e, especificamente, os impactos no meio da indústria cinematográfica como um todo.

Após a exposição genealógica dos fatos, parte-se para a análise do cenário de desmonte das políticas públicas, sob uma perspectiva estrutural e institucional, acerca da gestão do governo para o audiovisual, principalmente no que se refere às rupturas e interrupções do sistema citado nos capítulos anteriores. Com isso, cruzam-se as informações para lograr visualizar a atual cadeia de valor que sustenta os fluxos de diplomacia cultural e de circulação internacional cinematográfica no Brasil e somar, ainda, a camada disruptiva do aditivo tecnológico e a virtualização dos processos como uma das principais consequências da pandemia mundial.

Dessa forma, o atual capítulo será fundamentado em quatro pilares: a estruturação cronológica da pandemia no Brasil; uma breve genealogia dos fatos relacionados com a abordagem de políticas

culturais do governo de Jair Bolsonaro entre 2019 e 2021; as influências e os impactos das transformações tecnológicas na circulação
cinematográfica; e, por fim, a ordenação do novo sistema de agentes
e valores de diplomacia cultural e a internacionalização cinematográfica no Brasil vigente.

4.1 Uma cronologia da experiência brasileira ante a pandemia de Covid-19

O ritmo exponencial do vírus ainda está em vigor e é cada vez
mais progressivo, com dimensões e variações globais ainda mal
avaliadas. A Organização Pan-Americana de Saúde (OPAS) organizou
um registro histórico sobre a trajetória da pandemia até o momento
atual, dezembro de 2021. Tudo começou há dois anos, em dezembro
de 2019, quando a Organização Mundial da Saúde (OMS) foi alertada
sobre vários casos de pneumonia na cidade de Wuhan, na República
Popular da China. Tratava-se de uma nova cepa (tipo) de coronavírus
que não havia sido identificada antes em seres humanos.

Logo, em 30 de janeiro de 2020, a OMS declarou que o surto
do novo coronavírus constituía uma Emergência de Saúde Pública
de Importância Internacional (ESPII) – o mais alto nível de alerta da
Organização, conforme previsto no Regulamento Sanitário Internacional. Essa decisão buscou aprimorar a coordenação, a cooperação
e a solidariedade global para interromper a propagação do vírus. Em
seguida, no dia 11 de março de 2020, a Covid-19 foi caracterizada pela
OMS como uma pandemia. O termo "pandemia" refere-se à distribuição geográfica de uma doença e não a sua gravidade. A designação
reconhece que, no momento, existem surtos de Covid-19 em vários
países e regiões do mundo (Opas, 2021).

Após essa declaração da OMS, os países começaram a se articular em torno de medidas e pesquisas para criarem caminhos de
enfrentamento, mitigação e gestão da pandemia em seus territórios.
Para este estudo, utilizaremos uma linha do tempo, desenvolvida
pela startup de tecnologia e informação Sanar, sobre o coronavírus

no Brasil e seus efeitos em âmbito nacional e global. Do final de 2019 até o momento atual, de acordo com a Johns Hopkins, já são mais de 5 milhões de mortes e mais de 124 milhões de casos de Covid-19 no mundo; os países com maiores números de registro de casos são Estados Unidos, Brasil, Índia, Rússia e França. Já quando observamos as consequências de maior número de mortes pela doença, os Estados Unidos e o Brasil permanecem no topo da lista, em terceiro lugar entra o México, seguido da Índia e Reino Unido. Lastimavelmente, o Brasil, ao completar um ano de pandemia, isto é, desde seu primeiro caso em 26 de fevereiro de 2020, soma 300 mil mortes registradas por Covid-19 e mais de 12 milhões de casos (Sanar, 2021).

Durante esse período de um ano, a pandemia e as ações governamentais foram variadas, com reduções e aumentos no número de casos, medidas como *lockdown*[20] e também o início da vacinação em algumas localidades. A primeira ação importante do governo brasileiro, acompanhando os movimentos do mundo, foi em 11 de março de 2020, quando o Ministério da Saúde negociou com o Poder Legislativo a liberação de até R$ 5 bilhões para subsidiar ações de enfrentamento ao coronavírus, oriundos de emendas da relatoria da Casa, para serem utilizados na Atenção Primária e hospitalar, assim como para a aquisição de testes em vias de assumir o controle dos inúmeros casos suspeitos que já apareciam.

No início de abril, já havia registros de Covid-19 em todos os estados brasileiros, as Secretarias de Saúde dos estados divulgavam, ao todo, 567 óbitos e mais de 12 mil casos confirmados. Nesse período, começam alguns ensaios clínicos para testar a eficácia e segurança do uso de alternativas no tratamento do vírus, mais de 100 centros de pesquisa testam as substâncias cloroquina e hidroxicloroquina.

Nos meses subsequentes, o Ministério da Saúde decidiu publicamente investir no tratamento precoce, divulgando protocolos para o uso da cloroquina e da hidroxicloroquina, contrariando estudos

---

[20] O *lockdown* é a medida preventiva obrigatória que consiste no bloqueio total. Muitos países adotaram essa estratégia com o objetivo de desacelerar a propagação do coronavírus, visto que as medidas de quarentena e isolamento social não foram suficientes para controlar a infecção.

do mundo inteiro que refutavam e comprovavam a ineficácia dessas substâncias no combate ao vírus. Enquanto isso, no contexto global, em maio de 2020, uma farmacêutica americana anuncia a primeira vacina contra o novo coronavírus com resposta e eficácia em humanos e começa a comercializá-la, inclusive com prioridade de oferta ao Brasil.

Somente em meados de junho de 2020 chega o primeiro lote de vacinas ao Brasil para serem testadas em voluntários brasileiros, vacina essa desenvolvida pela Universidade de Oxford, na Inglaterra. Depois, no final desse mesmo mês, o governo anuncia uma parceria com a farmacêutica AstraZeneca para o desenvolvimento e produção das vacinas de Oxford, com tecnologia fornecida pela Fundação Oswaldo Cruz (Fiocruz). Em agosto, o Instituto Butantan anuncia a possibilidade de oferecer uma vacina brasileira à população e a Rússia confirma o primeiro registro de vacina com eficácia comprovada do mundo, a Sputnik 5.

Enquanto cume trágico dessa retrospectiva, em abril de 2021, constatou-se que em 113 dias de 2021 foram registradas 195.949 mortes por Covid-19, contra 194.976 em 289 dias da pandemia em 2020. No total, a soma era de 14.339.412 casos e 390.925 óbitos, de acordo com balanço do consórcio de veículos de imprensa. O mês de abril de 2021 tornou-se o mais letal da pandemia da Covid-19 no Brasil, com 67.723 mortes confirmadas (Sanar, 2021).

Diante desses números alarmantes, o Senado Federal instalou a Comissão Parlamentar de Inquérito (CPI) da Covid-19 para apurar as ações e omissões do Governo Federal e eventuais desvios de verbas federais enviadas aos estados em nome do enfrentamento da pandemia. A comissão estendeu-se ao máximo possível pelo regulamento interno do Senado, permanecendo ativa durante seis meses, de abril a outubro de 2021. Nesse período, foram entrevistados empresários dos laboratórios de desenvolvimento de vacinas, profissionais da saúde, médicos e especialistas, além de diversos parlamentares envolvidos em maus esclarecimentos e desinformação a respeito do tema. Com isso, a comissão expôs informações e fatos acerca da condução da pandemia pelo Governo Federal que justificaram o ritmo dos números e, até mesmo, potencializaram a propagação do vírus em território nacional.

O relatório final da CPI da Pandemia, gerado como resultado das investigações, segundo Jamil Chade, jornalista do periódico El País, se tornou "um dos informes mais importantes já produzidos desde o início da pandemia no mundo" (Chade, 2021). Imediatamente após a sua publicação, o documento ganhou destaque nos principais veículos de informação mundial; contudo, essa atenção dada ao relatório não ocorreu por conta da importância do Brasil no cenário internacional, mas sim por transformar, e muitas vezes justificar, o que o mundo inteiro vivenciou com a pandemia em leis, provas, apurações e testemunhas. Nesse sentido, é possível afirmar que o relatório apresentou e registrou importantes evidências de um sistema de desinformação articulado, ideológico e capitalizado.

O documento também foi recebido como uma contribuição fundamental para reforçar as acusações internacionais contra o presidente brasileiro no Tribunal Penal Internacional, onde existem seis queixas contra o mesmo em relação a crimes contra a humanidade. Ainda em 2020, um relator da ONU propôs oficialmente que um inquérito internacional fosse estabelecido sobre a resposta do Brasil à pandemia. Com isso, no final de 2021, o documento produzido pela CPI é interpretado como um avanço nesse sentido e certamente seus desdobramentos não acabarão em si mesmos (Chade, 2021).

No tempo presente, os avanços são positivos, inclusive invertemos os recordes, vide o mês de outubro de 2021, que apresentou as menores médias de casos e mortes já registradas na história da pandemia no Brasil. Nesse mesmo sentido, já contamos com quase 80% da população vacinada com a primeira dose e nos aproximamos de 60% da população com a vacinação completa. Diante disso, pode-se dizer que o Brasil vive um momento decisivo da emergência sanitária. O artigo "Diário da Covid-19: Brasil na emergência sanitária, social e climática" (Alves, 2021) afirma que, se houver continuidade das tendências de declínio das curvas epidemiológicas, o mês de novembro de 2021 pode marcar a inflexão para o fim da pandemia no Brasil (Projeto Colabora, 2021).

O bom desempenho do Brasil deve-se ao avanço do processo de vacinação, que nos leva a obter uma posição de destaque em terceiro lugar no ranking de países com maior população vacinada, perdendo apenas para os Estados Unidos e para a Índia em primeiro lugar. Como se pode observar no Gráfico 1, o continente europeu enfrenta grandes resistências à vacinação e registra números bem menores, com 60% da população imunizada, sendo 55% com vacinação completa e 5% com vacinação parcial. Os números médios do mundo são ainda menores, correspondendo a 50%, 39% e 11%, respectivamente (Our World in Data, 2021).

Gráfico 1 – Porcentagem de vacinação

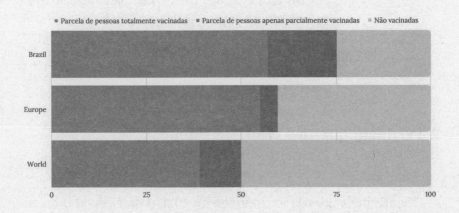

Fonte: Our World in Data (2021).

De maneira geral, embora a experiência brasileira tenha sido profundamente desestruturante diante da radicalização dos números, a pandemia encontrou na população brasileira uma situação de extrema vulnerabilidade, e não somente a sociedade, como mercados e setores também, com altas taxas de desemprego e cortes profundos nas políticas sociais. Ao longo dos últimos anos, especialmente após a aprovação da Emenda Constitucional nº 95, que impõe radical teto de gastos públicos, e com as políticas econômicas implantadas pelo atual governo, tem havido um crescente e intenso estrangulamento dos investimentos em saúde, pesquisa, educação e cultura no Brasil. É justamente nesses momentos de crise que a sociedade percebe a importância de um sistema de ciência e tecnologia forte e de um Sistema Único de Saúde que garanta o direito universal ao princípio básico dos direitos humanos (Werneck; Carvalho, 2020).

No momento, as decisões imediatas concentram-se em mitigar os resultados desta crise prismática em todas as dinâmicas entre sociedade e Estado. Contudo, torna-se também indispensável minimizar os danos econômicos, sociais e psicológicos das populações mais vulneráveis, por meio da adoção de medidas fiscais e sociais.

> Devemos levantar nossas vozes em defesa do sistema único de saúde e exigir que os que hoje governam o país se engajem na defesa da vida do nosso povo, do contrário, serão responsabilizados pela promoção daquilo que se apresenta potencialmente como uma das maiores tragédias sanitárias já vividas neste país (Werneck; Carvalho, 2020, p. 4).

4.2 O desmonte das políticas públicas da cultura no governo Bolsonaro

Conforme o abordado, ao longo de 2021, o Brasil seguiu no enfrentamento de alguns vírus que atingiram pesadamente os diversos setores comerciais, industriais, econômicos e, principalmente, culturais e públicos. O primeiro, evidentemente, refere-se à pandemia do coronavírus, que levou a medidas de isolamento e distanciamento social que impactaram diretamente na paralisação das atividades artísticas e culturais no âmbito mundial. Porém, lamentavelmente o vírus da Covid-19 não se sustenta sozinho no lugar de elemento catalisador de rupturas e desmontes das estruturas públicas e sociais na cultura brasileira. A arte e a cultura do país vêm sofrendo ataques sistemáticos de outros organismos vivos que circulam pelo território nacional: a intolerância, o autoritarismo e o conservadorismo, todos fluxos e sistemas propagados em um solo fértil, criado pelo grupo que ascendeu ao poder na gestão federal iniciada em 2019.

Esse ano mostrou-se como um período singular para a história política brasileira, especialmente para a sua identificação cultural. Em cerca de apenas dois anos, desde a posse de Jair Bolsonaro, re-gride-se a níveis inimagináveis de degradação social e de políticas equivocadas, fatais à estrutura mantida até então. Diante da escalada do negacionismo científico, da desinformação automatizada nas redes, da ascensão de movimentos neoliberais de extrema direita nos setores econômicos de base e o então recrudescimento da de-vastação ambiental, é cabível classificarmos o momento atual como uma ecodistopia (Suppia, 2020).

Somam-se os fatos, acontecimentos e medidas tomados pelo Governo Federal, que poderiam sustentar a afirmação de que estamos regidos por um governo ultraconservador, extremista e inclinado aos ideais fascistas de outrora. Contudo, para evitar uma eventual fuga do escopo de análise, a presente pesquisa limita-se à observação das principais rupturas, sobretudo no campo da cultura e do audiovisual.

Sendo assim, partimos da primeira medida de Jair Bolsonaro ao assumir a presidência do Brasil no dia 1º de janeiro de 2019: extinguir o Ministério da Cultura (MinC). Em tese, houve uma continuidade de medidas de austeridade já iniciadas por Michel Temer, após o impeach-ment da presidente Dilma Rousseff. Na ocasião, Temer também encerrou o Ministério da Cultura, entretanto, como enfrentou forte reprovação do setor, acabou recuando da decisão. Já Bolsonaro agru-pou a extinção do MinC em uma reforma ministerial, pela Medida Provisória nº 870[21] publicada em edição especial do *Diário Oficial da União*, que fechou também outros sete ministérios.

O Ministério da Cultura, então, foi transformado em Secretaria Especial de Cultura, vinculada ao Ministério da Cidadania, e depois transferida ao Ministério do Turismo. Diante desse fato, é funda-mental revisitar o passado para compreender os impactos de uma

---

[21] Medida Provisória nº 870, de 1º de janeiro de 2019. Disponível em: http://www.planalto.gov. br/ccivil_03/_ato2019-2022/2019/mpv/mpv870.htm.

medida como essa. A cultura brasileira compartilhou a pasta da Educação de 1953 a 1985, a decisão de separar a área foi estruturada em sólidos alicerces jurídicos e constitucionais da época. A necessidade estrutural da criação de um Ministério separado foi justificada pela complexidade do setor, dada a importância identitária dos resultados deste mercado e tendo em vista a relevância econômica e fiscal do âmbito cultural para a economia brasileira. No mundo moderno, o MinC desempenhou um papel holístico e decisivo junto as outras esferas de governo; o ex-ministro Gilberto Gil classificou essa questão como a *tridimensionalidade da Cultura*, entendida sob as dimensões econômicas, sociais e, acima de tudo, simbólicas (O Globo, 2019).

Esse tripé de reflexão elucida a pertinência, urgência e indispensabilidade de um Ministério da Cultura, por ser crucial na mediação de conflitos na Educação, nos projetos de literatura e no incentivo ao hábito da leitura, além da atuação de áreas como teatro, cinema e dança como linguagens indissociáveis da esfera educacional. No meio ambiente, a cultura indígena é indissociável do patrimônio imaterial e de identidade do País. Sem mencionar que os parques nacionais, museus a céu aberto e outras ações que se misturam com a área cultural são parte integrante do dia a dia dos cidadãos; é fonte permanente de recursos para o País no setor do Cinema, hoje uma verdadeira indústria; e o Turismo é parte inseparável da Cultura – basta lembrar que o Patrimônio Histórico e Artístico Brasileiro estava também sob o guarda-chuva institucional do MinC.

Dentre as justificativas do atual governo como alegado para este retrocesso, a principal refere-se à economia. Porém, não há perspectivas estratégicas cabíveis para operacionalizar estas duas áreas juntas, turismo e cultura. Ao contrário, a economia é impulsionada ao incentivar o setor cultural prioritariamente, por ser uma das áreas econômicas que mais crescem e geram empregos e impostos. A Economia Criativa da Cultura devolve à sociedade, em termos de impostos, negócios e empregos, cerca de 2,64% do PIB, ou seja, R$ 10,5 bilhões de impostos federais diretos, 1 milhão de empregos formais e 9,1% de taxa média anual de crescimento no período 2012-2016. É o que se evidencia na prática, por exemplo, nos projetos aprovados na Lei Rouanet e patrocinados por empresas que se transformam em um investimento de devolução de impostos à sociedade contribuinte em proporção de recursos na ordem de R$1 para R$150 reais (Borges, 2019).

Tais mudanças na estrutura administrativa também impactaram fortemente a gestão e a capacidade de execução orçamentária das políticas públicas, pois alteraram as origens e as fontes de recurso do setor. Inclusive, a conclusão da transferência da Secretaria Especial de Cultura para o Ministério do Turismo levou meses, período durante o qual as atividades ficaram praticamente paralisadas (Observatório Itaú Cultural, 2020).

O novo governo bloqueou ou descontinuou inúmeras ações que eram realizadas com recursos próprios do Governo Federal através de editais e parcerias com estados e municípios, tanto os que estavam sob regência do MinC quanto os da Fundação Nacional de Artes (Funarte) e de outras instituições vinculadas. Nesse fluxo, recomendou, ainda, que as estatais, como a Petrobras, deixassem de ser patrocinadoras de eventos e atividades artísticas. Em 7 de fevereiro de 2019, o jornal *Folha de São Paulo* noticiava que "a direção da Petrobrás estava avaliando romper contratos de patrocínio cultural firmados em governos anteriores"; segundo o governo, o Estado teria outras prioridades (Folha de São Paulo, 2019).

O jornal *Brasil de Fato*, em 21 de fevereiro de 2019, noticia que, "para artistas e produtores, revanchismo do governo motivou ataque ao maior programa de incentivo à cultura do país" (Miranda, 2019); ainda segundo a reportagem, uma das principais consequências do desmonte do programa seria a perda de milhares de postos de trabalho. Como exemplo, a reportagem cita que, segundo informação de um diretor cinematográfico, a produção de um filme mobiliza uma média de cem postos diretos e duzentos postos indiretos de trabalho. Também estavam suspensas as chamadas para apoio a projetos com recursos do FNC. Nesse ritmo, vinha em curso, antes mesmo da pandemia do coronavírus, uma espécie de cruzada contra o dito "marxismo cultural", que, segundo alguns representantes do atual governo, domina a área artística e cultural e que deveria ser duramente combatido por uma insurgência nacionalista e neofascista (Calabre, 2020).

Conforme anunciado, justamente por essa medida ter acontecido na posse do novo governo, todo o primeiro ano de gestão bolsonarista foi marcado por uma forte perseguição aos pesquisadores e professores de Universidade Pública, bem como um desamparo generalizado e direcionado à classe artística, através da desinstitucionalização dos mecanismos e sistemas de fomento cultural. No que se refere especialmente ao audiovisual, a principal interferência estrutural foi o desmonte dos mecanismos da Medida Provisória nº 2.228-1, de 6 de setembro, 2001[22], isso significa a Ancine, a Secretaria do Audiovisual (SAV) e o Conselho Superior de Cinema (CSC). Na sequência, logo em março de 2019, o governo interrompeu o programa Cinema do Brasil e não renovou seus acordos e tratados de coprodução. Além disso, foi cessado o repasse de verbas do Fundo Setorial Audiovisual e cortados em 43% os recursos do fundo para os editais de 2020. Por fim, o presidente transferiu o CSC para um órgão submisso à Casa Civil em Brasília. Ao justificar sua decisão, Bolsonaro demonstrou interesse em controlar quais obras seriam financiadas em seu governo declarando: "Não posso admitir que, com dinheiro público, se façam filmes como o da Bruna Surfistinha" (Uribe; Brant; Balbi, 2019).

No segundo semestre de governo, a Ancine passou por fortes represálias do âmbito federal político e um fato simbólico marcou o seu enfraquecimento. O primeiro presidente da autarquia, Gustavo Dahl, instalou pelos corredores da Agência em torno de 100 molduras que enalteciam pôsteres de filmes nacionais, expondo desde 2002 cartazes de obras clássicas e contemporâneas do cinema brasileiro. Tratava-se de filmes que tiveram grande reconhecimento nacional e internacional e, desde então, essa exposição rotativa representava e validava os marcos da cinematografia brasileira. Em novembro de 2019, inicia-se uma discussão acerca da isonomia desses cartazes e os mesmos são retirados. Além dos quadros removidos da sede físi-

---

[22] Medida Provisória nº 2.228-1, de 6 de setembro de 2001. Disponível em: http://www.planalto. gov.br/ccivil_03/mpv/2228-1.htm.

ca, a agência também retirou a exposição dos filmes do seu espaço on-line. No site da Ancine, existia uma aba destinada a informações acerca de festivais dos quais o Brasil participava ou promovia e, ainda, disponibilizavam-se as fichas técnicas das obras em evidência (Marques, 2019).

A decisão gerou suspeitas de retaliação a cineastas que vinham assumindo posições contrárias ao governo Bolsonaro. O presidente, por sua vez, afirmava que pretendia transferir a sede da agência do Rio de Janeiro para Brasília, para conseguir um maior controle sobre o órgão. Essa declaração provocou a formação de um movimento e um abaixo-assinado para impedir a mudança. A retirada dos cartazes também gerou uma onda de críticas entre cineastas e o movimento #OCinemaBrasileiroEmCartaz viralizou nas redes sociais (Putti, 2019).

Em resposta à *Revista Fórum*, a Ancine afirmou, através de sua assessoria, "não proceder a informação de que foi a própria agência que mandou retirar de suas paredes os cartazes de filmes brasileiros". A justificativa da Agência para a atitude foi a isonomia: "Se houver divulgação de cartazes de filmes, será necessário divulgar os cartazes de todos os filmes, sem exceção. E, por analogia, será necessária a divulgação de todos os canais de TV, serviços de streaming, complexos exibidores, distribuidores, desenvolvedores de games etc." (Revista Fórum, 2019).

Em resposta, logo em janeiro de 2020, o Festival Verão sem Censura expôs os cartazes retirados em uma iniciativa contra a censura às obras culturais estabelecidas por órgãos do Governo Federal, uma criação da prefeitura de São Paulo. Esse episódio marca subjetiva e simbolicamente o momento em que a Ancine, responsável pelo fomento, promoção e estímulo do audiovisual brasileiro, retirou, literalmente, seus filmes de cartaz.

Paradoxalmente, mesmo marcado por este tipo de tensão doméstica, durante o primeiro ano do governo Bolsonaro, o cinema brasileiro esteve presente nos principais festivais internacionais do mundo e logrou conquistas e prêmios inéditos. Desempenhando um dos seus melhores anos de circulação no exterior, desde a era do Cinema Novo, na década de 1960, ou até mesmo da Retomada, em meados dos anos 1990. Evidentemente, nenhum dos louros de prestígio foi incentivado ou apoiado pelo governo; ao contrário, são os últimos resultados da herança de estruturação e de políticas de financiamento criadas pelo tripé institucional da MP 2.228/01, durante as últimas governanças.

Percebe-se como evidência desse legado, a trajetória de filmes como o *Divino Amor* (Gabriel Mascaro, 2019), *A Vida Invisível de Eurídice Gusmão* (Karim Ainouz, 2019), *Greta* (Armando Praça, 2019), *Bacurau* (Juliano Dornelles e Kleber Mendonça Filho, 2019), *Marighella* (Wagner Moura, 2019), *No Coração do Mundo* (Maurílio Martins e Gabriel Martins, 2019), *Inferninho* (Pedro Diógenes e Guto Parente, 2018), *Azougue Nazaré* (Tiago Melo, 2018) – cujos cartazes são expostos na Figura 5 –, entre outros, não apenas exibidos e premiados em circuitos de festivais internacionais como Cannes, Berlim, Veneza e Nova York, como também com o lançamento comercial em salas de cinema e contratos de licenciamento com serviços de *streaming* internacionais como MUBI e Amazon Prime (Ghill, 2021).

Figura 5 – Cartazes de filmes brasileiros

Fonte: Elaborado pela autora, com base em IMDB (2021).

A presença brasileira em 2019 no Festival de Berlim, por exemplo, foi marcada por nove filmes em todas as categorias e mostras, e, em Cannes, o Brasil conquistou dois prêmios: o do Júri Popular por *Bacurau* de Kleber Mendonça Filho e Juliano Dornelles; e o prêmio *Un Certain Regard* por A *vida invisível de Eurídice Gusmão*, de Karim Ainouz.

Nesse mesmo fluxo, pode-se contabilizar negociações específicas, sem fomento direto ou indireto, como as produções brasileiras originais do Netflix, por exemplo, que ganharam destaque em âmbito global e comercial. *Democracia em Vertigem*, documentário dirigido por Petra Costa, recebeu indicação ao Oscar de Melhor Documentário em 2020, enquanto *Dois Papas*, dirigido por Fernando Meirelles, foi indicado a diversas categorias no Globo de Ouro e Oscar do mesmo ano.

Por outro lado, para além das tentativas de desmonte generalizadas do setor audiovisual, o governo configurou como alvo específico o filme *Marighella*, dirigido por Wagner Moura, cancelando seu lançamento oficial nas salas de cinema do Brasil, a partir de uma medida arbitrária da Ancine. O filme estreou no Festival de Berlim em 2019 e acompanha a trajetória política do membro do Partido Comunista, desde suas primeiras ações até os planos mais agressivos, que provocaram discordâncias dentro do partido. O filme foi submetido a uma série de processos burocráticos não usuais e, com isso, o caso acabou tornando-se símbolo de sustentação para o argumento de censura no interior da Agência criada para manter relativa independência do governo, e que não poderia, sob qualquer aspecto legal, exercer uma seletividade ideológica entre as obras propostas (Molica, 2019).

Diante dessa linguagem e postura de obscurantismo, durante todo o ano de 2019, a cultura, em especial o cinema brasileiro, assistiu à degradação velada das instituições do setor, culminando em um afastamento do mercado e do Estado, que antes colaboravam sistematicamente. O principal motivo e força motriz dessa ruptura é o conflito ideológico e autoritário do governo, que, em referência às acusações de censura e intervenção no remanescente das autarquias, manifesta-se em documentos jornalísticos da seguinte maneira:

O presidente Jair Bolsonaro afirmou nesta sexta-feira (19) que se o governo não puder impor algum filtro nas produções audiovisuais brasileiras, por meio da Agência Nacional do Cinema (Ancine), ele extinguirá a agência. [...] a Ancine é uma agência reguladora que tem como atribuições o fomento, a regulação e a fiscalização do mercado do cinema e do audiovisual no Brasil. [...] "Vai ter um filtro sim. Já que é um órgão federal, se não puder ter filtro, nós extinguiremos a Ancine. Privatizaremos, passarei ou extinguiremos" (Borges, 2019).

Diante desse recorte, é inevitável observar a caracterização da conjuntura social brasileira no final do ano de 2019, em que se configura uma ameaça e um ataque do Governo Federal às instituições que consolidam o Estado. Nesse caso, com regulação e subjugação ao controle ideológico, sob as ordens do Governo Federal que ameaçam a liberdade de expressão da produção cultural no país. Nessa situação, a imposição de "filtros" (potenciais censuras) à produção audiovisual no país condiciona a produção cultural aos interesses ideológicos de um governo, ao invés de contemplar a diversidade de pensamento e concepções de sua nação. A preservação da autonomia dessas agências, dentro da regulamentação do Estado e a fiscalização da sociedade, torna-se fundamental e urgente para a manutenção de uma sociedade democrática, em respeito à diversidade cultural, pluralidade sociopolítica e dignidade humana de sua população (Ghill, 2021).

Em sequência, o início do ano de 2020, portanto, foi marcado pelo setor cultural em crise e em busca de recuperar a drástica diminuição dos investimentos federais de aplicação direta, agora através da Secretaria Especial da Cultura e, ainda, contra as tentativas do Governo Federal de esvaziamento dos recursos que circulavam por meio das leis federais de incentivo. A narrativa que se instaurou pela atual gestão era baseada em um discurso criminalizante do fazer cultural, elaborado e divulgado pelo governo e seus seguidores, declarações e notícias que buscavam comprovar a apropriação indébita dos recursos federais com finalidades políticas por artistas e realizadores, ou ainda com objetivos de divulgação de ideologias que corromperiam o imaginário e a imagem do país (Calabre, 2020).

Segundo análise do pesquisador Albino Rubim, em artigo publicado na revista *Pragmatizes* em 2021, existem dois apontamentos esclarecedores desse movimento por parte das autoridades atuais. O primeiro consiste em que o grupo que integra o presente governo é oriundo de movimentos de direita contrários à informação e, assim, passa a classificar a área da cultura e da arte como zona de domínio da "oposição esquerdista". O segundo consiste em ressaltar que, no que tange à principal lei de incentivo do país, a Lei Rouanet, já estava em curso uma série de diagnósticos sobre o conjunto dos problemas de distribuição desigual de recursos existentes, assim como era pública a necessidade de sua substituição ou seu aperfeiçoamento. Essas reflexões críticas ao mecanismo vinham sendo desenvolvidas ao longo da última década e resultaram na elaboração de um projeto de lei que previa a reestruturação do mecanismo de financiamento, e estava em tramitação no Congresso Nacional. Porém, não foi necessariamente o motivo da distribuição desigual de recursos que desencadeou os ataques às leis de incentivo à cultura pelo atual presidente e seus apoiadores, e sim a posição de resistência democrática apresentada por parte significativa do setor cultural, em especial cinematográfico (Rubim; Almeida; Mettemheim, 2021).

Em nível internacional, durante o último ano o Brasil tem recebido fortes críticas de organismos supranacionais pela falta de planejamento e baixo grau de administração da crise pandêmica e econômica em todos os setores; logo, no âmbito cultural não foi diferente. Analogamente à gestão da pandemia pelo Ministério da Saúde, que durante os dois anos de crise transitou na gerência de quatro diferentes líderes ministeriais, no marco dos quinhentos dias de governo festejados no dia 15 de maio de 2020, a pasta da Cultura já tinha sido designada a quatro titulares diferentes – Henrique Pires, Ricardo Braga, Roberto Alvim e Regina Duarte – e seguia acéfala aguardando o quinto candidato. Em junho do mesmo ano, sem anúncio prévio, o ator Mário Frias toma posse como novo secretário de cultura do Brasil, para administrar um orçamento de R$ 366,43 milhões em 2020 – 36,6% menor que os R$ 578,3 milhões do ano anterior (G1, 2020).

No que se refere aos recursos existentes do setor a serem liberados do Fundo Setorial do Audiovisual (FSA), que acumulou aproximadamente R$ 700 milhões em 2018, ainda se encontravam contingenciados. O governo tentou retirar a gestão do FSA da Ancine no segundo semestre de 2019 e, como não obteve êxito, enviou em 2020 ao Congresso um Projeto de Lei prevendo um corte de 43% do orçamento do Fundo. A professora Lia Calabre, da Universidade Federal Fluminense (UFF), em seu artigo "A Arte e a Cultura em Tempos de Pandemia", sugere que esses recursos, se liberados e distribuídos em editais de médio e pequeno porte, de maneira emergencial e em parceria com estados e municípios, permitiriam a remuneração da ampla cadeia de valor cinematográfica brasileira. Contudo, as mobilizações e demandas por ações de contingência, direcionadas ao Poder Executivo Federal por agentes representativos do setor, artistas e líderes sindicais, foram ignoradas.

Sendo assim, quando se tornou evidente a paralisação intencional por parte do governo em providenciar socorro ou auxílio ao setor artístico/cultural, indivíduos, grupos e instituições de representação coletiva do meio começaram a se mobilizar.

> O Fórum Nacional de Secretários e Dirigentes Estaduais de Cultura, o Fórum de Conselhos Estaduais e Municipais de Cultura, a Rede Nacional de Pontos e Pontões de Cultura, entre outros, iniciaram um intenso diálogo com os parlamentares em busca de soluções, de medidas legais que garantissem um nível mínimo de renda que permitisse a sobrevivência aos tempos de pandemia e desgovernança (Calabre, 2020, p. 15).

Diante das mobilizações foram estruturados seis projetos de lei, que abordavam diferentes frentes da indústria cultural brasileira. Como constatação advinda da crise pandêmica, nota-se a amplitude de medidas urgentes e ao mesmo tempo diferentes, o que expõe a complexidade e competitividade da gerência de cultura no Brasil. Atendendo ao teor de emergência contido nas aprovações e tramitações do conjunto de leis propostas, desponta uma forte influência parlamentar neste sistema espontâneo de auxílio.

Ante a possibilidade de uma nova lei para a cultura, insurge uma intensa mobilização nacional entre os agentes, atores e pesquisadores do setor, nas esferas públicas e em união aos parlamentares nacionais e regionais, no âmbito das universidades e pelos movimentos acadêmicos e, ainda, na esfera on-line e individual, manifestos e impulsos de personalidades influentes da área. Todos em sinergia lograram por um avanço natural para além das instâncias limitantes do Governo Federal e via caminhos entre meios restantes de resistência e oposição em nível supranacional.

Isto é, diante de uma barreira criada pela inércia da Secretaria Especial de Cultura, a associação de dirigentes estaduais e municipais de cultura e representantes do Poder Legislativo, somada a mobilização social da classe, do mercado e da sociedade, culminou na promulgação da Lei de Emergência Cultural Aldir Blanc (Lei nº 14.017, de 2020), em homenagem ao compositor, poeta, crítico social, músico e vítima do coronavírus no Brasil.

A iniciativa destina recursos federais da ordem de R$ 3 bilhões, em grande parte oriundos do Fundo Nacional de Cultura, para estados e municípios responsáveis pela implementação das ações. A legislação estabelece que metade da quantia seja repartida entre os estados e o DF e seja distribuída entre eles pelo seguinte critério: 80% de acordo com o tamanho da população e 20% pelos índices de rateio do Fundo de Participação dos Estados (FPE). A outra metade deve ser dividida entre os municípios e o DF e a partilha segue regra semelhante: 80% segundo o tamanho da população e 20% segundo o Fundo de Participação dos Municípios (FPM).

A lei estabeleceu três formas de aplicação do dinheiro: renda emergencial para trabalhadores da cultura, subsídio para manutenção de espaços culturais, fomento a projetos e linhas de crédito. Além do repasse de recursos, a lei também versa sobre prorrogação de prazos para realização e prestação de contas de projetos culturais já aprovados, moratória de débitos tributários, vedação do corte de energia, água e serviços de telecomunicações. Trata-se de uma grande conquista do setor cultural. Contudo, devemos atentar para o grande desafio que representa a implementação da lei, ou seja, o repasse de recursos e a sua transformação em políticas públicas efetivas em prol do setor cultural. O prazo para a utilização dos recursos foi restrito, o volume de recursos era alto, em muitos casos superior à dotação orçamentária anual de estados e municípios, e a capacidade de gestão e execução desses é desigual. O risco de que parte desses recursos não seja utilizada e retorne aos cofres públicos da União é considerável (Observatório Itaú Cultural, 2021).

O Decreto nº 10.464, de 17 de agosto de 2020, que regulamentou a Lei nº 14.017/2020[23], estabeleceu o prazo de 60 dias para os municípios e 120 dias para os estados e o Distrito Federal publicarem a programação ou destinação dos recursos. Os recursos não destinados ou que não tenham sido objeto de programação publicada no prazo de 60 dias, após a descentralização aos municípios, serão objeto de reversão ao fundo estadual de cultura do estado onde o município se localiza ou, na falta deste, ao órgão ou à entidade estadual responsável pela gestão desses recursos. Os recursos não destinados ou que não tenham sido objeto de programação publicada no prazo de 120 dias após a descentralização aos estados serão restituídos no prazo de dez dias à União (Observatório Itaú Cultural, 2020).

Com intuito de facilitar a capilaridade da Lei pelos profissionais do setor, o projeto classificou, em seu artigo 4º, como trabalhadores da cultura passíveis de contemplação: as pessoas que participam da cadeia produtiva dos segmentos artísticos, incluindo artistas, produtores, técnicos, curadores, oficineiros e professores de escolas de arte. E no artigo 8º são abordados como espaços culturais: todos aqueles organizados e mantidos por pessoas, organizações da sociedade civil, empresas culturais, organizações culturais comunitárias, cooperativas com finalidade cultural e instituições culturais, com ou

---

[23] Lei nº 14.017, de 29 de junho de 2020. Disponível em: http://www.planalto.gov.br/ccivil_03/_ato2019-2022/2020/lei/l14017.htm.

sem fins lucrativos que sejam dedicados a realizar atividades artísticas e culturais (Brasil, 2020c).

Relevantemente, a lei foi reconhecida pelo Governo Federal por decreto, no dia 20 de março de 2020, porém ela é registrada como uma iniciativa da deputada Benedita da Silva, do PT-RJ, na época presidente da Comissão da Cultura da Câmara de Deputados. A sistematização do projeto teve contribuições da deputada Jandira Feghali, do PCdoB-RJ, que também integra a Comissão. Na sequência da aprovação e durante a espera pela sanção presidencial, mobilizaram-se os gestores e parlamentares na promoção de um curso de formação para a aplicação da Lei de Emergência Cultural Aldir Blanc, visando evitar dificuldades na aplicação do projeto nos estados e municípios.

Como consequência, através do sistema imposto pela lei, é possível evidenciar uma crescente institucionalização das instâncias gestoras locais e regionais de cultura como alternativa direta e assertiva para a operacionalização de incentivos públicos ao setor. Não obstante, considerando que nem todos os estados, capitais e municípios brasileiros dispõem de gestores dedicados à cultura, essa descentralização pode representar um desafio para a implementação de novas medidas e pode pôr em risco a celeridade na efetivação do acesso de profissionais da cultura aos recursos previstos nas leis. Processos para apoiar demandas gerenciais e para agilizar mecanismos seguros que viabilizem o repasse à gestão dos recursos de modo eficiente, confiável e transparente tornam-se, então, uma exigência do tempo presente. Esse momento representou, ao mesmo tempo, uma oportunidade de retomada para o setor, mas também uma grande chance de evidenciar a importância de uma gestão pública de cultura estruturada e apta a dialogar e utilizar os mecanismos e as ferramentas de gestão disponíveis. Sem gestões municipais atuantes, conectadas com o território e estruturadas, é difícil imaginar uma política cultural que consiga se fazer presente nesse contexto (Observatório Itaú Cultural, 2021).

A institucionalidade adota novas formas e exige um olhar progressista diferente, a maior organização e valorização da gestão cultural do âmbito local torna-se imprescindível para possibilitar a atuação dos municípios e estados nesse momento de crise. Sob essa ótica, Rubim (2021) sugere estarmos vivendo uma histórica transformação que pode valorizar e incentivar, pela primeira vez e quase que acidentalmente, as representações culturais que possuem relação íntima com as identidades hiperlocais. E estas podem, então, ser as grandes catalisadoras dos processos de reestruturação, desenvolvimento e mobilizações municipais (Rubim; Almeida; Mettemheim, 2021).

> Olhar para as propostas municipais de fomento à cultura, com novidades e redundâncias, pode apontar nessa cruel conjuntura brasileira atual para modalidades novas de resistência e de alternativas para a construção cidadã de mecanismos de apoio à cultura, dimensão essencial para a reconstrução do país, em uma perspectiva democrática, soberana, justa e criativa. O município em uma estrutura federativa pode ser relevante âmbito de resistência e de inovação em todas as dimensões da sociedade e, muito especialmente, na cultura. O ano de 2020, que passará à história e à vida de todos como ano do coronavírus e da quarentena, comporta também eleições municipais no Brasil. Elas podem ser um passo para a redemocratização do Brasil (Rubim; Almeida; Mettemheim, 2021, p. 323).

A título de encerramento, é possível afirmar com evidências concretas que, via de regra, o governo Bolsonaro mostrou-se inefetivo e quase inoperante na proposição e viabilização de medidas que mitigassem os impactos das diversas nuances de crises pandêmicas sobre a classe trabalhadora em geral. Quando observada em destaque, a área da cultura, no conjunto das suas complexidades e conectividades, foi completamente ou propositalmente negligenciada pelo Poder Executivo. Mesmo considerando que as atividades de cultura foram as primeiras suspensas em todo país e que o setor deverá ser também o último a retornar à normalidade, em toda a sua cadeia produtiva, os profissionais da área não foram nem sequer contemplados no primeiro grupo de trabalhadores a receber auxílio emergencial.

Com isso, enquanto essa parcela da nossa sociedade mobiliza-se para garantir um mínimo de sustento as suas carreiras, o governo segue investindo em seu plano de desmonte das instituições federais de cultura. Pois, para além dos rompimentos de diversas naturezas, esvaziamentos orçamentários, contingenciamentos, bloqueios e imposições ideológicas, também está em decadência a própria capacidade de execução e cumprimento das atribuições mínimas nas autarquias remanescentes, posto que também integra as ações do governo, uma rápida e silenciosa diminuição do quadro funcional, assim como a desqualificação ou incongruência técnica de dirigentes e ocupantes dos cargos comissionados e nomeados pelo governo nas instituições culturais, sociais e educacionais (Calabre, 2020).

As consequências dessa ingerência coerente provocam uma perda de autonomia, que impede que as atividades rotineiras, processuais e de ordem sistemática sejam realizadas na devida frequência. Dessa forma, ações e políticas culturais instauradas a longo prazo, ou que já haviam conquistado um fluxo recorrente e efetivo pelas plataformas federais, paralisam-se, perdem continuidade e desintegram-se pela inércia da máquina pública.

Sem embargo, o cenário que se desvendou em 2021, contando com os resultados de projetos culturais implementados via Lei Aldir Blanc, no plano de fundo, e as inúmeras mobilizações e inovações do setor cultural em união, iluminou um possível "novo estado de normalidade" para o porvir pós-pandêmico e, até mesmo, pós-Bolsonaro no Brasil.

4.3 Transformações tecnológicas e a circulação cinematográfica

Diante do contexto pandêmico e de constantes mudanças e rupturas estruturais, torna-se necessário destacarmos algumas nuances de transformação em todo o setor audiovisual e de trocas internacionais, no que se refere à cultura e ao intercâmbio de conteúdo entre países. A pandemia consolidou plataformas virtuais que alteram a paisagem e perspectiva de um futuro próximo, pós ou intrapandêmico.

Em resposta rápida à crise, bens e serviços culturais migraram sua presença para o espaço virtual de consumo digital, alguns com maior facilidade de adaptação, como é o caso do *streaming* de música e *lives*, outros, com astuta autenticidade e inovação, propondo-nos atender a peças de teatro e exposições de arte pela janela da tela.

> No campo da cultura, as novas tecnologias digitais têm afetado a criação, disseminação e fruição de bens culturais, sobretudo por meio da internet, alterando substancialmente mercados já estabelecidos e, em alguns casos, criando novas formas de consumo e circulação de produtos (Maranhão, 2019, p. 21).

O mercado cinematográfico no Brasil representa uma indústria que atingiu uma taxa de crescimento de 7% ao ano, entre 2013 e 2019, movimentando mais de R$ 20 bilhões anuais, o equivalente a 1,67% do PIB nacional. Nesse sentido, embora as adaptações e novos modelos de consumo on-line já estivessem estruturados antes da pandemia, em plataformas de assinaturas e coleções audiovisuais, para o fluxo de estreias e premiações, nenhum caminho virtual havia sido traçado até o momento. Com as salas de cinema fechadas e os festivais suspensos, a cadeia de valor do cinema estava paralisada.

Além do setor expositivo, no segmento de produção audiovisual os impactos não são menores e atingem ainda mais amplamente não só as empresas, mas também os trabalhadores. Segundo a Anesp, só em São Paulo, no ano de 2020, o segmento movimentou mais de R$ 500 milhões e gerou mais de 25 mil empregos. Com a suspensão das filmagens, estima-se que, por mês, mais de R$ 40 milhões deixarão de circular na cidade.

Muito estava em risco, de um lado, os produtores com obras inéditas para serem apresentadas ao mercado e, de outro, o consumidor-espectador recebendo uma intensa oferta de conteúdo on-line. Diante desse pêndulo, entre a oferta e a demanda, surge uma oportunidade de democratização com curadoria e os festivais de cinema percebem que seu papel legitimador adquire um novo significado. No momento, podemos verificar o lançamento de uma série de novos *streamings* de canais e coleções abertas ao público no mercado. A demanda por consumo de produtos audiovisuais em plataformas de *streaming* tem aumentado exponencialmente, além de elevar a quantidade e o formato dos canais oferecidos.

De acordo com pesquisa *Inside Video*, da Kantar Ibope Media[24], 58% dos internautas afirmaram ter visto mais vídeos e TV on-line no *streaming* pago durante os períodos de isolamento. O tempo em frente à televisão aumentou 37 minutos por dia, e cada indivíduo passou cerca de 1h49 por dia assistindo a conteúdos em plataformas de *streaming*. Arthur Bernardo Neto, diretor de desenvolvimento de negócios para proprietários de mídia da Kantar Ibope Media, destaca que:

> Tínhamos necessidades geradas pela pandemia. O distanciamento social e a busca por novas formas de lazer indoor têm levado as pessoas a experimentar mais e encontrar na tecnologia a solução para alguns dos impasses do momento, inclusive outras formas de se divertir e compartilhar momentos com outras pessoas, mesmo à distância.

No cenário global de consumo de entretenimento durante a pandemia, o relatório da MPA (Motion Pictures Association) mostra que houve um aumento de 26% nas assinaturas da plataforma, o que corresponde a 232 milhões de novas contas. O total de assinaturas globais atingiu 1,1 bilhão em 2020. O aumento da receita foi de 34%, com arrecadação de aproximadamente US$ 14,3 bilhões.

Como forte consumidor de conteúdo digital, o Brasil alcança a segunda posição no ranking de assinantes da Netflix em todo o mundo. A plataforma, que atingiu a marca de 200 milhões de assinaturas no final de 2020 – com crescimento recorde de 37 milhões de novos usuários no último ano –, tem 17,9 milhões de usuários ativos no

---

[24] Disponível em: https://www.kantaribopemedia.com/estudos-type/inside-video/.

Brasil, segundo estimativa da empresa para redes privadas virtuais da Comparitech. A receita estimada para o segundo trimestre de 2020 no país foi de US$ 432 milhões.

Ainda não sabemos se o *boom* na migração para o *streaming* é definitivo ou simplesmente impulsionado pelo fechamento de cinemas e pela escassez de outras ofertas de entretenimento, como shows e peças teatrais. Mas Pedro Oliveira, cofundador da Outfield Consulting, ressalta que, nesse período, o brasileiro percebeu que a conta é mais vantajosa com o *streaming*:

> Hoje, no Brasil, a assinatura de plataformas gira em torno de R$ 30. Por ano, R$ 360 para ter um acervo de filmes e séries para toda família. Quanto custa uma família de quatro pessoas gasta em cinemas? Só ida não custa menos de R$ 150, com passagem, alimentação e transporte. É uma troca para o consumidor que é muito óbvia colocá-la no papel (Kantar Ibope Media, 2022).

Nesse sentido, a emergência das plataformas nesse período apenas antecipou e ampliou a previsão da sua expansão junto dos consumidores. São justamente essas novas dinâmicas, em que a tecnologia detém poder dominante, que preocupam o futuro, uma vez que a influência da pandemia acabará sendo menos nociva do que as permanências do digital. Isso porque, embora sem data definida, é certo que as rodagens irão retomar, os festivais irão se recompor na dimensão presencial, mas o futuro das salas está em questão e, com isso, toda a sustentabilidade do modelo de distribuição e exibição que até então conhecíamos (Lourenço, 2021).

Esse fenômeno torna-se evidente, visto que a Netflix, por exemplo, líder em seu ramo de atividade, já soma 193 milhões de assinantes em nível internacional (cerca de 73 milhões só nos EUA) e o Disney+ alcançou mais de 60,5 milhões num ano. De acordo com o *Público*, em abril de 2020, registrou-se um pico mundial em que as ações da Netflix passaram a valer mais do que as das petrolíferas (Cardoso Jr., 2019).

Esses dados demonstram, acima de tudo, uma mudança de comportamento nos hábitos de consumo dos espectadores. Essa alteração na cadeia de valor do cinema pode expor o setor de produção como refém às estruturas econômicas e estrangeiras de distribuição e exibição, o que acarretaria também uma formatação distinta do conteúdo. A transição poderá significar uma extinção do cinema em virtude da ascensão da produção audiovisual (Leão, 2020).

Nesse sentido, e diante do efeito capilarizante e fulminante de proliferação das plataformas, a Academia de Artes e Ciências Cinematográficas, a entidade que realiza a cerimônia do Oscar, decidiu, excepcionalmente, permitir a elegibilidade de filmes estreados em plataformas de *streaming*. Até então, apenas eram consideradas produções que tivessem permanecido em cartaz pelo menos uma semana nas salas de cinema. A Academia acentua que se trata de uma exceção e que continua firme na distinção entre filmes estreados em sala e em *streaming*.

O fato é um bom exemplo de como algumas sutis mudanças poderão impactar nos desdobramentos do que seria uma "outra retomada" pós-pandemia. Certamente, algumas adaptações serão permanentes e outras obsolescentes. Aqui se pode recuperar uma afirmação célebre do reconhecido crítico de cinema norte-americano Roger Ebert: "os filmes não mudam, mas os seus espectadores sim" (Ebert, 1997). São esses novos espectadores que irão posicionar suas escolhas no contexto pós-crise, e seus hábitos de assistir a filmes já não envolvem e não dependem da ida à sala de cinema (Lourenço, 2021).

Perante isso, o cinema encontra-se atualmente em mais um momento de validação e afirmação, acerca do seu tempo e, principalmente, do seu espaço. Afinal, o que estamos assistindo hoje é uma redução do mundo à pequena tela, em que

> o bosque de delícias e sevícias transformou-se num espaço fechado de conforto, os aventureiros que se dobravam aos rituais e aos tempos da descoberta tornaram-se apenas consumidores ávidos, impondo aos filmes o seu ritmo, não lhes dando oportunidade para

eles desenvolverem a vida que têm no interior (Câmara, 2020, p. 7).

E é justamente o que se refere ao espaço do e para o cinema que se torna imprescindível para o presente estudo adentrar em específico no caso dos festivais de cinema, suas reações e reestruturações ante as incertezas da pandemia e a expansão exponencial programada da tecnologia. Inclusive, ao adicionarmos a visão teórica de diplomacia cultural sobre o ambiente e as significâncias da atmosfera dos festivais, denota-se a pertinência, relevância e urgência do tema. Dado que para a diplomacia cultural festivais de cinema são os principais espaços de alteridade internacional. Ou seja, são universos muito específicos de ampliação de oportunidades, para que os Estados e suas culturas se intercambiem e se expressem de maneira mútua e política, antes mesmo das trocas comerciais e econômicas.

4.3.1 Transições sistêmicas e transposições tecnológicas de significados no espaço dos festivais de cinema

Seguindo o mesmo fluxo deste momento contemporâneo, festivais de cinema ao redor do mundo também se reestruturaram para o ambiente virtual, na tentativa de manter seu papel ativador na cadeia de valor cinematográfica e até mesmo encontrar novas formas de obter e oferecer um maior alcance entre as obras trocadas e apresentadas internacionalmente. No início de 2019, o setor de festivais enfrentou uma série de adiamentos e cancelamentos devido às incertezas e imprevisibilidade da pandemia. Uma vez que a situação foi reconhecida, compreendida e, de alguma forma, organizada em todo o mundo, os festivais começaram a investir na transposição de suas experiências presenciais e off-line para as virtualidades dos espaços on-line.

Nesse sentido, começamos a observar como o mercado de festivais de cinema comportou-se no ambiente virtual durante o ano de 2020. Em seguida, analisamos essas atividades e suas instituições envolvidas sob a ótica dos conceitos de diplomacia cultural. Buscamos cruzamentos e relacionamos nuances do universo das relações internacionais e do espaço de trocas simbólicas na indústria cinematográfica cultural, no caso, ambientes de festivais de cinema pelo mundo, ou melhor, globalmente on-line.

Inicia-se esta observação reparando que, historicamente, o modelo de festival de cinema como evento anual só foi estabelecido quando o filme, enquanto meio, já existia há quase quatro décadas. Entre as primeiras apresentações de filmes em Berlim, Paris, Londres e Madri em 1895 e o estabelecimento do modelo de festival de cinema estável no início dos anos 1930, o cinema deixou de ser um novo meio com ar de espetáculo de massas, medido em relação a formas de arte legítimas – como teatro e ópera –, para ser considerado uma forma de arte própria. Durante esse tempo, vários eventos únicos, incluindo concursos de cinema, conferências, feiras da indústria e espetáculos de vanguarda aconteceram em toda a Europa e foram importantes precursores do modelo de festival que conhecemos hoje (Hagener, 2014).

Vários dos primeiros festivais de cinema foram fundados como barras laterais de exposições de arte maiores, em parte como um esforço para ganhar legitimidade para o cinema como forma de arte. O Festival de Cinema de Veneza começou em 1932 sob a égide da Bienal de Veneza, e o Festival de Cinema de Edimburgo como parte do Festival Internacional de Edimburgo em 1947 (Wong, 2011, p. 44). Na década de 1950, o status do cinema havia mudado consideravelmente e a Berlinale foi especificamente fundada fora da *Festspielwochen*[25], em 1951, para enfatizar o sentimento americano do cinema como uma cultura de massa, não uma arte de elite.

De Valck (2007) data a primeira fase do desenvolvimento do festival de cinema a partir da bem-sucedida criação do Festival de Cinema de Veneza em 1932. O modelo proposto pela Bienal de Veneza resolveu a crise da produção, distribuição e exibição do cinema europeu. O que

---

[25] O primeiro Festival Internacional de Cinema de Berlim que foi realizado de 6 a 17 de junho de 1951 no cinema Titiana-Palast.

antes eram desvantagens – barreiras linguísticas, que vieram à tona com o filme sonoro, e o surgimento de sentimentos nacionalistas, que também contribuíram para o fracasso do movimento cosmopolita de vanguarda – transformaram-se em vantagens ao oferecer orgulho da cultural nacional e plataforma internacional. Nessa fase, o festival convidou as nações a apresentarem seus melhores filmes próprios e, a partir do modelo de seleção e concursos nacionais, nasceu uma espécie de "Olimpíada do Cinema" (De Valck, 2007).

Isso foi adotado mais tarde por outros organizadores de festivais para cooptar o sentimento nacionalista e ter consequências duradouras. A conexão política do Festival de Cinema de Veneza com Mussolini e seu regime fascista acabou levando os países democráticos a boicotá-lo e organizar um contrafestival em Cannes. Além disso, diretamente emaranhada com a geopolítica e a cultura, a Berlinale tornou-se um ator importante no clima emergente da Guerra Fria.

Além desses festivais de motivação política, outros eventos foram criados por grupos cinéfilos. Dois desses exemplos são os festivais fundados em Locarno (1946) e Edimburgo (1947). O Festival de Locarno foi inicialmente concebido como um evento para o cinema italiano e o público italiano. Já o de Edimburgo foi fundado no contexto de uma cidade-festival internacional não como iniciativa estatal, mas por uma associação cinematográfica, a Edinburgh Film Guild (Moine, 2017).

Embora os chamados "Três Grandes" festivais de cinema – Cannes, Veneza e Berlim – sejam exemplos essenciais do fenômeno dos festivais de cinema europeu, o modelo de festival não ficou por muito tempo confinado à Europa. Rapidamente, tornou-se global após a Segunda Guerra Mundial. Junto dos europeus, como Karlovy Vary na Tchecoslováquia (1946), Locarno na Suíça (1946), Bilbao na Espanha (1946), Edimburgo no Reino Unido (1947), San Sebastián na Espanha (1953) e Londres no Reino Unido (1956), notam-se adições de festivais de cinema também desenvolvidos em Melbourne, na Austrália (1951); Mar del Plata, na Argentina (1954); San Francisco, nos EUA (1957); e Moscou, na Rússia (1959). Assim, a construção de redes regionais remonta à década de 1950.

Essa precoce proliferação globalizada do modelo de festival

de cinema mostra tendências de uma rede. No sistema tradicional, dominado pelo distribuidor, o festival de cinema estava fora da cadeia de distribuição e era visto como um precursor da mesma: um filme seria exibido em festivais na esperança de conseguir contratos melhores de distribuição em outros territórios. A partir de 2019, não só pelas influências pandêmicas, nem tampouco somente pelas rupturas tecnológicas, mas sim naturalmente, nasce um novo sistema sem intermediários e, com isso, o circuito de festivais torna-se um elemento-chave para a circulação de filmes. Uma vez que se tornou um lugar da exibição direta de filmes, o festival também assume um espaço para a negociação com outros festivais, um desdobramento facilitado e melhorado pelo aparecimento de tecnologias, que permitem a difusão do mesmo conteúdo em múltiplos festivais e mercados (Iordanova; Cunningham, 2019, p. 546).

Conforme já observamos, ao longo ano de 2020, os cinemas foram fechados e foram aplicadas medidas rígidas de distanciamento social, interrompendo uma série de produções e colocando em risco a estabilidade financeira de muitas empresas criativas. Uma das primeiras consequências óbvias foi o cancelamento ou adiamento de muitos eventos e encontros cinematográficos. No entanto, um número crescente de festivais, de diferentes tamanhos e escopos, reagiu a essa emergência virtualizando-se. Infelizmente, não sabemos quando a pandemia chegará ao fim e permanecer on-line pode ser a única opção disponível para muitos eventos futuros. Também pode-se afirmar que o momento oferece uma oportunidade para explorar perspectivas interessantes acerca da digitalização de festivais; portanto, talvez a indústria possa absorver melhorias úteis dessa estratégia de defesa provisória e considerar novas oportunidades.

No Brasil, concretamente, de acordo com o relatório do investigador Paulo Corrêa intitulado Panorama dos Festivais/Mostras Audiovisuais – Edição 2020:

> É importante referir que um ano tão inusitado foi também ocasião de festivais e exposições, mas a nível de continuidade ao se considerar a manutenção da apro-

> ximação filme-espectador, que no caso de 2020, aconteceu desterritorializada ou territorializada diferente da associação lugar-festival (Corrêa, 2020, p. 3).

Ainda de acordo com o relatório, em 2020, registramos a realização de 239 festivais e exposições brasileiras, o menor valor da série histórica dos anuários do setor, com cerca de 100 eventos a menos em relação a 2017, 2018 e 2019. Na análise, pontuam-se alguns pilares que explicam essa retração. Evidentemente, a primeira razão é pandemia e a consequente impossibilidade de eventos presenciais; em um segundo momento, as insuficiências orçamentárias, decorrentes do desmonte sistemático da estrutura de desenvolvimento cultural nos níveis estadual e federal; e, por último, medos e incertezas quanto à transferência do aplicativo de exibição on-line como alternativa viável para seus respectivos horários, por falta de adequação aos perfis do evento.

Nesse sentido, no Brasil, vale destacar também que existe uma grande incerteza e insegurança no ambiente on-line no que diz respeito à proteção da propriedade intelectual dos filmes. Portanto, o mercado também resistiu em transpor imediatamente suas operações para o mundo digital, devido à falta de regulamentação e legislação que ofereça segurança para os filmes nos registros, transações e exibições on-line.

Nos anos de 2016 a 2019, o circuito audiovisual brasileiro registrou pelo menos 300 eventos anuais que abriram inscrições e foram realizados, configurando um ambiente diversificado e dinâmico. Nessa relação estão os festivais e as exposições on-line, experiências até então tímidas no cenário interno. Nesses quatro anos, foram pouco mais de 20 festivais ou exposições realizados virtualmente; em 2016, apenas três; em 2017 foram cinco; em 2018 foi registrado o maior número de eventos on-line com oito festivais, e em 2019 surgiram seis eventos. Os demais eventos catalogados pelo relatório referem-se a encontros presenciais, o que nos permite afirmar que a composição dos festivais brasileiros de exibição on-line representou uma pequena parcela de todo o circuito, tendo seu pico em 2018, quando atingiu 2,2% do total de eventos realizados no ambiente nacional (Corrêa, 2020).

Em 2020, esse jogo transformou-se: dos 239 eventos realizados no Brasil, mais de 190 aconteceram exclusivamente de forma virtual, representando 81% da composição total. Pouco menos de 20 festivais e shows aconteceram presencialmente, atingindo apenas 7% da configuração do circuito. Mais de 25 eventos funcionaram de forma híbrida, oferecendo exposições presenciais, públicas, ao ar livre ou *drive-in*, e salas de exibição on-line simultaneamente, que representam 12% dos eventos no ano. Dessa forma, foram realizados 220 eventos (93%) em 2020 que abriram inscrições e oportunidades on-line para obras cinematográficas circularem virtualmente.

Em termos qualitativos, podemos analisar o cenário brasileiro de exposições e festivais em 2020 a partir da categorização dos eventos que o compuseram, para então observar o comportamento da diplomacia cultural no ambiente interno e, assim, considerá-lo no espaço externo. Os eventos foram configurados da seguinte forma, fundamentalmente pela continuidade, pois aqueles que já realizaram as respectivas exposições on-line em 2020 mantiveram as suas estruturas apenas melhorando esse serviço. Depois, por adaptação, eventos que antes eram presenciais e que, devido à pandemia, recorreram à exibição on-line como forma de dar continuidade a sua tradição, ainda que de forma excepcional. E, por último, eventos que nasceram e apresentaram as suas primeiras edições neste contexto, iniciativas já pensadas especificamente para o ambiente virtual, com estruturas e plataformas dedicadas à experiência on-line.

Ao expandirmos as lentes de observação para o mapa internacional, baseado no escopo do relatório Film Festival Alliance, intitulado 2020 Festival Operations Survey, publicado em janeiro de 2021, como principal fonte de informações e dados, obtivemos noções sobre os movimentos do circuito de festivais em todo o mundo a considerar também na presente reflexão.

O relatório é resultado de uma pesquisa realizada por uma Aliança de Organizadores de Festivais (Alliance of Festival Organizers) de todo o mundo, diretores audiovisuais e uma amostra do público que compareceu a festivais. Entre os organizadores do festival, a configuração dos respondentes foi a seguinte: 51% Diretores Executivos, 51% Programadores, Curadores ou Diretores Artísticos e 15% Outros Gestores do Festival; nesta categoria foram 61 respondentes. Na categoria de produtores audiovisuais, foram 71% Diretores, 70% Produtores e 56% Roteiristas, com um total de 46 entrevistas. Por fim, com relação ao público regular, eram 94% pessoas que assistiram a algum tipo de festival, on-line ou presencial nos últimos 2 anos, totalizando 2.200 entrevistas.

Desse modo, vale ressaltar no estudo que 15% dos organizadores de festivais entrevistados afirmam que a maior dificuldade enfrentada por eles durante a pandemia estava relacionada ao financiamento e receita dos festivais. Porque, segundo eles, a adaptação ao on-line, em termos práticos, não é o principal desafio, mas sim a reestruturação do modelo de negócio do festival como um todo.

No entanto, grande parte das organizações em que os entrevistados prestaram serviços, neste caso, festivais com um histórico de pelo menos cinco edições, afirmam ter recebido recursos extraordinários de fundos especiais da respectiva estrutura governamental para manterem-se em atividade. Desses departamentos governamentais, 67% estavam relacionados com a administração política da cultura e educação e 39% com instituições associadas de alguma forma à política externa ou entidades culturais supranacionais, decorrentes de acordos ou blocos de desenvolvimento regional.

Diante desses investimentos, 73% dos festivais envolvidos na pesquisa apresentaram eventos on-line e exposições virtuais durante o ano de 2020 e, ainda assim, apenas 23% promoveram encontros presenciais. Esses organizadores criaram uma variedade de formatos presenciais e virtuais, combinados com experiências para seus públicos em 2020. Eles foram citados qualitativamente na pesquisa como: modelos de exposição *drive-in*, lançamento de novas plataformas VOD, organização de coleções e cinematecas, promoção de projeções especiais e projeções em retrospecto e comemoração do histórico de circulação dos festivais. Um número significativo de 90%

deles afirma ter acesso ampliado, democratizando a participação de mais espectadores em seus festivais e ampliando as oportunidades de contato e, consequentemente, conexões e negócios, por meio de encontros virtuais, shows e interações setoriais.

Em termos estruturais de mercado, há um fato importante no que diz respeito à dinâmica do circuito e às mudanças de papéis no sistema de valores das interações do setor. Na perspectiva das iniciativas on-line, os organizadores do festival em questão perceberam uma transferência de responsabilidade que confere mais autonomia ao cineasta, lembrando que, no formato virtual, quem submete o trabalho ao festival é maioritariamente o próprio realizador, em detrimento das empresas de distribuição. Isso porque, tanto em 2019 como em 2020, conforme pode-se acompanhar na Figura 6, a maioria dos filmes em festivais veio de inscrições on-line do cineasta (59%), sendo que apenas 29% vieram de inscrições de distribuidores e 13% foram selecionados pelos curadores, porém sem empresas distribuidoras envolvidas.

Figura 6 – Inscrições vs. distribuidores

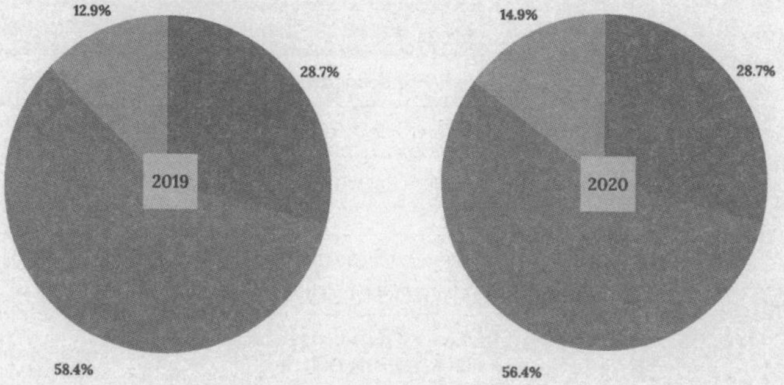

Fonte: Festival Alliance (2020).

Outra configuração diferenciada que apareceu na pesquisa chama a atenção para o formato das exposições e para uma tendência potencial que pode institucionalizar-se *ad continuum* no mercado de festivais: dos 23% de eventos que promoveram encontros presenciais, 71% foram exposições no formato *drive-in* e 57% foram configuradas como *outdoor*, sendo que 87% dos organizadores do festival entrevistados esperam manter esse formato nos próximos anos, pois obtiveram retorno satisfatório e acreditam oferecer, dessa forma, uma experiência de alto valor agregado para seus espectadores convidados.

No que diz respeito à problemática inter-regional e internacional especificamente observada nesta pesquisa, o relatório apresenta-se de suma importância e relevância, pois dos 73% dos festivais que acolheram eventos on-line, 100% afirmaram ter atingido um público mais amplo e diverso do que suas últimas edições. O resultado mediano reportado pelos festivais foi de 36 estados e 4 países (fora do seu) alcançado pelos festivais virtuais, conforme podemos verificar na Figura 7 a seguir.

Figura 7 – Número de países fora do festival que a versão on-line atingiu

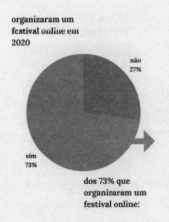

Métrica de Performance	Média	Mediana
Número de ingressos vendidos	4.900	1.800
Número de vizualizações	21.000	7.000
Número de cidades alcançadas dentro do estado do festival	105	20
Número de cidades alcançadas no país do festival	403	86
Número de estados alcançados no país do festival	29	36
Número de países alcançados fora do país do festival	14	4

Fonte: Festival Alliance (2020).

Nesse sentido, podemos verificar também na Figura 7 que, em média, os festivais entrevistados veicularam seu conteúdo para 21.000 espectadores e, destes, atingiram espectadores localizados em, em média, 14 países além de seu país de origem. Essa informação nos mostra um cenário de alteridade internacional interessante se considerarmos as ideias da diplomacia cultural; porém, continuamos relatando os dados da pesquisa, pois, em termos qualitativos, os entrevistados – desses 73% que transpuseram suas operações para o on-line – listam vantagens do formato híbrido ou puramente virtual de 2020. Dentre essas vantagens, a mais citada, com 87%, foi justamente: "Expandir nossa audiência no país e no exterior".

Figura 8 – Experiência em relação às expectativas
Virtual Festicals: Experience to Expectatives

Atributos	Melhor do que o esperado	Conforme o esperado	Pior que o esperado	NDA
Público de espectadores de fora da sua zona geográfica	61%	27%	9%	3%
Reação dos participantes do festival online	59%	34%	3%	3%
Reação dos realizadores	56%	41%	0%	3%
Doações individuais	46%	24%	27%	3%
Público no geral	35%	35%	27%	3%

Fonte: Festival Alliance (2020).

De acordo com a Figura 8, a expectativa foi superada para 61% no que diz respeito ao atendimento por pessoas fora de sua área geográfica habitual. Ou seja, por mais que se esperasse que o formato virtual ampliasse o acesso e o alcance geográfico do festival, a presença e validação da participação estrangeira foi ainda melhor do que o esperado.

De forma geral, e somando as percepções do público espectador também entrevistado para o relatório, pode-se concluir que o ano de 2020 foi definitivamente um desafio para os festivais de cinema, porém também abriu oportunidades de inovação e aplicação de novos conceitos, formatos e abordagens para o mercado. Afinal, o ambiente do festival sempre se configurou de forma estritamente tradicional, formal e inflexível, que, em determinada instância, limitava e restringia o acesso aos eventos apenas para a indústria atuante, ou seja, com pouca interação do público em geral e via um sistema de relacionamentos predefinidos e imutáveis ao longo do tempo. Em face aos desafios da pandemia, é possível considerar que ocorreram algumas alterações na cadeia de valor do circuito legitimador do festival, o que possibilitou certa expansão e renovação dos conceitos do festival de cinema e dos seus agentes articuladores.

Especificamente, em relação ao Brasil, alguns contrastes também podem ser notados no relatório em análise. Em primeiro lugar, no que diz respeito à noção de espacialidade, ou seja, a espacialidade do evento on-line é representada em si mesma. Como não existe associação física, onde um evento é fixado ao local onde ocorre, a dimensão espacial é a própria estrutura virtual do festival on-line: seu URL de acesso, navegação entre páginas, vídeo disponível e experiência do usuário em geral.

Essa relação de espaço e território, ou seja, a territorialização dos festivais, é uma premissa básica para as definições de diplomacia cultural que associam diretamente os festivais aos espaços em que acontecem e também os definem como espaços de alteridade internacional. E quando esse espaço não tiver mais um território de referência? Um espaço de origem delineado no mapa? Os festivais continuarão abrindo espaços e oportunidades de alteridade internacional entre as identidades nacionais dos Estados?

Antes de entrar nessas questões, examina-se outra mudança na percepção que 2020 apresentou: foi possível diagnosticar que a noção temporal do festival audiovisual on-line respeitou uma periodicidade e exibição acordadas. Ou seja, assim como o evento presencial, o encontro se dá em um determinado tempo, expondo as obras disponíveis para a visualização do espectador, com abordagens diferentes no período. Nos festivais presenciais e em tempo integral, as obras estão disponíveis a qualquer momento do dia dos festivais, enquanto nos outros formatos de festivais as exibições foram programadas em salas de projeção, com horários definidos em sessões.

Diante desses formatos, pode-se dizer que a associação temporal também assume novas configurações, pois, ao finalizar o evento on--line, os vídeos e as lives podem ficar disponíveis para acesso, como memorial do evento e representação de sua realização. Nesse caso, esse formato significa uma ruptura com a exibição física do festival; ou os eventos podem simplesmente ser excluídos e apagados do tempo e do espaço, criando uma sensação de efemeridade e ostracismo.

Por fim, é de extrema importância abordar a questão das mudanças no âmbito do espectador. Na exibição física, eventos presenciais, o espectador desloca-se para o local onde será realizada a sessão, no âmbito de elementos definidos (ambiente, horários, ordem de exibição dos filmes, ingressos e espaços variados). Na exibição on-line, o espectador assume certas liberdades: ele é quem define onde – na sua concepção física, visto que a configuração virtual é determinada pelo festival, tal como plataforma ou reprodutor de transmissão – vai assistir aos filmes, como, com que equipamento, em que ordem e quando – no dia e na hora que ele escolher. Essa noção confere ao espectador certa autonomia sobre o seu próprio consumo, afastando a organização do festival do papel de centro determinante de valores.

Afinal, historicamente, os festivais de cinema são um resultado da era analógica, onde constituem soluções politicamente endossadas para o poder crescente dos oligopólios cinematográficos em operação global (De Valck; Kredell; Loist, 2016). Os festivais de cinema foram posicionados estrategicamente fora dos mercados de distribuição e exibição existentes para criar visibilidade para cinemas nacionais e apoiar sua circulação. À medida que o número de festivais de cinema em todo o mundo aumentava, a rede global formada exibia estratificação hierárquica estrita, com um pequeno número dos principais festivais assumindo posições nodais em uma economia global de cinema de arte – combinando múltiplas funções como guardiões culturais, mercados, eventos de mídia – e o restante assumindo funções de varejo como agregadores de filmes de primeira linha lançados em eventos de atacado (Bachmann, 2000).

Na era digital contemporânea, entretanto, o convencional problema de acesso perdeu parte de sua urgência. As possibilidades de distribuir conteúdo de mídia e agregar filmes aumentaram exponencialmente, e os festivais viram empresas baseadas em plataformas entrarem no mercado e assumirem funções como agregadoras e produtoras de conteúdo anteriormente tipificado como produto de festival. Como resultado do estado avançado de digitalização das indústrias de cinema e mídia, nas quais plataformas digitais como Vimeo ou YouTube também facilitam os processos de inscrição, avaliação e vendas do festival, os programas do festival podem ser movidos on-line com relativa facilidade a partir de um ponto de vista tecnológico. A decisão de fazê-lo, ou melhor, a opção pelo adiamento ou cancelamento, não foi apenas uma questão de gestão de crise, mas envolveu a consideração cuidadosa dos interesses estratégicos dos diversos *stakeholders* envolvidos, e a consciência de possíveis repercussões de longo prazo na dinâmica e nas relações de poder entre as indústrias de mídia em geral.

Essas novas incorporações de necessidades contemporâneas, além de alterarem algumas relações de poder na cadeia de valor intrínseca ao circuito dos festivais de cinema, também interferem no jogo dos poderes culturais. Por um lado, pelas diferentes percepções de tempo e espaço, relacionadas à territorialidade e à oportunidade que os festivais atraíram as suas denominações de origem, e, por outro, pela democratização do acesso que se expande no mundo virtual para além da comunidade restrita dos "Três Grandes" festivais de cinema que regulam o mercado tradicionalmente – Cannes, Berlim e Veneza.

Acercando os termos específicos da diplomacia cultural, a questão geográfica torna-se essencial para a eficácia das trocas simbólicas entre os países e as suas identidades nacionais representadas. Embora seja possível criar tal espacialidade no ambiente on-line, ainda não é possível fornecer a experiência de transferência de identidades e trocas culturais que a própria presença garante. Essa noção pode ser adquirida se pensarmos na socialização, ou seja, nas conexões informais que os encontros culturais fornecem como o cerne da diplomacia. E pode-se dizer que, no caso do mercado cinematográfico, esses momentos são nucleares para qualquer encaminhamento e implantação comercial da circulação de um filme pelo mundo. O momento da diplomacia que surge na socialização proporcionada por eventos, como os festivais de cinema presenciais, por mais sutis e informais, é uma etapa essencial para o percurso estratégico de um filme e, claro, também para a expressão da sua cultura.

Embora os festivais tenham se adaptado aos formatos mais acessíveis e abrangentes que o mundo globalizado e hiperdigitalizado pode oferecer a seus fundadores, presume-se que o "efeito Covid-19" em tais eventos seja temporário. O anseio por um contato "real" não desaparecerá e as pessoas provavelmente reassumirão seus investimentos afetivos em encontros culturais quando surgirem oportunidades. Também está claro que os desenvolvimentos no lado oposto do *continuum* serão expressos em um jogo de poder de interesses econômicos, geopolíticos e culturais.

Combinando a riqueza da diversificação na dinâmica do circuito do festival, apontada durante a pandemia, com as noções sobre diplomacia cultural, que percebem e descrevem a influência de longo prazo do fluxo fornecido pelos encontros de um festival, podemos visualizar diferentes paisagens neste cenário para o futuro. E, portanto, as instituições culturais podem, também, repensar e refinar sua presença nos efeitos de tal festivalização na interatividade global ou interação nos festivais globais.

5 | ORDENAÇÃO DO NOVO SISTEMA DE AGENTES E VALORES DE DIPLOMACIA CULTURAL E A INTERNACIONALIZAÇÃO CINEMATOGRÁFICA BRASILEIRA

Este último capítulo busca evidenciar, através de menções da realidade e observação de fatos, acerca da reorganização do sistema de agentes e valores voltados à diplomacia cultural e à circulação cinematográfica no Brasil durante os anos de 2020 e 2021. Nesse sentido, é importante destacar que o conteúdo abordado neste capítulo advém de fontes jornalísticas e de documentos disponíveis nas plataformas oficiais do governo. Assim, as informações aqui apresentadas consistem em dados e percepções recentes e ainda pouco exploradas analítica e academicamente. Contudo, busca-se retratar um recorte específico de reflexão sobre os eixos propostos nesta pesquisa e expor em dissertação uma espécie de registro da realidade contemporânea brasileira.

É nítido observar, diante das mudanças estruturais já mencionadas, que o sistema de valores e poderes, além de estar em constante movimento, também está vulnerável e exposto à tríade de influências de todos os ângulos do diagrama que nos expõe Barone (2009). No caso dos tempos atuais, nota-se a força institucional e tecnológica na triangulação com o mercado, porém em movimento contrário à estruturação. Isto é, vivemos tempos de rupturas e desregulamentação. Isso sem mencionar o triângulo referente ao patrimônio, direitos autorais e formação, que, no caso do Brasil, pode-se citar brevemente três fatos que demonstram o completo descaso com essas dinâmicas.

No que se refere ao patrimônio, registra-se que, no dia 29 de julho de 2021, um incêndio atingiu o acervo da Cinemateca Brasileira, a instituição responsável por guardar, preservar e difundir a produção audiovisual brasileira. A parte atingida pelo fogo é um anexo da Cinemateca que é composto por salas de repositório, com cópias de longas e curtas-metragens de várias épocas do cinema nacional, além de grande quantidade de documentação sobre o cinema brasileiro, inclusive tudo referente à Embrafilme. Segundo funcionários, a tragédia já havia sido anunciada previamente, em alertas que notificavam sobre a situação precária da instituição, visto que as películas de filmes são a base de nitrato de celulose, substância inflamável, motivo pelo qual, sua preservação e revisão periódica são tão importantes para evitar incêndios. Este desastre envolvendo o patrimônio cultural e histórico do cinema nacional é resultado de descaso por parte dos governos e, principalmente, demonstra a falta de investimento na preservação e valorização do capital cultural nacional.

Nesse mesmo movimento de descaso e desrespeito, o governo também reduziu o número de bolsas de mestrado e doutorado na formação acadêmica logo em 2019. Essa decisão federal alinha-se à política econômica liberal, que defende a privatização de empresas públicas e corte de verbas na área da educação e cultura. A decisão de cortar o repasse público às universidades apoia-se na postura do governo anticientífica, visando minimizar o pensamento crítico e investigativo (Formenti, 2019).

Já no âmbito dos direitos autorais, a questão contemporânea que intersecciona o âmbito das decisões políticas, institucionais e legais do meio cinematográfico, decisões essas que influenciam diretamente todas as arestas principais da cadeia de valor – produção, distribuição e exibição –, é a regulação fiscal e jurídica das plataformas de *streaming*, a partir da Netflix. A empresa chegou ao Brasil em 2009 e somente em 2015 começou-se a discutir a normatização dela no território nacional. Primeiro, constatando que as características do serviço de *streaming* não permitiam enquadramento na Lei Geral das Telecomunicações e do Marco Civil da Internet[26], o Conselho Superior de Cinema se manifestou, através do documento Desafios da Regulamentação do Vídeo sob Demanda[27], recomendando que fosse desenvolvida uma alternativa de tributação e judicialização para o caso desses novos canais.

Com isso, em 2016, a Ancine realizou uma consulta pública[28] a fim de promover o debate, junto à sociedade civil, dos interesses relativos à notícia regulatória sobre comunicação audiovisual sob demanda. No mesmo ano, o Senado aprovou um projeto de lei que estende a lista de serviços que são tributados, com alíquota de 2%, com o Imposto Sobre Serviços de Qualquer Natureza (ISS). De acordo com o texto do projeto de lei, a "disponibilização, sem cessão definitiva, de conteúdos de áudio, vídeo, imagem e texto por meio da internet" passarão a ter incidência de ISS (Mans, 2016). A Ancine também se pronunciou na época exigindo que as plataformas contribuíssem inclusive com o Condecine.

Estão em curso uma série de discussões acerca da competência tributária da Netflix, por algumas vertentes não interpretarem a incidência do ISS para serviços imateriais de *streaming*, dessa forma, o julgamento do caso ainda é inconclusivo. Tudo indica que a tributação sobre a tecnologia de *streaming* e também o conflito de competência gerado serão definidos pelo Poder Judiciário. Não há, portanto, normas editadas e concretas acerca da tributação e das imposições jurídicas de direitos autorais ou a exigência de cotas de cinema nacional na sua programação, por exemplo.

Esse afrouxamento das regras de operacionalização nos diferentes territórios permite uma expansão mais livre e rápida de corporações como a Netflix. Dessa forma, o crescimento e a influên-

---

[26] Lei Geral das Telecomunicações e do Marco Civil da Internet. Disponível em: http://www.planalto.gov.br/ccivil_03/_ato2011-2014/2014/lei/l12965.htm.

[27] Ancine. Desafios para a regulamentação do vídeo sob demanda. Disponível em: https://www.gov.br/casacivil/pt-br/centrais-de-conteudo/downloads/CSC/2014-2016-5a-ro_17-12-2015_consolidacao-da-visao-do-csc-sobre-vod.pdf.

[28] Ancine. Relatório e Recomendações da Ancine para o mercado de VoD. Disponível em: https://teletime.com.br/wp-content/uploads/2017/05/Relatorio_Ancine_VoD.pdf.

cia das corporações transnacionais sobre os mercados nacionais intensificam-se e tornam ainda mais complexo o exame dos limites de propriedade e concentração, pelo modo como remodelam os sistemas de comunicação (Hardy, 2014).

O fenômeno da desregulação tem sido responsável por uma crescente interferência dos grupos transnacionais nos sistemas nacionais de mídia, tanto do ponto de vista econômico quanto simbólico, pelo modo como valores culturais e identitários são mobilizados a partir dos conteúdos produzidos e transmitidos em larga escala. Nesse sentido, trata-se de um processo também político. Uma vez que os atos regulatórios permanecem sob tutela dos Estados nacionais, as corporações buscam permanentemente influenciar as instâncias decisórias, indiretamente, pelo poder de pressão, ou através de participação direta em suas estruturas, caso de conselhos e comitês setoriais (Morais, 2016).

Diante do fim do Ministério da Cultura, uma das medidas aplicadas pelo governo foi recompor o Conselho Superior de Cinema e incluir, dentre seus novos membros, representantes de grandes conglomerados nacionais, como os grupos Globo e Record, e de grupos estrangeiros. Netflix, Google, Facebook, Amazon e Motion Pictures Association (MPA) – que representa as *majors* americanas – passam a ter poder de voto sobre as decisões da política audiovisual brasileira. Por trás da ampla participação de empresas transnacionais no Conselho está o interesse desses grupos em pautas importantes como, justamente, a regulação nacional do VoD; a distribuição de recursos do Fundo Setorial do Audiovisual (FSA); a exigência e taxação do Condecine; e a reserva de mercado para o conteúdo nacional, estabelecida através da cota de tela para salas de cinema e televisão por assinatura (Morais, 2016).

De maneira análoga, esse movimento de "abertura do mercado" aos estrangeiros também pode ser relacionado ao início dos anos 1990, em que Collor assume a presidência, a Embrafilme é extinta e o mercado cinematográfico torna-se refém da hegemonia norte-americana. No contexto atual, o governo Bolsonaro adotou uma vertente parecida de política externa, defendendo uma visão de mundo ultraconservadora, que preza pelo retorno de "valores tradicionais" e assume uma retórica nacionalista, posicionando-se fortemente crítico ao progressismo. Neste momento, cabe abordarmos algumas considerações sobre a política externa bolsonarista, e buscarmos relações com a estrutura já estabelecida de diplomacia cultural do Brasil.

Na última década, a perspectiva extremista de direita ganhou força em vários países do mundo, alimentando-se de uma crise de representação política e de uma descrença generalizada na política dos partidos tradicionais. No campo específico das relações internacionais, o que insurge é um movimento antiglobalista, alicerçado em críticas ao multilateralismo, às organizações internacionais e ao pluriculturalismo da agenda liberal-progressista, que, por sua vez, enfoca nas questões de direitos humanos, igualdade de gênero e racial.

No Brasil não foi diferente. O ministro das Relações Exteriores do governo Bolsonaro, Ernesto Araújo, manifestou na sua posse o desejo de "ajudar o Brasil e o mundo a se libertarem da ideologia globalista", entendendo tal ideia como "a globalização econômica que passou a ser pilotada pelo marxismo cultural". Assumindo esse rumo de "missão", muito alinhado a uma perspectiva religiosa, a sua gestão no MRE implementa uma vertente radical nas diretrizes e orientações à política externa brasileira, além de um projeto de reformulação da própria instituição MRE, buscando impor uma nova visão de diplomacia baseada nas teses da renovada extrema direita mundial (Freixo, 2019).

Essa nova visão é fortemente marcada por um alinhamento automático ao Governo Trump, tanto no que se refere aos assuntos externos de mundo – como a negligência aos eventos sobre as urgências climáticas ou a tomada de lados em conflitos históricos – quanto em assuntos internos que tangenciam o meio cultural e cinematográfico. Ambas as posturas representam uma ruptura sem precedentes aos princípios basilares e históricos da tradição diplomática brasileira, de equidistância pragmática e multilateralismo, por exemplo.

Sob a esfera interna, a tentativa de implementação dessa nova visão de diplomacia e de construção de uma nova hegemonia no

Itamaraty traduz-se em medidas como a reformulação do currículo do Instituto Rio Branco, com a extinção da disciplina História da América Latina e a criação de novas disciplinas voltadas para o estudo dos Clássicos, além da reformulação da ementa do curso de Política Internacional, com o objetivo declarado de afastar os futuros diplomatas de "amarras ideológicas eventualmente adquiridas em sua formação anterior" (Freixo, 2019).

Consequentemente, sob essa ideologia contrária à base estabelecida nos últimos anos no MRE, observamos no último organograma do Ministério divulgado (Figura 9) que o Departamento Cultural do Itamaraty foi nomeado Departamento Educacional e Cultural (DEDC) e está localizado sob a aba da Secretaria de Comunicação e Cultura (SECC), juntamente ao Instituto Rio Branco, a Fundação Alexandre Gusmão e o Instituto José Bonifácio. Por outro lado, subordinada à Secretaria de Política Externa Comercial e Econômica (SPCOM) está a Apex-Brasil, que mantém ativos seus projetos de incentivo ao mercado audiovisual.

Pode-se mencionar, por exemplo, o programa Film Brazil, que renovou, depois de 15 anos, seu convênio com a Apex para 2020. O projeto consiste em uma plataforma de internacionalização, iniciativa da Associação Brasileira da Produção de Obras Audiovisuais (APRO), que investe na promoção e expansão da produção audiovisual publicitária brasileira no exterior. O projeto tem como foco apresentar as produções comerciais brasileiras em eventos internacionais do setor, a gerente executiva da Film Brazil, Marianna Souza, destaca que com o novo convênio os mercados-alvo para prospecção serão Estados Unidos e Reino Unido (Portal Apex Brasil, 2019).

Figura 9 – Organograma MRE 2019

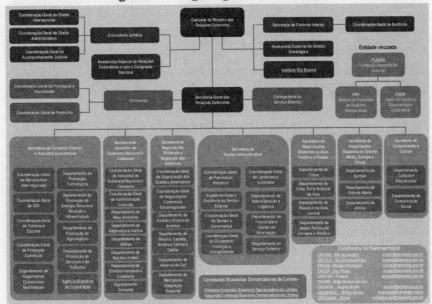

Fonte: Ministério das Relações Exteriores (2021).

Da mesma forma, outra iniciativa de articulação entre as autarquias que se mantém é o Brazilian Content (BrC), um programa internacional de fomento e exportação de conteúdo audiovisual brasileiro. Criado em 2004 pela Brasil Audiovisual Independente (Bravi), Apex e pelo Ministério da Cultura. Com o objetivo de promover o conteúdo audiovisual independente no mercado internacional, o BrC viabiliza parcerias entre empresas brasileiras e estrangeiras (por meio de coproduções, vendas e pré-vendas para canais de TV, internet, telefonia celular e mídias digitais). Até 2021, o programa não só continua ativo, mas contabiliza participar de 50 eventos internacionais por ano, de 15 gêneros cinematográficos diferentes, através de 152 empresas associadas e em 15 cidades do mundo (Brazilian Content, 2021).

Nesse mesmo fluxo, o Cinema do Brasil da Siaesp também segue ativo, inclusive vem desempenhando um papel de suma importância ao enfrentamento da crise sanitária pelo setor. Desenvolvendo documentos fundamentais para a retomada do mercado, como o

Protocolo de Segurança e Saúde no Trabalho do Audiovisual, e, ainda, pressionando o governo acerca das alterações de lei que estão sendo propostas, como é o caso do Projeto de Lei 3.203/2021[29], que propõe a redução gradual de incentivos e benefícios federais de natureza tributária e o encerramento dos benefícios fiscais, afetando drasticamente a Lei do Audiovisual (Siaesp, 2021).

De maneira geral, é possível constatar que os programas associados à Apex parecem estar blindados às medidas de desmonte do setor cultural e podemos levar em consideração, como justificativa plausível, o fato de serem programas, como o próprio organograma do MRE nos evidencia, classificados em "Política Externa Comercial e Econômica". Muitas delas até mesmo declaradamente focadas no intercâmbio cultural com os Estados Unidos, e duas delas especializadas em conteúdo publicitário, indiretamente mais relacionado com a indústria comercial do que com a cadeia produtiva cinematográfica originária da indústria criativa e cultural.

Se adicionarmos em perspectiva a Figura 10, que consiste no organograma da Secretaria Especial de Cultura, também conseguimos evidenciar o direcionamento de novas dinâmicas. Em tese, a Secretaria foi o órgão responsável por assessorar a assumir a coordenação executiva do Plano Nacional de Cultura (PNC), que vigorou até 2020. Previsto pela Constituição, o plano baseia-se em três dimensões culturais que se complementam: a cultura como expressão simbólica, como direito de cidadania e como potencial para o desenvolvimento econômico. Alinhado às diretrizes da Secretaria Especial da Cultura, o PNC conduz à valorização da diversidade étnica e regional.

---

[29] Projeto de Lei nº 3.202, de 16 de setembro de 2021. Disponível em: https://www.camara.leg.br/proposicoesWeb/fichadetramitacao?idProposicao=2299134.

Figura 10 – Organograma Secretaria Especial da Cultura

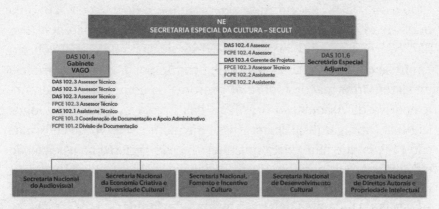

Fonte: Ministério do Turismo (2021).

Na prática, quem assume como secretário especial de Cultura é Mario Frias, cujo currículo[30] anexado a sua nomeação expõe experiência profissional como ator em novelas e programas de auditório de canais de televisão aberta. Já na Secretaria Nacional do Audiovisual, encontra-se Felipe Cruz Pedri, cujo currículo[31] anexado apresenta experiência, na carreira política, como assessor parlamentar do senador Flávio Bolsonaro, filho do presidente, e, na carreira profissional, como diretor-geral de uma empresa de vestuário em Porto Alegre e gerente de câmbio na American Express. Estes são apenas dois de inúmeros exemplos que se pode escolher sobre o corpo de profissionais que integram a nova secretaria.

Como se não bastasse, o último registro de destinação de verbas públicas, provenientes do Fundo Nacional da Cultura, publicado no *Diário Oficial da União* sob a Decisão nº 97[32], de 8 de setembro de 2021, demonstra R$ 4.639.470,00 destinados a uma só empresa,

---

[30] Disponível em: https://www.gov.br/turismo/pt-br/composicao/secretaria-especial-da--cultura/mario-luis-frias.
[31] Disponível em: https://www.gov.br/turismo/pt-br/composicao/secretaria-especial-da-cultura/secretaria-nacional-do-audiovisual/felipe-cruz-pedri.
[32] Decisão nº 97, de 8 de setembro de 2021. Disponível em: https://www.in.gov.br/web/dou/-/decisao-n-97-de-8-de-setembro-de-2021-343547878.

chamada Casinha Games (cultura digital). O valor é equivalente a tudo o que o FNC executou de seu orçamento no ano de 2020. Uma publicação como esta desrespeita as normas de transparência, por não conter nenhuma explicação ou informação adicional sobre a empresa contemplada, inclusive no próprio portal da transparência inexistem informações sobre os gestores da companhia. A gerente executiva da Associação Brasileira das Desenvolvedoras de Jogos Digitais (Abragames), Eliana Russi, afirma ao veículo de informação *El País* que não existe qualquer tipo de registro na associação e tampouco em nenhum outro banco de dados do Brasil, ou seja, não há CNPJ nem endereço vinculado ao nome nas plataformas de regulação. Um mês depois, em outubro de 2021, segundo o site de notícias *Metrópoles*, foi exposto que este seria um projeto do governo de instalar complexos com salas de aulas em contêineres e ter uma praça externa com telão para a exibição de vídeos educativos e da produção própria dos estudantes, pois deveriam ser oferecidos cursos na área de desenvolvimento de jogos eletrônicos e também de produção de animações digitais.

Esse também é um dos inúmeros exemplos do que está sendo desenvolvido pela Secretaria Especial de Cultura, enquanto os fundos do audiovisual permanecem paralisados, o setor encontra-se censurado. Percebe-se a inércia sob dois aspectos, de um lado prático, além dos recursos sem liberação, o próprio Observatório Brasileiro do Cinema e Audiovisual (OCA) já não produz mais relatórios desde 2019, isto é, não temos nem dados verificados para diagnosticar o mercado nos anos de 2020 e 2021. Sob o ponto de vista observacional, é cabível a aplicação do conceito de censura de mercado.

Uma ideia que aponta para mecanismos sistemáticos de cerceamento da liberdade de expressão, que estão imersos no contexto de controle privado da produção cultural, principalmente quando o comando está concentrado sob o domínio de um número reduzido de grandes corporações. Sob tais condições, algumas ideias recebem atenção e cobertura de diversos meios de comunicação, enquanto outras visões de mundo são marginalizadas e ignoradas por serem controversas ou apresentarem riscos de viabilidade econômica. A censura de mercado relaciona aspectos e condições de produção e consumo inseridos no âmbito de uma hegemonia cultural. A censura de mercado define o que é aceitável, permitido e proibido, inapropriado das convenções sociais. O fortalecimento de uma censura de mercado só encontra espaço em ambientes autoritários (Jansen, 2010).

Sob essa ideia de censura de mercado, nos termos vigentes do ano de 2021, percebe-se esse movimento principalmente em nuances relacionadas aos Planos Anuais de Cultura (Pronac) subsidiados pela Lei Rouanet. Aqui, introduz-se um repertório empírico de experiência com o mercado, em que se evidencia uma total rejeição de propostas de plano anual para programações culturais já tradicionais em espaços institucionais de fomento. Inicia-se observando algumas alterações que a própria lei sofreu recentemente, em julho deste mesmo ano, via Decreto nº 10.755[33], em que se modificam disposições anteriores sobre a dinâmica dos incentivos fiscais à cultura no âmbito federal. O novo decreto incide diretamente nas disposições que tratavam do financiamento de programas e projetos voltados ao desenvolvimento de atividades audiovisuais e do Conselho Nacional de Política Cultural.

Até 2019, poderiam ser financiados pela lei projetos que buscassem *"erradicar todas as formas de discriminação e preconceito"* ou aqueles com *"caráter inovador ou experimental"*. Tais termos foram modificados para, respectivamente: *"promoção da cidadania cultural, da acessibilidade artística e da diversidade"*, excluindo-se, portanto, das finalidades da legislação a menção expressa ao combate a discriminações e preconceitos; e *"arte digital e em novas tecnologias"*, retirando, assim, a menção a ações de cunho *"experimental"*, tratando-as simplesmente como aquelas relacionadas à tecnologia. Ainda, foram incluídas outras finalidades antes não existentes: apoiar as atividades culturais de caráter sacro, clássico e de preservação e restauro de patrimônio histórico material, tombados ou não; apoiar e impulsionar festejos, eventos e expressões artístico-culturais tradicionais, além

---

[33] Decreto nº 10.755, de 26 de julho de 2021. Disponível em: https://www.in.gov.br/en/web/dou/-/decreto-n-10.755-de-26-de-julho-de-2021-334556335.

daquelas já tombadas como patrimônio cultural imaterial; e apoiar as atividades culturais de Belas Artes (Sanches; Bonan, 2021).

No que se refere aos Planos Anuais de Atividades, até então destinados a suportar a manutenção de instituições culturais sem fins lucrativos como um todo, a partir de agora só podem ser apresentados por "instituições exclusivamente culturais" cujas atividades estejam relacionadas a "museus públicos", ao "patrimônio material e imaterial" ou a "ações formativas". Demais museus e instituições culturais sem fins lucrativos de caráter privado que desejem apresentar projeto na forma de Plano Anual terão que ser consideradas "relevantes para a cultura nacional" pela Secretaria Especial de Cultura – e esse procedimento ainda precisará ser estabelecido em Instrução Normativa.

Justamente nesse espaço de instituições de caráter privado que se denota rejeição e censura, por experiência empírica, somente na cidade de Porto Alegre, somam quatro as instituições que não aprovaram seus planos anuais e estão paralisadas sem sistema de programação previsto para o próximo ano. Isso porque todas foram edificadas diante da plataforma de isenção de impostos da Lei Rouanet e da possibilidade de inscreverem suas programações no plano anual, adquirindo previsibilidade e sustentabilidade para seus frequentadores e investidores. É o caso, por exemplo, do Instituto Ling e do Santander Cultural, ambas instituições financiadas pelo setor privado, a primeira é fruto de destinação fiscal de recursos empresariais e a segunda por incentivo bancário. Os dois espaços contribuem historicamente para a cena cultural da capital gaúcha e oferecem conteúdo cultural de ampla abrangência e diversidade.

Atualmente, ambas registram que paralisaram suas operações diante das negativas advindas da Secretaria Especial de Cultura, que sem qualquer descritivo técnico ou proposta de diligências a se ajustar, arquivou os seus projetos de plano anual, não permitindo recorrência ou contestação. Os caminhos que deverão seguir as instituições para manterem-se operantes ainda não se mostram claros ou possíveis, mas as limitações estão nitidamente partindo do núcleo responsável pela distribuição de capital à cultura do Governo Federal.

Ao adicionarmos o prisma de reflexão do diagrama proposto por Barone (2009) ao presente cenário, é possível diagnosticar uma importante ruptura desde os eixos essenciais da dinâmica nuclear e ontológica do cinema. Isto é, parte-se de uma paralisação e desaparelhamento dos sistemas de produção e desenvolvimento de projetos cinematográficos nacionais; perpassa o campo da distribuição, em que as plataformas de internacionalização se afunilam a um só país, os Estados Unidos da América; e alcançam o setor de exibição, que, por si só, já enfrenta um abatimento diante dos novos hábitos de consumo individuais e da desaceleração da frequência às salas de cinema pelos novos hábitos pandêmicos e, ainda, não pode contar com os espaços alternativos de exibição, como museus, galerias e instituições culturais, pois estas não possuem mais plataforma de atuação para oportunizar janelas ao público.

Constata-se que nenhum modelo de mercado ou de negócio consegue apresentar avanços diante do atual contexto cultural brasileiro, todas as frentes encontram-se intertravadas e inertes. Sugere-se, ainda, que há um movimento específico de predisposição do governo em relação à redução do diâmetro, justamente destas duas pontas que observamos, da diplomacia cultural ao cinema nacional, que se traduz pelos seus movimentos burocráticos e até mesmo jocosos em relação a esses setores. Isso porque inexiste um corpo técnico-profissional governamental que esteja promovendo movimentos favoráveis ao mercado que está instituído, bem pelo contrário, existe um mecanismo público vigente e disposto a subvertê-lo e implementar um outro, carregado de caráter ideológico e retrógrado.

Considerações finais

Em consonância com a experiência desta obra, é viável constatar uma mudança potente no setor audiovisual, que impacta diretamente a indústria cinematográfica como um todo. Ainda que as circunstâncias a partir do ano de 2020 não tenham se mostrado prósperas, entende-se importante observar em análise crítica quais foram as principais dinâmicas de distribuição que compuseram a pesquisa até aqui. Isso porque o tema da circulação de bens culturais consiste em um assunto vivo, orgânico e completamente interconectado com as complexidades de seu tempo.

Para uma primeira camada de observação, considero que estudar sob o plano de fundo de Lipovestky significa contrastar o mundo em hiperparadigmas, o que nos coloca em cíclico estado pendular de raciocínio. Estado esse extremamente catalisador de revelações e questões, uma experiência efetiva e natural na construção de conhecimento, através do diálogo e da articulação de pontos de vista. Segundo o autor, vivemos uma desmaterialização de qualquer estrutura sólida, seja no campo da percepção simbólica, seja em termos ordenadores e sistêmicos das dinâmicas sociais. Habitar os tempos hipermodernos significa que indivíduo e sociedade têm o presente como centro, buscando conciliar o tempo passado das tradições, aproveitando de suas memórias e conhecimentos transmitidos à geração atual, mas olhando com preocupação para o futuro e as consequências dos possíveis cenários que se desenham hoje. Contudo, o desenvolvimento em rede mecanizada e exponencial tenta compor a um só tempo as condições de passado e futuro, destemporalizando as experiências de presente. Processo esse facilitado pelo avanço cada vez maior dos meios de comunicação e da conectividade, com os fatos sendo vividos ou testemunhados no tempo presente, mas com seus possíveis desdobramentos futuros sendo antecipados, e suas influências diante das condições anteriores ao acontecimento sendo rastreadas (Lipovetsky, 2015).

Dessa maneira, percebe-se que esta pesquisa abre o nosso campo de visão sobre as três frestas de observação que logramos raiar pelos reflexos de radicalização da hipermodernidade. De início, foi possível compreender o espaço-tempo hipermoderno e a expressão cultural nessa dinâmica, para então observar em linha a experiência de circulação do cinema brasileiro, organizar bases teóricas a respeito da diplomacia cultural neste novo composto global e, por fim, aplicar alguma luz sobre o caso específico cinematográfico e diplomático do período temporal selecionado.

No tocante à perspectiva do repertório teórico, é possível evidenciar um baixo volume de produção científica nas plataformas brasileiras acerca da intersecção dos temas propostos. Há indicações de que a conexão dos temas cinema-diplomacia cultural é abordada no exterior pela quantidade de artigos e trabalhos em outros idiomas. Porém, de maneira geral, a escolha pelos autores de base em ambos os campos de pesquisa propostos mostrou-se satisfatória, proporcionando inclusive um equilíbrio estrutural para o presente trabalho.

A começar pela base teórica de diplomacia cultural, que se apresentou vasta e complexa, considerando que o tema é pesquisado e transposto à reflexão desde o período entreguerras em diversos países e é apontado sob difcrentes perspectivas, o que o torna um universo de estudo multifacetado e plural, além de estar em constante movimento e transformação, síncrono aos processos históricos. Da mesma forma acontece com o cinema, cujo referencial supriu e guiou as estratégias de periodização e contribuiu de maneira catalizadora para a compreensão da trajetória de circulação do cinema brasileiro, que também se caracteriza por ser um campo vivo e em orgânica adaptação.

E foi justamente nessa sutil conexão entre os campos de estudo que resolvi adotar um aspecto fluído e livre no decorrer de suas motivações em direção ao objeto proposto. Percebe-se que houve mutações e movimentos de adaptação e flexibilização, diante da profusão de caminhos que a conexão dos mundos proposta apresentava, até desvendar-se um percurso possível de análise. Por esse ângulo, as escolhas metodológicas serviram como efetivos alicerces, não só para que o livro não se evadisse, mas também para estruturar o método de abordagem e a lógica de interpretação dos dados coletados.

Isso pois inicialmente a técnica observacional estava voltada a estudar o presente tema sob um recorte temporal que não incidisse no período pós-2018. Ao longo do exercício de observação, denotei a pertinência e urgência de tratar do cenário seguinte, até 2021. Para tal, dispor da liberdade que os preceitos da pesquisa observacional concedem ao pesquisador foi fundamental para manter a integridade da pesquisa em vias produtivas e científicas. Somada a essa noção, a escolha por adotar uma perspectiva cartográfica de análise serviu como base para a transmutação e organização dos fatos encontrados, na jornada de uma periodização mais próxima ao presente (que desafia a busca e a validação de informações recentes), em planos de visão sistêmica das conexões.

Ainda no que se refere ao cruzamento da base teórica à prática metodológica, foi imprescindível a distinção inicial de uma abordagem centrada no conceito de fato cinematográfico de Metz, por ser importante ressaltar que a investigação da esfera cinematográfica escolhida neste trabalho teve como objetivo evidenciar o advento do cinema e a determinação de sua linguagem para além dos filmes. Isto é, também considerando suas plataformas ontológicas, seus meios e seus movimentos enquanto mercado e, assim, perceber as transformações não apenas técnicas, mas também perceptivas e cognitivas que o cinema, enquanto expressão, provoca. Por esse motivo, um desafio que se fez presente foi a elaboração da contextualização cronológica acerca da circulação cinematográfica brasileira e as suas relações com a identidade nacional, sem adentrar-se no fato fílmico em si, ou seja, no conteúdo e abordagem dos filmes citados.

De forma ontológica, deixamos de olhar apenas para os filmes brasileiros e nos voltamos para o espaço cinematográfico, suas dinâmicas e tensões. Para isso, o caráter exploratório da obra também proporcionou liberdade e abriu espaço para descobertas fundamentais no percurso do trabalho. A escolha pela combinação observacional exploratória permitiu, inclusive, recorrer a um amparo de experiência empírica e quase de pesquisa em campo. Principalmente no que se refere ao último capítulo de análise, sob a ordenação de um novo sistema de agentes e valores de diplomacia cultural à internacionalização cinematográfica brasileira, em que a pesquisa adquire um vetor de aprofundamento no espaço dos festivais de cinema e suas dinâmicas recentes. Graças ao ritmo exploratório de descoberta, foi possível trazer à luz dados importantes para a análise do sistema de valor cinematográfico pós-pandemia e virtualização.

Nesse sentido, entende-se que o grande ponto de virada do livro deu-se após estabelecer os contextos de circulação cinematográfica brasileira no exterior, somando-os à percepção da estrutura de diplomacia cultural brasileira para o cinema – nos capítulos quatro ("A Circulação Internacional do Cinema Brasileiro") e cinco ("A Diplomacia Cultural no Cinema Brasileiro") –, em que se denotou a importância de investigar como se configura o sistema após as intervenções estruturais apresentadas na sequência – capítulo seis ("A Diplomacia Cultural e a Circulação Internacional do Cinema Brasileiro, Interseções, Cenários e Perspectivas").

A esse ponto, o objetivo transformou-se e passou a ser não só descritivo, mas também investigativo sobre as práticas e agentes remanescentes desse sistema e os novos influenciadores dessa reorganização. Aqui, torna-se importante mencionar o redirecionamento da investigação, contando que o objeto inicial era desvendar uma lista de filmes brasileiros e observar suas trajetórias no exterior. Então, optei por mudar o foco da observação para as dinâmicas da estrutura institucional do cinema brasileiro, atravessadas pelo desmonte do presente cenário político, considerando a pandemia, a aceleração tecnológica em consequência e, logo, suas interseções com a diplomacia cultural, também revisitada pelas mesmas questões.

Diante dessa transição, houve a necessidade de outra periodização, que trouxe dinâmica para a pesquisa, porém também aumentou os riscos e as responsabilidades da mesma. Em razão disso, estudar os efeitos diretos da pandemia nas questões da circulação global do cinema, mais o momento de desconstrução do tecido institucional nacional para a cultura e, ainda, a incidência tecnológica na trama da circulação cinematográfica não é uma jornada clara, e também esses temas são pouco estudados e avaliados por conta da sua contemporaneidade e efemeridade.

Contudo, no que se refere à observação do cinema nacional voltado ao mercado externo, compreende-se que o mesmo se caracteriza por ser um produto cultural com um grande potencial de exportação, porém possui processo de internacionalização complexo e, em determinados casos, influenciado por questões intrínsecas e tradicionais de direcionamento cultural e governamental. Ainda assim, o meio cinematográfico desenvolve-se com base em uma cadeia de valor completamente interdependente e em fundamentos de relações e dinâmicas elementares entre os principais *players*. A sua estrutura interna de mercado funciona convivendo com entraves processuais e falhas na entrega de suas obras ao público, o que o transforma em um mercado completamente vulnerável ao macroambiente. Sendo assim, o cinema, seu desenvolvimento nacional e seu desempenho internacional dependem e são influenciados pela política, economia e sociedade.

Denota-se ainda que o circuito cinematográfico brasileiro, seu percurso histórico ao longo das transições governamentais, suas instituições estruturantes nesse processo e a edificação de um sistema de valores e dinâmicas mantiveram a propulsão do cinema nacional ativa. Mesmo que em trama interdependente e complexa, tanto interna quanto externamente, o mercado cinematográfico sempre esteve em sinergia com o ambiente internacional e com a sua própria ontologia, como um produto cultural pensado para o mundo, para o externo. E também para ser expressado coletivamente e para representar e ser trocado em alteridade no além-origem.

Em função disso, a diplomacia cultural e suas esferas de reflexão tornam-se imprescindíveis para este cenário. Nesses termos, o cinema sendo o único produto cultural que ao ser trocado internacionalmente nos espaços de alteridade, como os festivais internacionais de cinema, é capaz de estabelecer, manter e nutrir relações culturais entre os países do meio internacional. Agindo como um potente elemento de *soft power* e sendo muitas vezes força propulsora de alianças estratégicas e colaborações da ordem política, mercadológica e social.

Logrou-se identificar em ambos os eixos de observação, tanto no recorrido da órbita cinematográfica quanto da teorização à prática na esfera da diplomacia cultural, a importância do papel das instituições, governamentais ou não, das interseções, entre o Estado e os agentes privados e das associações e entidades do setor, para não somente cumprirem suas funções, mas também para sustentarem um sistema de valores e estruturarem processos de sustentabilidade à indústria cinematográfica nacional e global.

Não obstante, essas instituições também se mostram de certa forma expostas e vulneráveis às decisões e influências do governo vigente, sendo flexibilizadas e eventualmente submetidas a ingerência ou até mesmo paralisações. Isso porque se tornou nítido perceber, inclusive, que em momentos como este exposto na pesquisa, de pandemia e de desgoverno, as instituições e a indústria no geral não conseguiram articular-se ao ponto de blindarem-se contra o sistema das ameaças externas, mesmo sendo um setor que contribui substancialmente para o desenvolvimento da sociedade, em termos econômicos, políticos e culturais.

O que parece restar nestes momento de desorganização do setor são as iniciativas com influência de cunho autônomo ou privadas, como se pôde evidenciar, por exemplo, no caso exposto dos festivais, que lograram adaptar-se ao momento pandêmico e virtual. Suas adaptações, porém, geraram mudanças profundas na cadeia de valor cinematográfica, e não se pode afirmar que garantiram as mesmas oportunidades de proliferação e profusão de diplomacia cultural como anteriormente o faziam de forma orgânica, quase que por consequência das suas presenças e da existência dos espaços de troca que um festival gera ontologicamente.

Permito-me destacar que, assim como mostram os dados da pesquisa dos festivais, o mercado cinematográfico ampliou-se, tornou-se muito mais democrático no que se refere ao acesso, à disponibilização e, até mesmo, à circulação de obras no espaço on-line. Além disso, concebeu ao produtor uma maior propriedade em relação à circulação de sua obra fílmica, em vez de elevar a dominância do setor distribuidor. As transições sistêmicas advindas da pandemia, da virtualização e, no caso do Brasil, da atual desinstitucionalização permitiram que o mercado se reestruturasse e que encontrasse novas formas de produzir, distribuir e exibir.

Nesse sentido, pude diagnosticar que, em termos de acesso e alcance, os novos formatos logram expansão e diversificação no que se refere à relação produtor-espectador. Não obstante, quando se posiciona em perspectiva o produto-filme como um composto de capital cultural para o Brasil, dentro das dinâmicas propostas pela diplomacia cultural, não se apresentam dados que clarifiquem concluir se este formato aumenta ou diminui as possibilidades de trocas culturais simbólicas nas instâncias políticas e culturais. Por outro lado, o que se mostra nítido é que a diplomacia cultural precisa, sim, encontrar novas perspectivas e novas nuances, tanto teóricas quanto práticas. Aplicar a lente de observação da diplomacia cultural nos estudos comunicacionais e cinematográficos pode expandir a atuação e o impacto diplomático cultural e, ainda, contribuir e potencializar a expressão audiovisual cinematográfica.

Concebe-se essa relação direta por dois caminhos. O primeiro, no que se refere aos festivais de cinema, por serem os espaços de alteridade internacionais por si sós e gerarem oportunidades de colaboração e de aproximação de nações, através da apresentação de seus filmes. E ainda, mostram-se soberanos em suas decisões e atuações. Isto é, apresentam e criam muitas vezes espaços supranacionais, que não dependem diretamente de seus governos para acontecerem, e sim das instituições e autarquias do próprio mercado. Isso faz com que os mesmos não sejam tão afetados pela variância de ideologias governamentais. Mesmo em um momento de crise e reestruturação, logram permanecer e adaptar-se às adversidades e, com isso, conseguem também alterar as dinâmicas do setor, impactando seu funcionamento.

Outro ponto de vista que une os dois temas em questão e pode ser uma interseção de análise é o tema da territorialização. O próprio cinema já carrega em seu *bias*, sua identidade, isto é, o fato cinematográfico possui como característica ontológica a questão da territorialização. Um filme está sempre associado ao seu lugar de origem. É dizer, o conjunto de filmes produzidos em um determinado país ou região carrega como característica a sua origem, tal como um filme produzido na França pertence a uma categoria que denominamos cinema francês e assim sucessivamente, cinema iraniano ou cinema americano. Essa nuance também se pode perceber em um festival, por exemplo, o mesmo sempre está atrelado a seu local de presença, e isso valoriza a cidade, a região e o país em que ele acontece. O próprio festival de cinema torna-se uma expressão nacional ou regional.

Com isso, pode-se afirmar que a diplomacia cultural brasileira está diretamente associada à produção cinematográfica brasileira e tem capacidade de favorecer o cinema nacional, através de medidas diretas e atuações específicas. Não somente na esfera pública governamental, mas também em tudo que se refere às iniciativas autônomas e coletivas, regionais ou locais do meio cinematográfico.

Por conseguinte, avisto algumas camadas de possíveis interseções, na lógica exposta pelos estudos de diplomacia cultural: o pensamento, a organização e a interpretação diplomática a um desenvolvimento cultural que seja menos vulnerável para o sistema de valor cinematográfico. A começar pela esfera acadêmica de reflexão entre as propostas da área das Relações Internacionais e as práticas dos estudos comunicacionais. É possível vislumbrar uma colaboração nesse prisma, desde a expansão dos estudos de diplomacia cultural à interpretação para os mercados criativos e até a colaboração em propostas de integração diplomática, que promovam coproduções universitárias cinematográficas ou parcerias de codistribuição para filmes universitários.

Já em termos de trocas, na esfera do mercado, também compreendo que essa intersecção pode auxiliar na busca por alternativas e novas conexões entre instituições de diplomacia cultural e associações de mobilização setoriais. Afinal, torna-se evidente na presente pesquisa que ambos os ambientes são compostos por inúmeros órgãos (governamentais ou não), instituições públicas e privadas, associações setoriais ou regionais e agências normativas, reguladoras e propulsoras. Ainda assim, ao observarmos em análise o período a partir de 2020, as iniciativas que permanecem em atividade, pós-influências pandêmicas, desinstitucionalizantes e disruptivas tecnologicamente, são as que justamente apresentam este composto de público-privado, voltado ao desenvolvimento mercadológico--social. É o que se pode perceber no caso das colaborações entre a Apex-Brasil e a Bravi ou a Siaesp, por exemplo.

Não obstante, no que se refere as colaborações intergovernamentais, como acordos bilaterais de coprodução ou incentivos culturais conjuntos, noto que existe outra oportunidade de conexão, que se relaciona à associação de instituições de diplomacia cultural para o desenvolvimento cinematográfico, como é o caso visto em âmbito regional na menção ao Ibermedia com os governos da América Latina, ou em espectro local, nas promoções geradas pela Aliança Francesa e pelo Instituto Goethe no espaço da exibição cinematográfica na cidade de Porto Alegre.

Em conclusão, e através da permissão concedida pela postura observacional que permite a inserção do pesquisador no seu objeto de pesquisa, verifica-se que a circulação do cinema brasileiro se mostra sempre em algum curso, sob fio condutor, em consonância a alguma linha propulsora ou força motriz que a mantém em afluência. Seja em épocas de inovações, prosperidade e incentivos, por parte das estruturas públicas e privadas, baseadas ou não na lógica da diplomacia cultural, seja até mesmo nos momentos de crises de mercado ou censura política, por parte de movimentos de resistência e subversão, como na era do Cinema Novo. Isto é, perante qualquer obstáculo, diante de paralisações ou desintegrações, enfrentando adversidades como qualquer indústria, o cinema sempre esteve positivo e operante.

De maneira análoga, cabe visualizar o cinema como a tocha olímpica, a qual não pode e não deve ser apagada, mesmo em regiões e situações de vulnerabilidade, ela segue em frente, em circulação, de mão em mão, até que percorra o mundo e mantenha sua mensagem acesa. Dessa vez, sob um diagnóstico talvez ainda obscurecido pelas sombras do presente, parece que quem assume a tocha de chama enfraquecida do cinema está em alguma camada das múltiplas esferas institucionais e constitutivas do meio tecnológico.

Afinal, torna-se nítido que, diante das influências a que a indústria cinematográfica está submetida, a instância tecnológica é a única que, mesmo desestruturando e reconfigurando sistemas obsoletos de distribuição e internacionalização, oferece novas dinâmicas de circulação em troca. Pode até afetar o circuito do cinema em salas de cinema tradicionais, ou o próprio hábito de ir ao cinema, o aculturamento e a socialização decorrente do evento de sessão cinematográfica, mas, em contrapartida, oferece expansão, alcance, acessibilidade e propulsão para o cinema nacional, via plataformas virtuais de circulação global, conforme diagnosticado no caso das análises dos festivais de cinema.

Já para a diplomacia cultural, nesse prisma de reflexão, o caminho que se abre parece ser a hibridização, não somente no que se refere à virtualização e a mescla com a presença e a temporalidade no espaço-tempo, mas também no que diz respeito à expansão para a abordagem privada e institucional, tanto como forma de libertar-se da dependência governamental e ideológica de cada tempo, quanto no sentido de amplificar o termo e seus estudos, para além da esfera política. Somente a inclusão dos preceitos de diplomacia cultural sobre um determinado mercado demonstra a aplicação e o desenvolvimento de uma nova estrutura de raciocínio próspero, e, por consequência, abrem-se os caminhos e as oportunidades para novos sistemas de negociação e sustentação ao capital cultural da uma nação.

No momento em que insurgem estas proposições, ao pensar nas possíveis interseções entre o estudado de diplomacia cultural e o revisto acerca da circulação cinematográfica, expandem-se também as possibilidades de colaborações multilaterais entre instituições culturais, empresas autônomas do setor, indivíduos criativos do meio e, até mesmo, federações acadêmicas de pesquisa. Isto é, a colaboração diplomática cultural não depende necessariamente das autarquias diplomáticas do Estado, ela pode acontecer de maneira orgânica e dinâmica, quando pensada e conscientizada pelo coletivo de *players* atuantes no sistema de valor das produções culturais.

Acredito que esse noção possa representar a principal realização da presente pesquisa. Por assim dizer, instaurar um pensamento diplomático cultural nas reflexões, concepções e atuações das práticas e políticas comunicacionais voltadas à cultura pode, subjetivamente, induzir novas composições de parcerias e dinâmicas, para um novo desenho do sistema de valor que sustenta a circulação internacional do cinema brasileiro. E assim encontrar um caminho de internacionalização, nas entrelinhas da política e do mercado, que crie, em uma terceira via, novas oportunidades de expansão e diversificação dos meios de trocas simbólicas e alteridade cultural.

Glossário

Blockbuster: A palavra *blockbuster* pode ser usada para designar qualquer obra, especialmente uma produção cinematográfica que tenha feito enorme sucesso. O termo traduzido significa "*arrasa quarteirões*", fazendo uma alusão aos filmes que formavam filas longas em frente aos cinemas. Um *blockbuster* é uma obra de entretenimento – normalmente um longa-metragem – considerada muito popular e bem-sucedida financeiramente. O termo também passou a se referir a qualquer produção de grande orçamento voltada para mercados de massa.

Digital Cinema Initiatives (DCI): A Digital Cinema Initiatives, LLC (DCI) é um consórcio de grandes estúdios de cinema, formado para estabelecer especificações para uma rede de sistemas comum para sistemas de cinema digital. A organização foi formada em março de 2002 pela Metro-Goldwyn-Mayer, Paramount Pictures, Sony Pictures Entertainment, 20th Century Fox, Universal Studios, The Walt Disney Company e Warner Bros.

Digital Cinema Package (DCP): DCP é o padrão mundial de formato de exibição cinematográfica digital. Permite exibição de conteúdos com alta qualidade de som e imagem. Qualquer conteúdo digital pode ser convertido em DCP por empresas especializadas. A conversão é um processo de alta especificidade técnica. É recomendado que o teste do conteúdo seja realizado em uma de nossas salas até 2 dias úteis antes do evento.

Drive-In: Um cinema drive-in é uma forma de estrutura de cinema que consiste em uma grande tela de cinema ao ar livre, uma cabine de projeção, um estande de concessão e uma grande área de estacionamento para automóveis. Dentro dessa área fechada, os clientes podem assistir a filmes na privacidade e no conforto de seus carros.

Dumping: Prática comercial que consiste em uma ou mais empresas de um país venderem seus produtos, mercadorias ou serviços por preços extraordinariamente abaixo de seu valor justo para outro país (preço que geralmente se considera menor do que se cobra pelo produto dentro do país exportador), por um tempo, visando prejudicar e eliminar os fabricantes de produtos similares concorrentes no local, passando, então, a dominar o mercado e impor preços altos. É um termo usado em comércio internacional e é reprimido pelos governos nacionais quando comprovado. Esta técnica é utilizada como forma de ganhar quotas de mercado.

Lei do Audiovisual: Oficialmente Lei Federal 8.685/93, é uma lei brasileira de investimento na produção e coprodução de obras cinematográficas e audiovisuais e infraestrutura de produção e exibição. A edição desta lei é de 20 de julho de 1993. Prevista originalmente para vigorar até o exercício fiscal de 2003, a lei foi prorrogada por mais 20 anos por meio da Medida Provisória n° 2.228, de 2001. Concedendo incentivos fiscais às pessoas físicas e jurídicas que adquirem os chamados Certificados de Investimento Audiovisual, ou seja, títulos representativos de cotas de participação em obras cinematográficas, a Lei do Audiovisual permite que o investimento seja até 100% dedutível do Imposto de Renda (limitado a 4% do IR devido, para pessoas jurídicas) e o desembolso pode ser deduzido como despesa operacional, excluindo o valor investido no LALUR, reduzindo a base de cálculo do próprio IR e do adicional do IR.

Lei Rouanet: Oficialmente Lei Federal de Incentivo à Cultura, é a denominação dada a Lei n° 8.313, de 23 de dezembro de 1991.

Lives: *Live* em português significa, no contexto digital, "ao vivo". Na linguagem da internet, a expressão passou a caracterizar as transmissões ao vivo feitas por meio das redes sociais. As *lives* são feitas de forma simples e ágil, geralmente sem limites de tempo de exibição ou de quantidade de espectadores.

Longa-metragem: No Brasil, de acordo com as normas da Agência Nacional de Cinema (Ancine), trata-se de uma obra cinematográfica com duração de pelo menos setenta minutos. Em outros países, o tempo mínimo pode ser diferente. Nos Estados Unidos, a Academia de Artes e Ciências Cinematográficas e o *American Film Institute* definem um longa pela duração de 40 minutos ou mais. Porém, a *Screen Actors Guild* exige um mínimo de 80 minutos. No Reino Unido, o *British Film Institute* segue o padrão da Academia e do AFI. A legislação da França define *long-métrage* como um filme no formato 35mm com pelo menos 1.600 metros, o que equivale a 58 minutos e 29 segundos de projeção.

Mainstream: *Mainstream* é um conceito que expressa uma tendência ou moda principal e dominante. A tradução literal de *mainstream* é "corrente principal" ou "fluxo principal". A cultura *mainstream* tem sido estudada por vários autores, como Frédéric Martel e o seu livro *Mainstream – a Guerra Global das Mídias e das Culturas*, que aborda fenômenos relacionados com essa cultura. Os meios de comunicação são cada vez mais direcionados para essa corrente e a internet potencializou essa cultura de forma espantosa.

Major: Os grandes estúdios cinematográficos são empresas de produção e distribuição que lançam um número substancial de filmes anualmente e comandam de forma consistente uma parcela significativa da receita de bilheteria em um determinado mercado. Nos mercados americano e internacional, os principais estúdios cinematográficos, geralmente conhecidos simplesmente como *majors*, são comumente considerados os cinco conglomerados de mídia diversificados, cujas várias subsidiárias de produção e distribuição de filmes comandam coletivamente cerca de 80 a 85% da receita de bilheteria dos Estados Unidos. O termo também pode ser aplicado mais especificamente à principal subsidiária de negócios cinematográficos de cada respectivo conglomerado.

Out-Door: Anúncio em forma de cartaz, painel múltiplo, painel luminoso etc., geralmente de grandes dimensões, exposto à margem de vias urbanas ou em outros pontos ao ar livre destacados para tal.

Streaming: É assim denominada a transferência de dados via redes digitais, cujo objetivo é enviar informações multimídia num fluxo contínuo, dos servidores para os clientes. *Stream* quer dizer "correnteza", pois a lógica de seu funcionamento é análoga à corrente de um rio que leva, sem interrupções, a água (dados) da nascente (servidor) até a foz (equipamento do cliente). Por serem transmitidos em *buffering* (transferências de pré-carregamento feitas por meio de blocos de dados), o conteúdo pode ser assistido antes que um *download* completo seja realizado, tornando possível sua visualização em tempo real.

Video On Demand: Ou em português, "vídeo sob demanda", é a possibilidade dada ao espectador de ter a escolha do que e quando assistir, dentre a grade de programas disponíveis através de uma plataforma de conteúdo e, em sua maior parte, distribuídos via tecnologia de *streaming*. A popularização do *video on demand* se deu pelo acesso cada vez mais amplo à internet de alta velocidade e pela multiplicidade de dispositivos eletrônicos conectados a ela.

Referências das obras cinematográficas citadas

O CANGACEIRO
105min, 1953
Produção: Companhia Cinematográfica Vera Cruz
Distribuição: Columbia Pictures
Direção: Lima Barreto
Sinopse: O cangaceiro "Capitão" Galdino aterroriza vilarejos pobres da Região Nordeste do Brasil, saqueando e matando com frequência com seu bando armado. Num de seus ataques ele rapta a professora Olívia e pede 20 contos de resgate por ela. Mas ele e o seu braço direito, o valente Teodoro, ficam atraídos pela bonita cativa e a discórdia se instaura no bando.

O PAGADOR DE PROMESSAS
91min, 1962
Produção e Distribuição: Cinedistri
Direção: Anselmo Duarte
Sinopse: Zé do Burro (Leonardo Villar) e sua mulher Rosa (Glória Menezes) vivem em uma pequena propriedade a 42 quilômetros de Salvador. Um dia, o burro de estimação de Zé é atingido por um raio e ele acaba indo a um terreiro de candomblé, onde faz uma promessa a Santa Bárbara para salvar o animal. Com o restabelecimento do bicho, Zé põe-se a cumprir a promessa e doa metade de seu sítio, para depois começar uma caminhada rumo a Salvador, carregando nas costas uma imensa cruz de madeira.

DEUS E O DIABO NA TERRA DO SOL
91min, 1964
Produção: Copacabana Filmes
Distribuição: Herbert Richers
Direção: Glauber Rocha
Sinopse: Manuel (Geraldo Del Rey) é um vaqueiro que se revolta contra a exploração imposta pelo coronel Moraes (Mílton Roda) e acaba matando-o numa briga. Ele passa a ser perseguido por jagunços, o que faz com que fuja com sua esposa Rosa (Yoná Magalhães). O casal se junta aos seguidores do beato Sebastião (Lídio Silva), que promete o fim do sofrimento através do retorno a um catolicismo místico e ritual. Porém, ao presenciar a morte de uma criança, Rosa mata o beato. Simultaneamente Antônio das Mortes (Maurício do Valle), um matador de aluguel a serviço da Igreja Católica e dos latifundiários da região, extermina os seguidores do beato.

VIDAS SECAS
103min, 1964
Distribuição: Herbert Richers
Direção: Nelson Pereira dos Santos
Sinopse: Em *Vidas Secas*, uma família miserável tenta escapar da seca no sertão nordestino. Fabiano (Átila Iório), Sinhá Vitória (Maria Ribeiro), seus dois filhos e a cachorra Baleia vagam sem destino e já quase sem esperanças pelos confins do interior, sobrevivendo às forças da natureza e à crueldade dos homens. Adaptação da obra de Graciliano Ramos.

OS FUZIS
80min, 1964
Distribuição: Embrafilme
Direção: Ruy Guerra
Sinopse: Ano de 1963, policiais chegam a uma cidade pobre do Nordeste brasileiro para impedir que a população saqueie um depósito de alimentos. Em meio a um cenário desolador, os policiais ficam

chocados com a negligência do governo, que, em vez de mandar alimentos para os moradores famintos, manda soldados.

BARRAVENTO
80min, 1962
Produção: Iglu Filmes
Direção: Glauber Rocha
Sinopse: Numa aldeia de pescadores de xaréu, cujos antepassados vieram da África como escravos, permanecem antigos cultos místicos ligados ao candomblé. Firmino (Antônio Pitanga) é um antigo morador, que foi para Salvador na tentativa de escapar da pobreza. Ao retornar, ele sente atração por Cota (Luíza Maranhão), ao mesmo tempo que não consegue esquecer sua antiga paixão, Naína (Lucy Carvalho), que, por sua vez, gosta de Aruã (Aldo Teixeira). Firmino encomenda um despacho contra Aruã, que não é atingido. O alvo termina sendo a própria aldeia, que passa a ser impedida de pescar.

O DESAFIO
81min, 1965
Distribuição: Mapa Filmes
Direção: Paulo César Saraceni
Sinopse: Logo após o golpe militar de 1964, Ada é esposa de um rico empresário industrial, e se envolve em um caso amoroso com o jornalista de esquerda Marcelo, que trabalha em uma revista. O filme retrata os desafios, durante o regime militar, de se envolver em um relacionamento com alguém de classe diferente.

TERRA EM TRANSE
115min, 1967
Produção: Mapa Filmes
Distribuição: Difilm
Direção: Glauber Rocha
Sinopse: O senador Porfírio Diaz (Paulo Autran) detesta seu povo e pretende tornar-se imperador de Eldorado, um país localizado na América do Sul. Porém, existem diversos homens que querem este

poder que resolvem enfrentá-lo. Enquanto isso, o poeta e jornalista Paulo Martins (Jardel Filho), ao perceber as reais intenções de Diaz, muda de lado, abandonando seu antigo protetor.

A CHINESA
96min, 1967
Distribuição: Athos Films
Direção: Jean-Luc Godard
Sinopse: Veronique (Anne Wiazemsky) é uma estudante francesa de filosofia que forma um grupo com mais quatro amigos da universidade para debater temas políticos e sociais. Adeptos do maoismo, os jovens se cansam de teorizar e decidem partir para medidas mais extremas contra o que eles consideram injusto.

ANTES DA REVOLUÇÃO
115min, 1964
Direção: Bernardo Bertolucci
Sinopse: Parma, 1964. Fabrizio (Francesco Barilli) é um jovem de 22 anos apaixonado, idealista, mas acomodado. A morte de seu amigo Agostino (Allen Midgette), supostamente por suicídio, o faz questionar seu presente e futuro. Um conturbado relacionamento amoroso com Gina (Adriana Asti), sua tia, aumenta ainda mais o conflito de ideias do rapaz.

OS HERDEIROS
110min, 1970
Distribuição: Embrafilme
Direção: Carlos Diegues
Sinopse: Jorge Ramos (Sérgio Cardoso) é um jornalista ambicioso, que se casa por interesse com Eugênia (Odete Lara), a filha de um arruinado fazendeiro de café. Com a volta da democracia, em 1946, ele retorna à cidade grande e se transforma, aos poucos e às custas de constantes traições, em um político poderoso. Até que seu próprio filho vinga suas vítimas, aliando-se aos militares e traindo o pai.

O DRAGÃO DA MALDADE CONTRA O SANTO GUERREIRO

95min, 1969

Distribuição: Mapa Filmes

Direção: Glauber Rocha

Sinopse: Continuação de *Deus e o Diabo na Terra do Sol*. Misturando cordel e ópera, esta aventura apresenta o personagem Antônio das Mortes, que recebe a tarefa de eliminar um novo cangaceiro da região. No caminho, ele encontra diversos jagunços e coronéis e se vê cara a cara com o povo do sertão e com as dificuldades enfrentadas pelos sertanejos, eventos que farão Antonio adquirir uma nova perspectiva de vida.

CARLOTA JOAQUINA, PRINCESA DO BRASIL

100min, 1995

Distribuição: Warner Bros. Pictures

Direção: Carla Camurati

Sinopse: Um painel da vida de Carlota Joaquina (Marieta Severo), a infanta espanhola que conheceu o príncipe de Portugal (Marco Nanini) com apenas dez anos e se decepcionou com o futuro marido. Sempre mostrou disposição para seus amantes e pelo poder e se sentiu tremendamente contrariada quando a corte portuguesa veio para o Brasil, tendo uma grande sensação de alívio quando foi embora.

O QUE É ISSO, COMPANHEIRO?

110min, 1997

Distribuição: Columbia TriStar Filmes do Brasil

Direção: Bruno Barreto

Sinopse: O jornalista Fernando (Pedro Cardoso) e seu amigo César (Selton Mello) abraçam a luta armada contra a ditadura militar no final da década de 60. Os dois alistam-se num grupo guerrilheiro de esquerda. Em uma das ações do grupo militante, César é ferido e capturado pelos militares. Fernando então planeja o sequestro do embaixador dos Estados Unidos no Brasil, Charles Burke Elbrick (Alan Arkin), para negociar a liberdade de César e de outros companheiros presos.

CENTRAL DO BRASIL

95min, 1998

Distribuição: Europa Filmes

Direção: Walter Salles

Sinopse: Em *Central do Brasil*, Dora (Fernanda Montenegro) trabalha escrevendo cartas para analfabetos na estação Central do Brasil, no centro da cidade do Rio de Janeiro. Ainda que a escrivã não envie todas as cartas que escreve – dispensando aquelas que considera inúteis ou fantasiosas demais –, ela decide ajudar um menino (Vinícius de Oliveira), após sua mãe ser atropelada, a tentar encontrar o pai que nunca conheceu, no interior do Nordeste.

DIVINO AMOR

101min, 2019

Distribuição: Vitrine Filmes

Direção: Gabriel Mascaro

Sinopse: Joana (Dira Paes) trabalha como escrivã em um cartório e, profundamente religiosa e devota à ideia da fidelidade conjugal, sempre tenta demover os casais que volta e meia surgem pedindo o divórcio. Tal situação sempre a deixa à espera de algum reconhecimento, pelos esforços feitos. Entretanto, a situação muda quando ela própria enfrenta uma crise em seu casamento.

A VIDA INVISÍVEL

140min, 2019

Distribuição: Vitrine Filmes

Direção: Karim Aïnouz

Sinopse: Rio de Janeiro, década de 1940. Eurídice (Carol Duarte) é uma jovem talentosa, mas bastante introvertida. Guida (Julia Stockler) é sua irmã mais velha, e o oposto de seu temperamento em relação ao convívio social. Ambas vivem em um rígido regime patriarcal, o que faz com que trilhem caminhos distintos: Guida decide fugir de casa com o namorado, enquanto Eurídice se esforça para se tornar uma musicista, ao mesmo tempo que precisa lidar com as responsabilidades da vida adulta e um casamento sem amor com Antenor (Gregório Duvivier).

GRETA
97min, 2019
Distribuição: Pandora Filmes
Direção: Armando Praça
Sinopse: Pedro (Marco Nanini) é um enfermeiro de 70 anos que trabalha em um hospital público de Fortaleza. Sua melhor amiga é Daniela (Denise Weinberg), artista transexual que enfrenta graves problemas de saúde. Quando ela precisa ser internada, mas não encontra leito disponível, Pedro sequestra um paciente recém-chegado, Jean (Démick Lopes), e o abriga em sua casa. Inicialmente, o enfermeiro tem medo do rapaz agressivo, que se esconde da polícia por ter assassinado um homem a facadas. Depois, nasce entre eles uma relação de cumplicidade e afeto.

BACURAU
130min, 2019
Distribuição: Vitrine Filmes
Direção: Kleber Mendonça Filho, Juliano Dornelles
Sinopse: Pouco após a morte de dona Carmelita, aos 94 anos, os moradores de um pequeno povoado localizado no sertão brasileiro, chamado Bacurau, descobrem que a comunidade não consta mais em qualquer mapa. Aos poucos, percebem algo estranho na região: enquanto drones passeiam pelos céus, estrangeiros chegam à cidade pela primeira vez. Quando carros se tornam vítimas de tiros e cadáveres começam a aparecer, Teresa (Bárbara Colen), Domingas (Sônia Braga), Acácio (Thomas Aquino), Plínio (Wilson Rabelo), Lunga (Silvero Pereira) e outros habitantes chegam à conclusão de que estão sendo atacados. Falta identificar o inimigo e criar coletivamente um meio de defesa.

MARIGHELLA

155min, 2021

Distribuição: Paris Filmes

Direção: Wagner Moura

Sinopse: Neste filme biográfico, acompanhamos a história de Carlos Marighella, em 1969, um homem que não teve tempo para ter medo. De um lado, uma violenta ditadura militar. Do outro, uma esquerda intimidada. Cercado por guerrilheiros 30 anos mais novos e dispostos a reagir, o líder revolucionário escolheu a ação. Marighella era político, escritor e guerrilheiro contra à ditadura militar brasileira.

NO CORAÇÃO DO MUNDO

122min, 2019

Distribuição: Embaúba Filmes

Direção: Gabriel Martins, Maurilio Martins

Sinopse: Contagem, Minas Gerais. Dentro da comunidade local, Marcos (Leo Pyrata) se vira diariamente com os pequenos crimes que comete. Quando reencontra Selma (Grace Passô), uma antiga amiga, ele se convence da possibilidade de executar um assalto bem-sucedido. Mas o plano só pode ser colocado em prática com a ajuda de uma terceira pessoa, e Ana (Kelly Crifer), namorada de Marcos, hesita em participar.

INFERNINHO

82min, 2019

Distribuição: Embaúba Filmes

Direção: Tiago Melo

Sinopse: Deusimar (Yuri Yamamoto), a dona do Inferninho, um bar que é mais um refúgio, quer ir embora para um lugar distante. Jarbas (Démick Lopes), um marinheiro que acaba de chegar, quer ficar. Um amor começa a nascer entre os dois capaz de mudar tudo, suas vidas, o bar e as pessoas em volta deles.

AZOUGUE NAZARÉ
82min, 2019
Distribuição: Inquieta Cine
Direção: Guto Parente, Pedro Diógenes
Sinopse: O Carnaval, a maior festa brasileira, conhecido internacionalmente, mobiliza as populações de diversas cidades Brasil afora. Em uma cidade do interior, em meio aos canaviais, um grupo de pessoas vive suas vidas, suas tensões, seus desafios, seus sonhos e também rituais fantásticos à espera da chegada dos dias de festa.

DEMOCRACIA EM VERTIGEM
122min, 2020
Distribuição: Netflix
Direção: Petra Costa
Sinopse: Documentário sobre o processo de impeachment da ex-presidente do Brasil Dilma Rousseff, que foi considerado como um dos reflexos da polarização política e da ascensão da extrema direita ao poder. O filme conta com imagens internas e exclusivas dos bastidores do Sindicato dos Metalúrgicos do ABC e do Palácio da Alvorada, enquanto ocorria a votação para a queda de Dilma.

DOIS PAPAS
126min, 2019
Distribuição: Netflix
Direção: Fernando Meirelles
Sinopse: Buenos Aires, 2012. O cardeal argentino Jorge Bergoglio (Jonathan Pryce) está decidido a pedir sua aposentadoria, devido a divergências sobre a forma como o papa Bento XVI (Anthony Hopkins) tem conduzido a Igreja. Com a passagem já comprada para Roma, ele é surpreendido com o convite do próprio papa para visitá-lo. Ao chegar, eles iniciam uma longa conversa onde debatem não só os rumos do catolicismo, mas também afeições e peculiaridades da personalidade de cada um.

BRUNA SURFISTINHA
109min, 2011
Distribuição: Imagem Filmes
Direção: Marcus Baldini
Sinopse: Raquel (Deborah Secco) era uma jovem da classe média paulistana, que estudava num colégio tradicional da cidade. Um dia, ela tomou uma decisão surpreendente: saiu de casa e resolveu virar garota de programa. Com o codinome de Bruna Surfistinha, Raquel viveu diversas experiências "profissionais" e ganhou destaque nacional ao contar suas aventuras sexuais e afetivas num blog, que depois acabou virando um livro e tornou-se um *best-seller*.

Referências bibliográficas

ALENCAR, M. *O cinema em festivais e os caminhos do curta-metragem no Brasil*. Rio de Janeiro: Artenova, 1978.

ALINHADA a Bolsonaro, Petrobras revê patrocínios e deve se afastar da cultura. *Folha de São Paulo*, 7 fev. 2019. Disponível em: https://bit.ly/3idBdpt. Acesso em: 30 jan. 2022.

ALVES, J. E. D. Diário da Covid-19: Brasil na emergência sanitária, social e climática. *Projeto Colabora*, 31 out. 2021. Disponível em: https://projetocolabora.com.br/ods3/diario-da-covid-19-novembro-sera-decisivo-para-o-fim-da-pandemia/. Acesso em: 22 jan. 2022.

AMÂNCIO, T. *Artes e manhas da Embrafilme*: cinema estatal brasileiro em sua época de ouro (1977-1981). Niterói: EDUFF, 2000.

ANCINE – AGÊNCIA NACIONAL DE CINEMA. *Co-Produções Internacionais*. Disponível em: https://antigo.ancine.gov.br/pt-br/conteudo/o-que-uma-coprodu-o-internacional#:~. Acesso em: 24 mar. 2021.

ANCINE – AGÊNCIA NACIONAL DO CINEMA. *Listagem das coproduções internacionais realizadas entre 2005 e 2014*. Compilado pela Superintendência de Acompanhamento de Mercado. Observatório Brasileiro do Cinema e do Audiovisual (OCA). Disponível em: http://oca.ancine.gov.br/media/SAM/DadosMer-cado/2412-02042014.pdf. Acesso em: 2 abr. 2021.

ANCINE – AGÊNCIA NACIONAL DO CINEMA. *Observatório Brasileiro do Cinema e do Audiovisual* – OCA. Disponível em: http://oca.ancine.gov.br/. Acesso em: 10 abr. 2021.

AUTRAN, A. *O pensamento industrial cinematográfico brasileiro*. São Paulo: Hucitec, 2013.

BACHMANN, G. Insight into the Growing Festival Influence: Fest Vet Discusses 'Wholesale' and 'Retail' Events. *Variety*, 28 ago. 2000. Disponível em: variety.com/2000/film/news/insight-into-the-growing-festival-influence-1117785609/. Acesso em: 22 jan. 2022.

BARÃO, G. R. *A diplomacia cultural na política externa do governo Lula*: um novo projeto de desenvolvimento nacional (2003-2010). Monografia (Graduação em Relações Internacionais) – Universidade Federal do Rio Grande do Sul, Porto Alegre, 2012.

BARONE, J. G. *Comunicação e indústria audiovisual*: cenários tecnológicos e institucionais do cinema brasileiro na década de 90. Porto Alegre: Sulina, 2009.

BARONE, J. G. Notas sobre o bias tecnológico do cinema. In: CATANI, Afrânio Mendes; FABRIS, Mariarosaria; GARCIA, Wilton. (Org.). *Estudos de Cinema* SOCINE. 6. ed. São Paulo: Nojosa Edições, 2005. p. 61-68.

BERNARDET, J.-C. *Cinema brasileiro*: propostas para uma história. 2. ed. revista e ampliada. São Paulo: Companhia de Bolso, 2009.

BETTIG, R. V.; HALL, J. L. *Big Media, Big Money*: Cultural Texts and Political Economics. 2 ed. Lanham: Rowman & Littlefield, 2012.

BORGES, A. E assim em janeiro de 2019 foi extinto o Ministério da Cultura. *O Globo*, 2 de jan. 2019. Disponível em: https://blogs.oglobo.globo.com/afonso-borges/post/e-assim-em-janeiro-de-2019-foi--extinto-o-ministerio-da-cultura.html. Acesso em: 12 dez. 2021.

BOURDIEU, P. *O poder simbólico*. 6. ed. Rio de Janeiro: Bertrand Brasil, 2003.

BRASIL vence o campeonato mundial de cinema: Cannes. *Diario Carioca*, 24 maio 1962. Rio de Janeiro. Disponível em: http://memoria.bn.br/pdf/093092/per093092_1962_10487.pdf. Acesso em: 31 jan. 2022.

BRASIL. Ministério da Cultura. *Manual de Exportação de Bens e Serviços Culturais*, 2018. Ministério da Indústria, Comércio Exterior e Serviços. Sistema Integrado de Comércio Exterior de Serviços, Intangíveis e Outras Operações que Produzam Variações no Patrimônio – SISCOSERV. Disponível em: https://issuu.com/camilacestaricerreti/docs/manual_de_exportac_a_o_-_versa_o_pa. Acesso em: 22 jan. 2022.

BRASIL. Ministério das Relações Exteriores. *Diplomacia Cultural e Educacional*, 9 nov. 2020a (publicado); 17 mar. 2021 (editado). Disponível em: https://www.gov.br/mre/pt-br/assuntos/cultura-e-educacao/diplomacia-cultural-1.

BRASIL. Ministério do Turismo. Secretaria Especial da Cultura. *Sistema Nacional de Cultura se consolida como ferramenta de monitoramento para execução de políticas públicas culturais no Brasil.* 2020. Disponível em: https://www.gov.br/turismo/pt-br/secretaria-especial-da-cultura/sistema-nacional-de-cultural-se-consolida-como-ferramenta-de-monitoramento-para-execucao-de-politicas-publicas-culturais-no-brasil. Acesso em: 30 maio 2020.

BRASIL. Senado Federal. *Projeto de Lei no 1.075, de 2020*. Dispõe sobre ações emergenciais destinadas ao setor cultural, enquanto as medidas de isolamento ou quarentena estiverem vigentes, de acordo com a Lei no 13.979, de 6 de fevereiro de 2020. Brasília, DF: Senado Federal, 2020c. Disponível em: https://www25.senado.leg.br/web/atividade/materias/-/materia/142136. Acesso em: 12 out. 2021.

BRASIL. Presidência da República. *Decreto n° 7.743*, de 31 de maio de 2012. Disponível em: http://www.planalto.gov.br/ccivil_03/_ato2011-2014/2012/decreto/d7743.htm. Acesso em: 22 jan. 2022.

BRASIL. Senado Federal. *Comissão Parlamentar de Inquérito Pandemia Covid-19*. 2021. Parecer. Disponível em: https://legis.senado.leg.br/sdleg-getter/documento/download/fb751ae9-1dea-48cc-b7a9-ff-8fc9f6fdc1. Acesso em: 31 jan. 2022.

BRAZILIAN CONTENT. *Bravi* – Brasil Audiovisual Independente, 2021. Disponível em: https://bravi.tv/projetos-abpitv/btvp/. Acesso em: 10 nov. 2021.

BRETHERTON, C.; VOGLER, J. *The European Union as a global actor*. Londres: Routledge, 1999.

CABRAL, E. D. T.; CABRAL FILHO, A. V. A importância da EPC para entender a mídia no Brasil. In: CABRAL, E. D. T.; CABRAL FILHO, A. V. (Org.). *Comunicação e Cultura no Brasil*: diálogos com a Economia Política da Comunicação e da Cultura. Rio de Janeiro: Fundação Casa de Rui Barbosa, 2018.

CALABRE, L. A arte e a cultura em tempos de pandemia. *Revista Extraprensa*, v. 13, n. 2, p. 7-21, 2020.

CÂMARA, V. Cinema: quem o viu e quem ainda o vê? *Ípsilon (Público)*, 23 dez. 2020. Disponível em: https://www.publico.pt/2020/12/23/culturaipsilon/noticia/viu-ve-1943681. Acesso em: 22 jan. 2022.

CANEDO, D.; CRUSAFON, C. The European audiovisual policy goes abroad: The case of inter-regional cooperation with Mercosur. In: CANEDO, D.; CRUSAFON, C.. *The Palgrave Handbook of European Media Policy*. Londres: Palgrave Macmillan, London, 2014.

CARDOSO Jr., J. C. Desmonte do Estado no Governo Bolsonaro: menos república, menos democracia e menos desenvolvimento.

In: AZEVEDO, J. S. G. de; POCHMANN, M. (Org.). *Brasil: Incertezas e Submissão?* São Paulo: Fundação Perseu Abramo, 2019.

CARVALHO, M. do S. Cinema Novo Brasileiro. In: MASCARELLO, Fernando (Org.). *História do Cinema Mundial.* Campinas: Papirus, 2012. p. 289-309.

CARVALHO, P. F. C. *Indústria Cinematográfica brasileira:* investigação das inter-relações dos agentes envolvidos no processo produtivo. Monografia (Graduação em Economia) – Pontifícia Universidade Católica do Rio de Janeiro, Rio de Janeiro, 2011.

CASTELLS, M. *O poder da identidade.* São Paulo: Paz e Terra, 1999.

CHADE, J. Relatório da CPI da Pandemia é Documento Histório da Pandemia no Mundo. *El País Brasil,* 20 de out. 2021. Diponível em: https://brasil.elpais.com/brasil/2021-10-20/relatorio-da-cpi-da-
-pandemia-e-documento-historico-da-pandemia-no-mundo.html. Acesso em: 21 nov. 2021.

CHALUPE, H. Difusão ou restrição: ações de acessibilidade do audiovisual brasileiro. *Estudos de Cinema e Audiovisual Socine,* v. 10, p. 105-121, 2010.

CHALUPE, H. *O filme nas telas:* a distribuição do cinema nacional. São Paulo: Ecofalante, 2010.

CIRINO, N. N.; CANUTO, K. Festivais de cinema pós-Covid-19: impactos e perspectivas. *Significação: Revista de Cultura Audiovisual,* v. 48, n. 56, p. 139-155, 2021.

COMOR, E. H. Innis and "The bias of communication". *Information, Communication & Society,* v. 4, n. 2, p. 274-294, 2001.

CORRÊA, P.: *Panorama dos Festivais e Mostras Audiovisuais Brasileiras em 2020.* Disponível em: https://issuu.com/pauloluzcorrea/docs/

v1_-_panorama_dos_festivais-mostras_audiovisuais_b. Acesso em: 22 jan. 2021.

COSTA, A. *Compreender o cinema*. 3. ed. São Paulo: Globo, 2003.

COX, R. W. Gramsci, hegemony and international relations: an essay in method. *Millennium*, v. 12, n. 2, p. 162-175, 1983.

CRUSAFON BAQUÉS, C. El espacio audiovisual euro-latinoamericano: el cine como eje central de la cooperación supranacional. *Anàlisi: quaderns de comunicació i cultura*, p. 27-45, 2011.

CUMMINGS, M. C. Series Title: *Cultural Diplomacy Research Series*. 2009. Disponível em: https://www.americansforthearts.org/by--program/reports-and-data/legislation-policy/naappd/cultural--diplomacy-and-the-united-states-government-a-survey. Acesso em: 30 jan. 2022.

DA SILVA, H. C. *O filme nas telas*: a distribuição do cinema nacional. São Paulo: Terceiro Nome, 2010.

DANNA, M. F.; MATOS, M. A. *Ensinando a observação*. São Paulo: Edicon, 2006.

DE LUCA, L. G. A *hora do cinema digital*: democratização e globalização do audiovisual. São Paulo: Imprensa Oficial do Estado de São Paulo, 2009.

DE VALCK, M.; KREDELL, B.; LOIST, S. *Film Festivals*: History, Theory, Method, Practice. Londres: Routledge, 2016.

DE VALCK, M. As várias faces dos festivais de cinema europeus. In: MELEIRO, A. (Org.). *Cinema no mundo*: indústria, política e mercado – Europa V. São Paulo: Escrituras, 2007.

DUMONT, J.; FLÉCHET, A. "Pelo que é nosso!": a diplomacia cultural brasileira no século XX. *Revista Brasileira de História*, v. 34, p. 203-221, 2014.

DUMONT, J. *Le Brésil et l'Institut international de coopération intellectuelle (1924-1946)*: le pari de la diplomatie culturelle. Paris: IHEAL, 2009.

EBERT, R. La Dolce Vitta. *Roger Ebert*, 5 jan. 1997. Disponível em: https://www.rogerebert.com/reviews/great-movie-la-dolce-vita-1960. Acesso em: 22 jan. 2022.

FARANI, M. I. Cinema e política: A política externa e a promoção do cinema brasileiro no mercado internacional. In: MELEIRO, A. *Cinema e Economia Política*. São Paulo: Escrituras, 2009.

FEATHERSTONE, M. *Cultura Global*. Nacionalismo, globalização e modernidade. Petrópolis: Vozes, 1994.

FILM FESTIVAL ALLIANCE. *FilmEx – Festival Organizer Report*. Disponível em: https://filmfestivalalliance.org/wp-content/uploads/2021-01-11-FilmEx-Festival-Organizer-Report-vF.pdf. Acesso em: 30 jan. 2022.

FILM BRAZIL renova o convênio com a Apex Brasil. *Portal Apex Brasil*. Disponível em: https://portal.apexbrasil.com.br/noticia/FILMBRAZIL-RENOVA-CONVENIO-COM-A-APEX-BRASIL/. Acesso em: 13 nov. 2021.

FOLHA DE S. PAULO. Petrobrás revê patrocínios e deve se afastar da cultura. São Paulo, 7 fev. 2019. Disponível em: https://bit.ly/3idBdpt. Acesso em: 22 fev. 2020.

FREIXO, A. de. As relações exteriores – Bolsonaro, 100 dias. *Le Monde Diplomatique Brasil*, 10 abr. 2019. Disponível em: https://diplomatique.org.br/as-relacoes-exteriores-bolsonaro-100-dias/. Acesso em: 30 jan. 2022.

FUNDAÇÃO CULTURAL PALMARES. *Assinado decreto para criação do Comissariado da Cultura Brasileira no Mundo*. Disponível em: http://www.palmares.gov.br/2006/10/assinado-decreto-para-cria%-

C3%A7ao-do- comissariado-da-cultura-brasileira-no-mundo/. Acesso em: 30 jan. 2022.

G1. *Sem anúncio prévio, Mário Frias toma posse como novo secretário de Cultura.* 23 jun. 2020. Disponível em: https://g1.globo.com/olitica/noticia/2020/06/23/sem-anuncio-previo-mario-frias-toma-posse-como-novo-secretario-de-cultura.ghtml. Acesso em: 25 set. 2021.

GALPERIN, H. Cultural industries policy in regional trade agreements: the cases of NAFTA, the European Union and MERCOSUR. *Media, Culture & Society*, v. 21, n. 5, p. 627-648, 1999.

GARCIA, C. M. *Importância e formas de aprimoramento da atividade de difusão cultural como instrumento da política externa brasileira.* Tese (Curso de Altos Estudos) – Instituto Rio Branco, Brasília, 2003.

GATTI, A. P. Agência Nacional do Cinema (ANCINE) – Notas para uma história (2001 – 2003). In: MACHADO, R.; SOARES, R. de L.; ARAÚJO, L. C. de. *Estudos de Cinema, SOCINE – Sociedade Brasileira de Estudos de Cinema e Audiovisual*. São Paulo: Annablume, 2007.

GATTI, A. P. *Cinema brasileiro em ritmo de indústria*. São Paulo: CCSP, 1999.

GATTI, A. P. *Distribuição e exibição na indústria cinematográfica brasileira* (1993 – 2003). Tese (Doutorado em Multimeios) – Universidade Estadual de Campinas, Campinas, 2005.

GATTI, A. P. A política cinematográfica no período de 1990-2000. In: FABRIS, M. R. et al. (Org.). *Estudos Socine de Cinema: ano III*. Porto Alegre: Sulina, 2003. p. 603-612.

GHILL, E. K. *"Querem tirar Bacurau do Mapa"*: reflexões sobre o cinema brasileiro em 2019. Dissertação (Mestrado em Multimédia) – Universidade do Porto, Porto, 2021.

GIL, A. C. *Como elaborar projetos de pesquisa.* São Paulo: Atlas, 2002.

GIMENEZ, F. A. P.; ROCHA, D. T. da. A presença do filme nacional nas salas de cinema do Brasil: um estudo sobre a codistribuição. *Galáxia*, São Paulo, p. 94-108, 2018.

GOLDSTEIN, J.; KEOHANE, R. O. *Ideas and foreign policy: beliefs, institutions, and political change.* Ithaca: Cornell University Press, 1993.

GOMES, P. E. S. Cinema: trajetória no subdesenvolvimento. Rio de Janeiro: Paz e Terra, 2015.

GONÇALVES, M. R. *Cinema e identidade nacional no Brasil 1898 – 1969.* São Paulo: LCTE Editora, 2011.

GRÁFICO da Porcentagem da População Vacinada Brasil, Europa e Mundo. *Projeto Colabora*, 5 nov. 2021. Disponível em: https://projetocolabora.com.br/wp-content/uploads/2021/11/diario-915.png. Acesso em: 21 nov. 2021.

GRUPPI, L. *Conceito de Hegemonia em Gramsci.* 2. ed. Rio de Janeiro: Graal, 1980.

GUALDA, L. C. A cadeia produtiva do cinema brasileiro na balança comercial: uma análise de suas potencialidades. *Perspectiva*, v. 9, n. 17, 2020.

GUDYKUNST, W. B. *Theorizing About Intercultural Communication.* Londres: Sage Publications, 2005.

HAGENER, M. *The Emergence of Film Culture.* Nova York: Berghahn Books, 2014.

HAIGH, A. *Cultural Diplomacy in Europe.* Nova York: Manhattan Publishing Co., 1974.

HALL, S. *A identidade cultural na pós-modernidade.* 3. ed. Rio de Janeiro: DP&A, 1999.

HARDY, J. *Critical Political Economy of the media*: an introduction. Nova York: Routledge, 2014.

HARVEY, E. R. *Relaciones culturales internacionales en Iberoamérica y el Mundo*. Madrid: Tecnos, 1991.

HECHT, M. L.; COLLIER, M. J.; RIBEAU, S. A. *African American communication*: Ethnic identity and cultural interpretation. Londres: SAGE Publications, 1993.

HELD, D.; MCGREW, A. *Prós e contras da globalização*. São Paulo: Zahar, 2001.

HOBSBAWM, E. A *invenção das tradições*. Rio de Janeiro: Paz e Terra, 1984.

HOWKINS, J. *Economia criativa*: como ganhar dinheiro com ideias criativas. São Paulo: M.Books, 2013.

HUNTINGTON, S. O *choque das civilizações e a recomposição da nova ordem mundial*. Rio de Janeiro: Objetiva, 1997.

IANNI, O. *Estado e planejamento econômico no Brasil*. Rio de Janeiro: Civilização Brasileira, 1994.

IKEDA, M. *Cinema brasileiro a partir da retomada*: aspectos econômicos e políticos. São Paulo: Summus, 2015.

INNIS, H. A. *The Bias of Communication*. Toronto: University of Toronto Press, 1964.

INSTITUTE FOR CULTURAL DIPLOMACY. *ICD Cultural Diplomacy*, 2011. Berlin: Institute for Cultural Diplomacy Publications. Disponível em: http://www.cd n.org/index.php?en_cd- outlook-2011_content. Acesso em: 22 jan. 2022.

IORDANOVA, D.; CUNNINGHAM, S. *Digital disruption*: Cinema moves on-line. Saint Andrews: St Andrews film studies, 2019.

IORIS, R. R. A globalização cultural e os desafios para uma governança global democrática. *Mural Internacional*, v. 1, n. 1, p. 33-39, 2010.

JANSEN, S. Ambiguities and imperatives of market censorship: The brief history of a critical concept. *Westminster Papers in Communication and Culture*, v. 7, n. 2, 2010.

JOHNSON, R. *The Film Industri in Brasil*. Pittsburgh: University of Pittsburgh, 1987.

JESUS, Diego Santos Vieira de. Da redução da incerteza estratégica à perpetuação da exclusão: a relevância dos fatores ideacionais na análise de política externa. *Contexto internacional*. Rio de Janeiro, v. 31, n. 3, p. 503-534, dez. 2009. Disponível em: http://www.scielo.br/scielo.php?script=sci_arttext&pid=S0102- 85292009000300004&lng=en&nrm=iso. Acesso em: 12 ago. 2019.

KANTAR IBOPE MEDIA. *Inside Video – A (re)descoberta*. Disponível em: https://www.kantaribopemedia.com/estudos-type/inside-video/. Acesso em: 31 jan. 2022.

KASTRUP, V. O funcionamento da atenção no trabalho do cartógrafo. In: PASSOS, E.; KASTRUP, V.; ESCÓSSIA, L. da. *Pistas do método da cartografia*: pesquisa-intervenção e produção de subjetividade. Porto Alegre: Sulina, 2012.

KÖCHE, J. C. *Fundamentos de metodologia científica*: teoria da ciência e iniciação à pesquisa. 22. ed. Petrópolis: Vozes, 1997.

LAVILLE, C.; DIONNE, J. A *construção do saber*: manual de metodologia de pesquisa em ciências humanas. Belo Horizonte: Editora UFMG, 1999.

LEÃO, T. Política e Trabalho no sector do cinema e audiovisual em contexto pandémico: velhas tensões, novos protagonistas. *Cadernos da Pandemia. Em Suspenso. Reflexões Sobre o Trabalho Artístico, Cultural e Criativo na Era Covid-19*, v. 5, p. 40-55, 2020.

LEE, K. The little state department: Hollywood and the MPAA's influence on US trade relations. *Nw. J. Int'l L. & Bus.*, v. 28, p. 371, 2008.

LINHA do tempo do coronavírus no Brasil. SANAR *Med*, 19 mar. 2020. Disponível em: https://www.sanarmed.com/linha-do-tempo-do-coronavirus-no-brasil. Acesso em: 21 nov. 2021.

LIPOVETSKY, G.; SERROY, J. A *cultura-mundo, respostas a uma sociedade desorientada*. São Paulo: Companhia das Letras, 2011.

LIPOVETSKY, G. Os *tempos hipermodernos*. São Paulo: Barcarolla, 2004.

LOURENÇO, J. The Year in which the Cinema we knew stopped: A portrait in three acts. *Observatorio*, p. 24-44, 2021.

MACHADO, G. L. A *difusão cultural brasileira como instrumento de política externa: estratégias contemporâneas.* Monografia (Graduação em Relações Internacionais) – Universidade Federal do Rio Grande do Sul, Porto Alegre, 2012.

MALAFAIA, W. V. *Imagens do Brasil*: o Cinema Novo e as metamorfoses da identidade nacional. Tese (Doutorado em História, Política e Bens Culturais) – Fundação Getúlio Vargas, Rio de Janeiro, 2012.

MALDONADO, A. E. Práxis teórico/metodológica na pesquisa em comunicação: fundamentos, trilhas e saberes. In: MALDONADO, A. E. et al. *Metodologias de pesquisa em comunicação*: olhares, trilhas e processos. Porto Alegre: Sulina, 2006. p. 271-294.

MANS, M. Netflix e Spotify passarão a pagar ISS no Brasil. *Estadão*, 14 dez. 2016. Disponível em: https://link.estadao.com.br/noticias/empresas,netflix-e-spotify-deverao-pagar-iss-no-brasil,10000094593. Acesso em: 22 dez. 2022.

MARANHÃO, M. S. TIC *Cultura*: pesquisa sobre o uso das tecnologias de informação e comunicação nos equipamentos culturais brasileiros. São Paulo: Comitê Gestor da Internet no Brasil, 2019.

MARCONI, M. de A.; LAKATOS, E. M. *Metodologia do Trabalho Científico*: procedimentos básicos, pesquisa bibliográfica, projeto de relatório, publicações e trabalhos científicos. 4. ed. São Paulo: Atlas, 2001.

MARK, S. *A comparative Study of the Cultural Diplomacy of Canada, New Zeland and Australia*. Tese (Doutorado em Filosofia e Estudos Políticos) – University of Auckland, Auckland, 2008.

MARQUES, M. R. Ancine e a retirada de cartazes. *Instituto de Cinema*, 2019. Disponível em: https://www.institutodecinema.com.br/mais/conteudo/ancine-retirada-de-cartazes-e-a-nova-polemica-do-orgao. Acesso em: 15 dez. 2021.

MARSON, M. I. *Cinema e políticas de Estado*: da Embrafilme à Ancine. São Paulo: Escrituras Editora, 2009.

MARTÍN-BARBERO, J. *Dos meios às mediações*: comunicação, cultura e hegemonia. 6. ed. Rio de Janeiro: Editora UFRJ, 2009.

MARTÍN-BARBERO, J. *O humanismo do outro homem*. 3. ed. Petrópolis: Vozes, 2009.

MATTOS, T. *Festivais pra quê?* Um estudo crítico sobre festivais audiovisuais brasileiros. A recepção cinematográfica: teoria e estudos de casos. Salvador: EDUFBA, 2013.

MCKAY, A. A. Screening Global Politics: Visual Culture an International Relations. *E-International Relations*, 2013. Disponível em: https://www.e-ir.info/2013/10/15/screening-global-politics-visual-culture-and-international-relations/. Acesso em: 1 nov. 2021.

MELEIRO, A. *Cinema e mercado*: indústria cinematográfica e audiovisual brasileira. Coleção Cinema e Mercado. São Paulo: Escrituras Editora, 2010.

MELLO, A. T. de. *Legislação do cinema brasileiro*. Rio de Janeiro: Embrafilme, 1978.

MELO, L. A. R. *Cinema independente*: produção, distribuição e exibição no Rio de Janeiro (1948-1954). Tese (Doutorado em Arte e Comunicação Social) – Universidade Federal Fluminense, Rio de Janeiro, 2002.

MERCOSUL. RECAM – Reunião Especializada de Autoridades Cinematográficas e Audiovisuais do MERCOSUL, 2021. Disponível em: https://www.recam.org/?set_lang=pt. Acesso em: 22 jan. 2022.

METZ, C. *Linguagem e cinema*. São Paulo: Perspectiva, 1980.

MINAYO, M. C. de S. (Org.). *Pesquisa social*. 18. ed. Petrópolis: Vozes, 2001.

MIRANDA, E. Desemprego à vista: Bolsonaro dá fim ao Petrobras Cultural. *Jornal Brasil de Fato*, 21 fev. 2019. Disponível em: https://bit.ly/31wcJ4T. Acesso em: 29 jun. 2020.

MITCHELL, J. M. *International Cultural Relations*. Londres: Allen and Unwin, 1986.

MOGUILLANSKY, M. Cine, política y Mercosur. Un balance de los comienzos de una política cinematográfica regional. *Políticas Culturais em Revista*, v. 2, n. 2, 2009.

MOINE, C. *Cultural Transfer and Political Conflicts*. Film Festivals in the Cold War. Göttingen: V&R unipress, 2017.

MOLICA, F. Biógrafo diz que pressões impedem estreia de filme sobre Marighella. *Veja*, 10 maio 2019. Disponível em: https://veja.abril.com.br/cultura/biografo-diz-que-pressoes-impedem-estreia-de-filme--sobre-marighella/. Acesso em: 31 jan. 2022.

MORAES, I. A. de. Política e cinema na era da Boa Vizinhança (1933-1945)* Policy and cinema at the age of the Good Neighbor (1933-1945). *História e Cultura*, v. 4, n. 1, p. 277-301, 2015.

MORAIS, K. A Política de fomento ao audiovisual no Brasil e o lugar da TV. *Revista Eptic*, v. 18, n. 2, 2016.

MORIN, E. *O cinema ou o homem imaginário*. Lisboa: Moraes Editores, 1970.

MOTION PICTURE CAPITAL. *Film Production Process*: Distribution. 2014. Disponível em: http://www.motionpicturecapital.com/film--production-process/distribution. Acesso em: 5 nov. 2020.

MÜNCH, R. *Nation and citizenship in the global age*: from national to transnational ties and identities. *E-book*. Berlim: Springer, 2001.

MUNIZ, A.; CIDRÃO, T.; THOMAZ, B. Diplomacia cultural como promoção da interculturalidade. *Brazilian Journal of International Relations*, v. 6, n. 3, 2017.

NABERS, D. *A poststructuralist discourse theory of global politics*. *E-book*. Berlim: Springer, 2015.

NOVAIS, B. do V. *Caminhos trilhados, horizontes possíveis*: um olhar sobre a diplomacia cultural do Estado brasileiro no período de 2003 a 2010. Dissertação (Mestrado em Cultura e Sociedade) – Universidade Federal da Bahia, Salvador, 2013.

NYE, J. S. *O futuro do poder*. São Paulo: Benvirá, 2012.

OBSERVATÓRIO ITAÚ CULTURAL. *Dez anos de economia da cultura no Brasil e os impactos da Covid-19*. Relatório a partir do painel de dados do observatório Itaú Cultural – São Paulo: Itaú Cultural, 2020. Disponível em: https://portal-assets.icnetworks.org/uploads/attachment/file/100687/EconomiadaCulturanoBrasileosImpactosda-COVID-19_PaineldeDados_nov.pdf. Acesso em: 22 jan. 2022.

OPAS – Organização Pan-Americana de Saúde. *Histórico da pandemia de* COVID-19, 2021. Disponível em: https://www.paho.org/pt/covid19/historico-da-pandemia-covid-19#:~:text=Em%2011%20de%20mar%C3%A7o%20de,pa%C3%ADses%20e%20regi%C3%B5es%20do%20mundo. Acesso em: 20 de jan. de 2022.

ORTIZ, R. *A moderna tradição brasileira*: cultura brasileira e indústria cultural: São Paulo: Brasiliense, 2001.

ORTIZ, R. *Cultura brasileira e identidade nacional*. São Paulo: Brasiliense, 1986.

ORTIZ, R. *Mundialização e cultura*. São Paulo: Brasiliense, 1986.

OUR WORLD IN DATA. *Coronavirus (COVID-19) Vaccinations*, 2021. Disponível em: https://ourworldindata.org/covid-vaccinations. Acesso em: 30 jan. 2022.

PARKER, I. Economic and Industrial Democracy. *SAGE Journals*, v. 9, n. 4, 1988.

PECEQUILO, C. S. *Introdução às Relações Internacionais*: temas, atores e visões. 2. ed. Rio de Janeiro: Vozes, 2004.

PODER 360. Cinema arrecadou US$ 4,5 bilhões em 2021 nos Estados Unidos. *Redação Poder 360*, 15 jan. 2022. Disponível em: https://www.poder360.com.br/midia/cinema-arrecadou-us-45-bilhoes-em-2021-nos-estados-unidos/. Acesso em: 2 fev. 2022.

PUTTI, A. Ancine retira cartazes de filmes nacionais de sua sede e site. *Carta Capital*, 4 dez. 2019. Disponível em: https://www.cartacapital.com.br/cultura/ancine-retira-cartazes-de-filmes-nacionais-de-sua-sede-e-site/. Acesso em: 14 dez. 2021.

QUEIROZ, M. I. P. de. Identidade cultural, identidade nacional no Brasil. *Tempo social*, v. 1, p. 29-46, 1989.

RAMOS, J. M. O. *Cinema, Estado e lutas culturais* – anos 50/60/70. Rio de Janeiro: Paz e Terra, 1983.

RANGEL, M. Prólogo. In: SOLOT, S. (Coord.). *Incentivos fiscais para a produção e a Co-produção audiovisual na Ibero-América, Canadá e Estados Unidos*. Rio de Janeiro: Latin American Training Center, 2009.

REVISTA FÓRUM. *Ancine retira divulgação de filmes de sua sede e site*. Disponível em: https://revistaforum.com.br/cultura/ancine-retira--divulgacao-de-filmes-de-sua-sede-e-site-decisao-gera-protestos--e-tuitaco/. Acesso em: 15 dez. 2021.

REVISTA DO GEICINE. Rio de Janeiro: Geicine, n. 1, 1961.

RIBEIRO, E. T. *Diplomacia cultural*: seu papel na política externa brasileira. Brasília: Fundação Alexandre Gusmão, 1989.

RIBEIRO, E. T. *Diplomacia cultural*: seu papel na política externa brasileira. Brasília: Fundação Alexandre Gusmão, 2011.

ROCHA, D. T. da; BONFIM, L.; CITADIM, M.; GIMENEZ, F. Mapeando as relações de coprodução e codistribuição no cinema brasileiro: uma análise pela ótica da teoria de redes. *Intercom: Revista Brasileira de Ciências da Comunicação*, v. 41, p. 41-61, 2018.

ROCHA, F. P. da. A relação entre Portugal e Brasil na coprodução cinematográfica. Políticas, experiências e desafios. In: RIBEIRO, R.; SOUSA, V. M. F. O.; KHAN, S. P. A *Europa no mundo e o mundo na Europa*: crise e identidade. Livro de atas (p. 123-135). Braga: CECS, 2017.

ROCHA, F. P. da. *Coprodução cinematográfica internacional no Brasil e na Argentina (2009-2015)*: um estudo comparado. 2015. 297f. Tese (Doutorado em Comunicação) – Universidade de Brasília, Brasília, 2015.

ROSENFELD, A. *Cinema*: arte e indústria. São Paulo: Perspectiva, 2002.

RUBIM, A. A. C.; ALMEIDA, J.; METTENHEIM, S. Federalismo e políticas municipais de financiamento à cultura no Brasil. *PragMATIZES-Revista Latino-Americana de Estudos em Cultura*, v. 11, n. 20, p. 300-326, 2021.

SADDIKI, S. El papel de la diplomacia cultural en las relaciones internacionales. *Revista CIDOB d'afers internacionals*, p. 107-118, 2009.

SANCHES, G.; BONAN, O. Novo decreto de Lei de Incentivo a Cultura. *Instituto Idea*, 29 jul. 2021. Disponível em: http://institutodea.com/artigo/novo-decreto-da-lei-de-incentivo-cultura-o-que-muda/. Acesso em: 18 nov. 2021.

SARAIVA, M. G. A diplomacia brasileira e as visões sobre a inserção externa do Brasil: institucionalistas pragmáticos x autonomistas. *Mural Internacional*, v. 1, n. 1, p. 45-52, 2010.

SELONK, A. P. de A. *Distribuição cinematográfica no Brasil e suas repercussões políticas e cociais*: um estudo comparado da distribuição da cinematografia nacional e estrangeira. Tese (Doutorado em Comunicação Social) – Pontifícia Universidade Católica do Rio Grande do Sul, Porto Alegre, 2004.

SEM ANÚNCIO prévio Mario Frias toma posse como novo secretário de cultura. *G1*, 23 de jun. 2020. Disponível em: https://g1.globo.com/politica/noticia/2020/06/23/sem-anuncio-previo-mario-frias-toma-posse-como-novo-secretario-de-cultura.ghtml. Acesso em: 14 dez. 2021.

SEVERINO, J. R. Políticas culturais no Brasil: uma breve reflexão sobre a publicação da exposição universal na Filadélfia, 1876. In: *História, cidade e sociabilidade*. Itajaí: Casa Aberta, 2011.

SIAESP – Sindicato da Indústria Audiovisual do Estado de São Paulo. *Página Inicial SIAESP*, 2021. Disponível em: https://siaesp.org.br/cinema-do-brasil/. Acesso em: 30 nov. 2021.

SIMIS, A. *Estado e cinema no Brasil*. 2. ed. São Paulo: Annablume: Fapesp, 2008.

SOUZA, A. P. da S. *Dos conflitos ao pacto*: as lutas no campo cinematográfico brasileiro no século XXI. Tese (Doutorado em Sociologia) – Universidade Estadual de Campinas, Campinas, 2018.

STEGER, M. *Globalization*: A very short introduction. Nova York: Oxford University Press, 2003.

SUPPIA, A. Respira fundo e prende: um pequeno raio-X da ecodistopia no cinema brasileiro, do regime militar aos militares no regime. *Revista ECO-Pós*, v. 23, n. 2, 2020.

TURNER, G. *Cinema como prática social*. São Paulo: Summus, 1997.

TYLOR, Edward Burnett. Primitive Culture. Londres: Gordon Press, 1871.

URIBE, G.; BRANT, D.; BALBI, C. "Não posso admitir que façam filmes como o da Bruna Surfistinha", diz Bolsonaro. *Folha de São Paulo*, 18 jul. 2019. Disponível em: https://www1.folha.uol.com.br/ilustrada/2019/07/nao-posso-admitir-que-facam-filmes-como-o-da--bruna-surfistinha-diz-bolsonaro.shtml. Acesso em: 20 jan. 2022.

VELEDA, R. Por dentro da Casinha Games. *Metropoles*, 2 de out. 2021. Disponível em: https://www.metropoles.com/brasil/por-dentro--da-casinha-games-cursos-sobre-jogos-terao-conteineres-alugados-a-r-500-mil. Acesso em: 12 nov. 2021.

VILLAZANA, L. Transnational *Financial Structures in the Cinema of Latin America*: Programa Ibermedia in Study. Saarbrücken: VDM Publishing, 2008.

VLASSIS, A. Organizaciones regionales y diversidad cultural: la diplomacia de la Unión Europea con el Mercosur entre la sombra de

Hollywood y la acción intergubernamental. *Cuadernos de Información y Comunicación*, v. 21, p. 97-115, 2016.

WERNECK, G. L.; CARVALHO, M. S. A pandemia de COVID-19 no Brasil: crônica de uma crise sanitária anunciada. *Cadernos de Saúde Pública*, v. 36, n. 5. 2020.

WONG, C. H.-Y. *Film Festivals*. Culture, People, and Power on the Global Screen. Londres: Rutgers University Press, 2011.

XAVIER, I. *O cinema brasileiro moderno*. Editora Paz e Terra, 2004.

YÚDICE, G. *A conveniência da cultura*: usos da cultura na era global. Belo Horizonte: Editora UFMG: 2004.

ZEIDAN, R. M.; HÉLCIAS, C. V.; KRULIKOWSKI, E. *Mapeamento e impacto econômico do setor audiovisual no Brasil*. São Paulo: Associação Brasileira da Produção de Obras Audiovisuais e Serviço Brasileiro de Apoio às Micro e Pequenas Empresas, 2016. Disponível em: http:// www.objetivaudiovisual.com.br/arquivo/ Mapeamento2016-COMPLETO.pdf. Acesso em: 30 jan. 2022.

Fone: 51 99859.6690

Este livro foi confeccionado especialmente para a
Editora Meridional Ltda.,
em Lora, 10,5/15 e
impresso na Gráfica Noschang.